Frank Orthmann

Effizienzsteigerung im Umweltschutz

DUV Wirtschaftswissenschaft

Frank Orthmann

Effizienzsteigerung im Umweltschutz

Das EG-Umweltauditsystem als Instrument anreizorientierter Umweltpolitik

Mit einem Geleitwort von Prof. Dr. Günter Poser

Springer Fachmedien Wiesbaden GmbH

Die Deutsche Bibliothek – CIP-Einheitsaufnahme

Orthmann, Frank:
Effizienzsteigerung im Umweltschutz : das EG-Umweltaudit-
system als Instrument anreizorientierter Umweltpolitik /
Frank Orthmann. Mit einem Geleitw. von Günter Poser.
– 1. Aufl..
(DUV : Wirtschaftswissenschaft)
Zugl.: Darmstadt, Techn. Univ., Diss., 2001
ISBN 978-3-8244-0615-9 ISBN 978-3-663-08018-3 (eBook)
DOI 10.1007/978-3-663-08018-3

1. Auflage Februar 2002

Ursprünglich erschienen bei Deutscher Universitäts-Verlag GmbH, Wiesbaden, 2002

Lektorat: Ute Wrasmann / Britta Göhrisch-Radmacher
www.duv.de

ISBN 978-3-8244-0615-9

Geleitwort

Aus wissenschaftlicher Sicht wird seit langem angeregt, das umweltpolitische Instrumentarium so zu gestalten, daß es stärkere Anreize für die Betroffenen gibt, aus eigenem Antrieb bei der Ausführung der gesetzlichen Bestimmungen mitzuwirken. Dennoch gibt es weltweit und auch in Deutschland nach wie vor nahezu ausschließlich dem Ordnungsrecht zuzuordnende Umweltinstrumente, wie staatliche Anweisungen oder Gebote, die von den Betroffenen verlangen, bestimmte, fest vorgegebene Kriterien zu erfüllen, damit ihnen die staatliche Genehmigung z. B. für den Betrieb einer Anlage nicht versagt wird. Sind diese Kriterien einmal erfüllt, sind darüber hinausgehende Umweltschutzanstrengungen des Betroffenen nicht zu erwarten.

Mit der „Verordnung über die freiwillige Beteiligung gewerblicher Unternehmen an einem Gemeinschaftssystem für das Umweltmanagement und die Umweltprüfung" (EG-Verordnung Nr. 1836/93 vom 29. Juni 1993) haben die Europäische Kommission und der Ministerrat der EG die Möglichkeit geschaffen, daß sich Unternehmen innerhalb der Europäischen Union für die Einrichtung eines Umweltmanagements an den Standorten ihrer Betriebe entscheiden und ihre Betriebe einer externen Umweltbetriebsprüfung öffnen, die von dafür ausgebildeten und bestellten Prüfern durchgeführt wird. Dieses umweltpolitische Instrument ist nicht dem Ordnungsrecht zuzurechnen. Die Teilnahme ist freiwillig, und es wird den Unternehmen trotz der vorgegebenen Regeln ein erheblicher Gestaltungsspielraum gelassen.

In der vorliegenden Arbeit vergleicht Herr Orthmann die EG-Verordnung als ein Instrument der Umweltpolitik mit anderen umweltpolitischen Instrumenten hinsichtlich ihrer ökologischen Treffsicherheit (Effektivität) und ökonomischen Effizienz, mit dem Ergebnis, daß das EG-Umweltaudit im Vergleich zu umweltpolitischen Auflagen, teilweise aber auch gegenüber umweltpolitischen Abgaben und selbst gegenüber Zertifikaten Vorteile aufweist. Im Gegensatz zu den eher anlagebezogenen oder „medial" ausgerichteten traditionellen umweltpolitischen Maßnahmen handelt es sich bei der EG-Verordnung um das Konzept einer ganzheitlichen Betrachtung und Bewertung von Umweltbelastungen und Umweltschutzleistungen der Unternehmen.

Damit läßt sich auch die immer wieder geforderte Bündelung staatlicher Kontrolle erreichen, während für die Genehmigung und Überwachung von Anlagen eines Betriebes normalerweise verschiedene Behörden zuständig sind. Die Teilnahme der Unternehmen am Umweltaudit führt zu einem erheblich verbesserten umweltpolitischen Informationsstand bei den betrieblichen Entscheidungsträgern, da die für den Betrieb einschlägigen Umweltschutzregeln systematisch erfaßt werden müssen. Nach der Zertifizierung des Betriebs durch externe Gutachter muß das Bestreben der Unternehmensleitung zudem darauf gerichtet sein, daß der festgestellte „Sachstand der Umweltverträglichkeit" nicht mehr unterschritten, sondern im Gegenteil immer weiter verbessert wird.

Je mehr Unternehmen sich am EG-Umweltaudit beteiligen – und in Deutschland ist die Zahl erfreulich hoch -, umso mehr werden die positiven umweltpolitischen Wirkungen auch auf gesamtwirtschaftlicher Ebene spürbar werden.

Darmstadt, 18. November 2001 Prof. Dr. Günter Poser

Vorwort

Die vorliegende Dissertation ist Abschluß und Ergebnis einer mehrjährigen Forschungsarbeit. Allen, die mich während dieser Zeit unterstützt haben, möchte ich von Herzen danken. Zunächst gilt mein Dank natürlich meinem Doktorvater Herrn Prof. Poser und dem Zweitreferenten Herrn Prof. Podlech. Einerseits haben sie mir bei der inhaltlichen Konzeption und Ausgestaltung der Arbeit große Freiheit gelassen. Andererseits konnte ich stets sicher sein, ihre Zeit in Anspruch nehmen zu dürfen, um Teilergebnisse vorzustellen und Details zu diskutieren. Zu danken habe ich auch den Herren Prof. Ipsen, Prof. Barens, Prof. Caspari und Prof. Wurl für ihr Mitwirken in der Disputation.

Besonders hervorheben möchte ich darüber hinaus die Personen, die mich bei der Erstellung der Druckvorlage unterstützten und die teilweise auch wichtige inhaltliche Anregungen beisteuern konnten: Meine Eltern Frank und Gudrun Orthmann, Frau Susanne Michel sowie meinen Bruder Jan Orthmann. Für die wertvolle Hilfe bei der Organisation der in der Arbeit verwendeten Literatur danke ich Frau Helga Namysl. Den Mitgliedern des Doktoranden-Netzwerks Öko-Audit gilt mein Dank für das Diskussionsforum, das mir dieser Kreis in den letzten Jahren geboten hat. Gerade für mich als externen Doktoranden war die Möglichkeit der Diskussion meiner Ideen mit an ähnlichen Themen interessierten Forschenden besonders wichtig.

Der größte Dank allerdings gebührt meiner Freundin Carmen Müller, die einen Großteil des Lektorats übernommen hat. Dir, Carmen, bin ich darüber hinaus auch deshalb besonders dankbar, weil wir in den letzten Jahren auf so manches freie Wochenende verzichten mußten. In dieser Zeit hast Du mir mit Deiner Fröhlichkeit und Unbeschwertheit stets die nötige Energie gegeben, um diese Arbeit zu vollenden.

Darmstadt, 18. November 2001 — Frank Orthmann

Inhaltsübersicht

Inhaltsverzeichnis

Abbildungsverzeichnis

Abkürzungsverzeichnis

Abb.	Abbildung
AbfKoBiV	Verordnung über Abfallwirtschaftskonzepte und Abfallbilanzen
Abs.	Absatz
Abschn.	Abschnitt
AG	Aktiengesellschaft
Anm.	Anmerkung
Anm. d. Verf.	Anmerkung des Verfassers
Art.	Artikel
Aufl.	Auflage
B.A.U.M.	Bundesdeutscher Arbeitskreis für Umweltbewußtes Management e.V.
Bd.	Band
BDI	Bundesverband der Deutschen Industrie e.V.
BGB	Bürgerliches Gesetzbuch
BGBl.	Bundesgesetzblatt
BImSchG	Bundesimmissionsschutzgesetz
BImSchV	Verordnung zur Durchführung des Bundesimmissionsschutzgesetzes
BMBF	Bundesministerium für Bildung, Wissenschaft, Forschung und Technologie
BMBau	Bundesministerium für Bauwesen
BMI	Bundesministerium des Inneren
BMJ	Bundesministerium für Justiz
BK	Bundeskultusministerium
BMU	Bundesministerium für Umwelt, Naturschutz und Reaktorsicherheit
BMWi	Bundesministerium für Wirtschaft
BRDrs.	Bundesratsdrucksache
BS	British Standard
BSI	British Standards Institution

BTDrs.	Bundestagsdrucksache
BVerfG	Bundesverfassungsgericht
bzgl.	bezüglich
bzw.	beziehungsweise
CAA	Clean Air Act
CWA	Clean Water Act
DAU	Deutsche Akkreditierungs- und Zulassungsgesellschaft für Umweltgutachter mbH
d.h.	das heißt
DIHT	Deutscher Industrie- und Handelstag
DIN	Deutsches Institut für Normung
DIN V	Vornorm des Deutschen Instituts für Normung
DM	Deutsche Mark
Dr.	Doktor
e.V.	eingetragener Verein
EfbV	Verordnung über Entsorgungsfachbetriebe
EG	Europäische Gemeinschaft
EG-Kommission	Kommission der Europäischen Gemeinschaften
EG-Rat	Rat der Europäischen Gemeinschaften
EG-Verordnung	Verordnung der Europäischen Gemeinschaften
EGV	Vertrag zur Gründung der Europäischen Gemeinschaft
EMAS	Environmental Management and Audit Scheme (international gebräuchliche Bezeichnung für die EG-Verordnung 1836/93)
Entw.	Entwurf
et alt.	und andere
etc.	et cetera
evt.	eventuell
EU	Europäische Union
EuGH	Gerichtshof der Europäischen Gemeinschaften
EWG	Europäische Wirtschaftsgemeinschaft
f	folgende
FB	Fachbereich
ff	fortfolgende

gem.	gemäß
GenBeschlG	Gesetz zur Beschleunigung von Genehmigungsverfahren
GG	Grundgesetz für die Bundesrepublik Deutschland
ggf.	gegebenenfalls
GmbH	Gesellschaft mit beschränkter Haftung
H.	Heft
HGB	Handelsgesetzbuch
Hrsg.	Herausgeber
hrsg.	herausgegeben
HWK	Handwerkskammer
ICC	International Chamber of Commerce (Internationale Handelskammer)
i.d.R.	in der Regel
IHK	Industrie- und Handelskammer
IMPOL	The Implementation of EU Environmental Policies: Efficiency Issues (ein Forschungsprojekt der EU-Kommission)
IÖW	Institut für ökologische Wirtschaftsforschung GmbH
ISO	International Organization for Standardization
IVU-Richtlinie	Richtlinie 96/61 des Rates über die integrierte Vermeidung und Verminderung der Umweltverschmutzung
Jg.	Jahrgang
K	Optimum des Wohlstandsniveaus
K_b	betriebliche Kosten
K_s	Kosten durch Subventionen
K_v	Kosten der Einrichtung und des Unterhalts des Prüfungs- und Validierungssystems
Kfz	Kraftfahrzeug
K_G	Gesamtkosten
K_{UV}	Kosten der Umweltverbesserung
K_{UB}	Kosten der Umweltbelastung
Kap.	Kapitel
LAbfG	Landesabfall-Gesetz
LAGA	Länderarbeitsgemeinschaft Abfall
LAI	Länderausschuß Immissionsschutz

LAWA	Länderarbeitsgemeinschaft Wasser und Abwasser
mbH	mit beschränkter Haftung
MD	Ministerialdirektor
MR	Ministerialrat
N_b	betrieblicher Nutzen
N_{ges}	Summe des Nettonutzens (betrieblich und volkswirtschaftlich)
N_{nb}	betrieblicher Nettonutzen
N_{nv}	volkswirtschaftlicher Nettonutzen
N_v	volkswirtschaftlicher Nutzen
NachwV	Verordnung über Verwertungs- und Beseitigungsnachweise
Nr.	Nummer
O	Optimum der Umweltqualität
OECD	Organisation for Economic Cooperation and Development
o.g.	oben genannt
o.V.	ohne Verfasser
Prof.	Professor
RCRA	Resource Conservation and Recovery Act
s.	siehe
S.	Seite
SAGE	Strategic Advisory Group on Environment
TSCA	Toxic Substances Control Act
TÜV	Technischer Überwachungs-Verein
TU	Technische Universität
u.a.	unter anderem
u.s.w.	und so weiter
UAG	Umweltauditgesetz
UAGBV	UAG-Beleihungsverordnung
UAG-ErwV	UAG-Erweiterungsverordnung
UAGGebV	UAG-Gebührenverordnung
UAGZVV	UAG-Zulassungsverordnung
UAP	Umweltaktionsprogramm der Europäischen Gemeinschaft
UFZ	Umweltforschungszentrum Leipzig-Halle
UGA	Umweltgutachterausschuß

UGB	Umweltgesetzbuch
UMS	Umweltmanagementsysteme
UPI	Umwelt- und Prognoseinstitut Heidelberg
US	Transformations- oder Produktionsmöglichkeitskurve
USA	United States of America
UVP	Umweltverträglichkeitsprüfung
UWF	UmweltWirtschaftsForum
VCI	Verband der Chemischen Industrie
VCI-Berlin	Landesverband Berlin des Verbandes der chemischen Industrie
VDI	Verein Deutscher Ingenieure
VdTÜV	Verband der Technischen Überwachungs-Vereine e.V.
Verf.	Verfasser
vgl.	vergleiche
VME	Verband der Metall- und Elektroindustrie in Berlin und Brandenburg
VO	Verordnung
VwGOÄndG	Gesetz zur Änderung der Verwaltungsgerichtsordnung und anderer Gesetze
W	Indifferenzkurven gleichen Wohlstandsniveaus
ZAU	Zeitschrift für angewandte Umweltforschung
ZfU	Zeitschrift für Umweltpolitik und Umweltrecht
z.B.	zum Beispiel
z.T.	zum Teil
ZUR	Zeitschrift für Umweltrecht

1 Aufbau der Arbeit

Ziel dieser Arbeit ist die Beurteilung des Umweltauditsystems nach EG-Verordnung 1836/93 als anreizorientiertes umweltpolitisches Instrument. Aufgrund dieser Zielsetzung hat die Dissertation neben der ökonomischen auch eine rechtswissenschaftliche Dimension. Entsprechend ist dem ökonomischen Hauptteil eine Analyse des Diskussionsstandes zur Deregulierung und Substitution im Zusammenhang mit zertifizierbaren Umweltmanagementsystemen vorangestellt.

Nach der Einführung in die Problemstellung bildet eine komprimierte Beschreibung des Umweltauditsystems nach EG-Verordnung 1836/93[1] den Auftakt der Arbeit. Danach wird das rechtswissenschaftliche Konzept vorgestellt, das den Deregulierungs- und Substitutionsmaßnahmen im Zusammenhang mit dem Umweltaudit zugrunde liegt. Weil sich dieses historisch und konzeptionell aus der allgemeinen Deregulierungsdiskussion entwickelt hat, beginnt der rechtswissenschaftliche Teil mit der Beschreibung des allgemeinen Deregulierungsbegriffs. Außerdem werden die Ziele genannt, die man mit den Deregulierungsbestrebungen verfolgt. Den Hauptteil dieses Abschnitts bildet schließlich die Abgrenzung und ausführliche Erläuterung des speziellen Deregulierungsbegriffs[2] und der Substitution.

Die Bewertung des Umweltauditsystems nach EG-Verordnung 1836/93 im ökonomischen Teil der Arbeit beginnt mit der Vorstellung einiger Prinzipien und Leitbilder der Umweltpolitik, auf die im weiteren Verlauf zurückgegriffen wird. Insbesondere wird an dieser Stelle auch auf das Leitbild der Internalisierung externer Effekte eingegangen.

---

1 EG-Öko-Audit-Verordnung oder auch EMAS-Verordnung. Im internationalen Sprachgebrauch hat sich die Bezeichnung EMAS durchgesetzt. EMAS ist die Abkürzung für ‚eco-management and audit scheme under the terms of Council Regulation (ECC) No 1836/93 of June 1993', die offizielle angloamerikanische Bezeichnung für das Umweltauditsystem nach EG-Verordnung 1836/93. Vgl. Bundesumweltministerium (Hrsg.) 1994/3, S. 23 und Art. 19-Kommission (Hrsg.) 1999: „EMAS, the eco-management and audit scheme, established by Council Regulation No. 1836/93 ... came into force in July 1993".

2 Unter dem ‚speziellen Deregulierungsbegriff' wird in dieser Arbeit die Deregulierung im Zusammenhang mit zertifizierbaren Umweltmanagementsystemen (beispielsweise im Zusammenhang mit einer Teilnahme am Umweltauditsystem nach EG-Verordnung 1836/93) verstanden. Vgl. die Abgrenzung in Kap. 4.1 und Kap. 4.2.

Dieses Leitbild bildet im folgenden Abschnitt das Gliederungskriterium für die Einteilung der umweltpolitischen Instrumente in Internalisierungsstrategien und standardorientierte Instrumente. Eine ausführliche Beschreibung ausgewählter umweltpolitischer Instrumente[3] ist an dieser Stelle notwendig, um den Maßstab für die Beurteilung des Umweltauditsystems nach EG-Verordnung 1836/93 im Vergleich zu anderen umweltpolitischen Instrumenten zu definieren. Außerdem enthält dieser Abschnitt eine Analyse der marktorientierten Wirkungsmechanismen, die der Idee des Umweltauditsystems zugrunde liegen. Im nächsten Abschnitt werden die für eine Beurteilung des Umweltauditsystems relevanten Bewertungskriterien definiert. Diese werden einerseits auf die genannten traditionellen umweltpolitischen Instrumente und andererseits auf das Umweltauditsystem angewendet. So ist im darauf folgenden Abschnitt eine zusammenfassende Bewertung des Umweltauditsystems nach EG-Verordnung 1836/93 hinsichtlich der definierten Bewertungskriterien möglich.
Den Abschluß dieser Arbeit bildet schließlich die Ableitung umweltpolitischer Gestaltungsempfehlungen für die weitere Optimierung des Umweltauditsystems und ein Ausblick auf den praktischen Einsatz der gerade verabschiedeten Novellierung der Umweltauditverordnung.

---

3 Auflagen, Abgaben und Zertifikatslösungen werden ausführlich beschrieben.

2 Einführung in die Problemstellung

In den letzten Jahrzehnten hat die Anzahl der Normen im Umweltbereich stark zugenommen. Eine Bestandsaufnahme, die die Bundesregierung als Antwort auf zwei parlamentarische Anfragen durchführte, kam 1995 zu dem Ergebnis, daß allein auf Bundesebene 233 Gesetze, 549 Verordnungen und 498 Verwaltungsvorschriften mit umweltrelevanten Regelungen zu beachten sind[4]. Hinzu kommen die Gesetze, Verordnungen und Verwaltungsvorschriften auf Länder- und Kommunalebene[5]. Darüber hinaus ist eine Fülle technischer Regeln zu beachten. Hierzu gehören allgemeine Regeln der Technik, spezielle technische Regeln[6], DIN-Normen und Verbandsrichtlinien. Und schließlich werden im Umweltrecht zunehmend Teilaspekte auf supranationaler Ebene geregelt[7] [8]. Dies führt dazu, daß einerseits die Verursacher von Umweltbelastungen Schwierigkeiten haben, alle Normen zu beachten, und andererseits die Vollzugsbehörden kaum noch in der Lage sind, die Einhaltung aller Normen zu überwachen[9]. Neben der Fülle an Normen ist die anlagen- und medial ausgerichtete Betrachtungsweise der meisten Regelungen ein weiterer Kritikpunkt. Sie macht eine ganzheitliche Betrachtung und Bewertung einer Umweltbelastung bzw. einer betrieblichen Umweltschutzleistung unmöglich. Zudem führt ein solches Konzept zu weiteren Vollzugshemmnissen. So ist es heute immer noch die Regel, daß für die Genehmigung bzw. Überwachung aller Anlagen eines Betriebes[10] eine Vielzahl von Personen in verschiedenen Behörden zuständig ist[11]. Damit wird der Prozeß des Genehmigungsverfahrens zeitlich gestreckt und oftmals bis zur Unzumutbarkeit ausgedehnt.

---

4 Vgl. Jauck 1995. Vgl. auch Weber (Hrsg.) 1997, S. 160 ff.

5 Beispiele für Regulierungen auf kommunaler Ebene sind die Abfallsatzungen.

6 Beispielsweise für den Umgang mit Gefahrstoffen.

7 Ein Beispiel ist die EG-Richtlinie 96/61 (IVU-Richtlinie), auf die später noch eingegangen wird.

8 Auch das europäische Recht ist bereits sehr umfangreich. „So hat das Europäische Parlament die Europäische Kommission aufgefordert, in Anbetracht der zunehmenden Fülle und Komplexität der Rechtsvorschriften der EU die systematische Erfassung und Vereinfachung des Gemeinschaftsrechts vordringlich in Angriff zu nehmen." Ronellenfitsch 1994, S. 209.

9 Vgl. beispielsweise Bundesumweltministerium (Hrsg.) 1994, S. 3f: „Problemstellung: Überforderte Genehmigungsbehörden" sowie Beyer 1993, S. 16 und Wagner 1994, S. 173.

10 Je nach Art der Anlage und betroffenem Umweltmedium.

11 Ein Grund hierfür ist die in den meisten Bundesländern übliche Trennung der verwaltungsrechtlichen und der technischen Bearbeitung. Vgl. Kleesiek 1997, S. 3.

Demgegenüber entspricht das standortorientierte Konzept des Umweltaudits nach EG-Verordnung 1836/93[12] viel eher der Forderung nach einer medienübergreifenden Bündelung der Zuständigkeiten. Im Sinne einer Effizienzsteigerung der umweltpolitischen Maßnahmen sollen zudem in Zukunft Eigeninitiative und Kooperationsbereitschaft der Verursacher der Umweltbelastung zunehmend honoriert werden[13]. Dies steht im Einklang mit dem 5. Umweltaktionsprogramm der Europäischen Gemeinschaft (5. UAP). So stellt Weigand heraus, daß sich das 5. UAP im Hinblick auf Methodik und Instrumente fundamental von seinen Vorläufern unterscheidet und an Stelle des alten hierarchischen Konzeptes[14] zunehmend auf Kooperation und marktwirtschaftliche Instrumente[15] setzt[16]. Man hofft, daß sich durch die Einbeziehung kooperativer Elemente die Vollzugsprobleme im Umweltrecht entschärfen lassen und die Vollzugslücke kleiner wird.

Vor diesem Hintergrund scheint es nachvollziehbar, daß bereits im Umweltaudit-Verständnis der in der letzten Legislaturperiode amtierenden Bundesumweltministerin A. Merkel die Möglichkeit rechtlicher Erleichterungen für am Umweltauditsystem teilnehmende Organisationen/Standorte eine wichtige Rolle spielte[17]. Die derzeitige Bundesregierung scheint diese Ansicht zu teilen: Auch Bundesumweltminister Trittin erwägt rechtliche Erleichterungen im Rahmen der behördlichen Überwachung für registrierte Organisationen bzw. Standorte derselben[18].

---

12 Und in sogar noch höherem Ausmaße auch das organisationsorientierte Konzept, wie es im Zuge der Novellierung der europäischen Vorschrift (EMAS 2) erwartet wird. Vgl. Art.19-Kommission (Hrsg.) 1998. Zur Diskussion des Standort-Ansatzes vgl. Bentlage, Rieger 1998, S. 223 f und S. 227 ff. Zur Novellierung vgl. auch Bentlage, Rieger 1998, S. 225 ff.

13 Vgl. Wagner 1994, S. 173: „In der Praxis der Bundesrepublik Deutschland zeigt sich ein deutliches Übergewicht des Ordnungsrechts; Instrumente indirekter Verhaltenssteuerung zugunsten des Umweltschutzes kommen zu kurz."

14 Mit den Komponenten ordnungspolitische Regulierung, Genehmigung und Kontrolle.

15 Die Literatur kennt für die marktwirtschaftlichen oder marktorientierten Instrumente verschiedene Bezeichnungen. Vgl. Hansmeyer in Arbeitsgemeinschaft für Umweltfragen e.V. (Hrsg.) 1990, S. 5: „Im Thema geht es um ‚marktwirtschaftliche Instrumente'. Hier stocke ich schon bei dem Wort. Ich nenne sie lieber: marktsteuernde Instrumente, marktlenkende Instrumente ... ." Im weiteren Verlauf der Arbeit sollen vorwiegend die synonym verwendeten Bezeichnungen ‚marktorientierte Instrumente' und ‚marktkonforme Instrumente' zur Anwendung kommen.

16 Vgl. Weigand 1997, S. 1 ff und Kloepfer 1996.

17 Vgl. BMU 2/97, BMU 23/97 und BMU 46/97.

18 Vgl. BMU 6/99.

Einen ähnlichen Standpunkt vertritt auch das Bayerische Staatsministerium für Landesentwicklung und Umweltfragen, das den Umweltpakt Bayern initiiert hat[19]. Auch die Umweltministerkonferenz formulierte auf ihrer 20. Amtschefkonferenz am 15./16. Oktober 1997 als Reaktion auf die Vorlage des Endberichtes zu Deregulierungs- und Substitutionspotentialen im Hinblick auf das EG-Öko-Audit-System: „Die Umweltministerkonferenz ist der Auffassung, daß die Umsetzung der aufgezeigten Substitutions- und Deregulierungspotentiale baldmöglichst erfolgen sollte.“[20]

Inzwischen[21] hat der Bundestag die Bundesregierung in einem Antrag aufgefordert, „ ... eine Deregulierungsinitiative für diejenigen Unternehmen zu starten, die sich einem betrieblichen Umweltmanagement unterziehen.“[22] Und schließlich wird nach derzeitigem Stand der Diskussion in Brüssel auch die novellierte europäische Vorschrift (EMAS 2) einen Regelungsauftrag an die EU-Mitgliedsstaaten enthalten, die Anwendbarkeit von Substitutions- und Deregulierungspotentialen zu prüfen[23] [24].

---

19 Vgl. Goppel, Simson 1996 und Böhm-Amtmann 1996.

20 Vgl. Ad-hoc-Bund-Länder-Arbeitskreis Öko-Audit et alt. 1997, S. 17.

21 Am 17. März 1999.

22 Vgl. Deutscher Bundestag 14/570 (17.03.99). Weiter unten heißt es in der Quelle: „Es soll dabei zu einer Erleichterung bei den Genehmigungsverfahren, Entlastung bei Berichtspflichten, Nachweisverfahren und Überwachung für zertifizierte Betriebe kommen. Zu den Vorteilen, die das Umweltaudit den Betrieben häufig bringt, muß nun endlich auch die versprochene Deregulierung hinzukommen, ... “.

23 Vgl. Art. 19-Kommission (Hrsg.) 1998, gleichlautend in Art. 1 Absatz 4. und Art. 10 Absatz 2.: „Member States shall consider to use the synergy between relevant environmental legislation and the value of EMAS participation in order to avoid unnecessary regulatory burden on organisations.“

24 Vgl. auch den überarbeiteten Entwurf Art. 19-Kommission (Hrsg.) 1999, Art. 10 Absatz 2.: „Member States shall consider how registration to EMAS according to this Regulation may be used in the implementation and control of environmental legislation in order to avoid unnecessary duplication of efforts by both organisations and competent enforcement authorities.“ Vgl. auch Kap. 6.

3 Das Umweltauditsystem nach EG-Verordnung 1836/93

3.1 Entwicklung des betrieblichen Umweltschutzes

Das Bewußtsein für ökologische Zusammenhänge und Probleme hat sich erst in den 70er Jahren entwickelt. Es ist bis heute aber rasch und stetig angewachsen[25]. Parallel zum Bedeutungsgewinn ökologischer Überlegungen in der Gesellschaft nahm der Umweltschutz im Verlauf der letzten drei Jahrzehnte auch in der betrieblichen Praxis einen wachsenden Stellenwert ein[26]. Initiiert wurde diese Entwicklung durch mehrere Ursachen:

Zum einen wurde die volkswirtschaftliche Notwendigkeit umweltgerechten Wirtschaftens in den Industriestaaten vom Gesetzgeber und damit vom Träger der Umweltpolitik erkannt. Als Resultat wurde im Umweltbereich eine Fülle von Normen erlassen, deren Einhaltung für die Unternehmen zur Pflicht wurde. Daneben entwickelte sich auch die Umwelthaftung[27], so daß den Unternehmen, die die Auflagen umgehen, hohe Ansprüche Geschädigter und auch Strafen drohen. Schließlich wurde die Öffentlichkeit durch eine Reihe von Umweltstörfällen und Skandalen so stark ökologisch sensibilisiert, daß hieraus ein hoher Druck auf die Unternehmen entstand, möglichst umweltgerecht zu produzieren[28]. Verstärkt wurde dieser öffentliche Druck durch zahlreiche Initiativen und Gruppierungen mit ökologischer Ausrichtung.

Als Reaktion auf die immer deutlicher werdende Notwendigkeit des betrieblichen Umweltschutzes wurden bereits Mitte der 70er Jahre erste Umweltmanagementsysteme entwickelt[29].

---

25 Vgl. Michael 1990, S. 38.

26 Empirische Studien konnten zeigen, daß der Stellenwert des Umweltschutzes in den 80er Jahren im betrieblichen Zielsystem gestiegen ist; vgl. Meuser 1993, S. 100.

27 Vgl. Karl 1994, S. 35 ff.

28 „Ebenfalls sensibilisierende Wirkung hatten Umweltkatastrophen wie z. B. die Tankerunfälle der Torrey Canyon (1967) und der Amoco Cadiz (1978) sowie der Giftunfall im italienischen Seveso (1976), die sozusagen ‚vor der europäischen Haustür' stattfanden und großes Aufsehen erregten. Sie veranlaßten die Menschen dazu, die auf permanentes (Wirtschafts)Wachstum ausgerichtete Gesellschaft im Hinblick auf ihre Umweltverträglichkeit zu hinterfragen." Baumast 1998, S. 41.

29 Vgl. Baumast 1998, S. 33 ff.

Da die Gesetzgebung der USA den europäischen Gesetzesinitiativen zunächst voraus war[30], waren amerikanische Großunternehmen[31] die ersten, die Umweltmanagementsysteme erprobten. Bereits in dieser frühen Entwicklungsphase wurden Systeme favorisiert, die auf der Auditierung des betrieblichen Umweltschutzes beruhen[32]. Dabei handelte es sich aber zunächst um das sogenannte Compliance-Auditing, bei dem in einer betriebsinternen und oft nicht veröffentlichten Überprüfung lediglich die Einhaltung der immer zahlreicher werdenden Umweltnormen sichergestellt wurde, um die Gefahr späterer Haftungsansprüche zu minimieren. Noch heute wird diesem Aspekt bei amerikanischen Auditierungen ein großer Stellenwert beigemessen[33].

Im Gegensatz dazu versucht der europäische Ansatz des Umweltaudits, strategische Ziele wie die Sicherung des langfristigen Umweltschutzes und die ökologische Verantwortung des Unternehmens zu betonen[34]. Der Antrieb, eine Auditierung durchzuführen, ist in Europa weniger die Angst vor der Mißachtung der Umweltauflagen[35], sondern vielmehr die Hoffnung, aus einem positiven Ergebnis Imagegewinn und damit Wettbewerbsvorteile ziehen zu können[36]. Hierzu ist natürlich die Veröffentlichung der Auditergebnisse notwendig, ein Element, das im Umweltaudit nach EG-Verordnung Nr. 1836/93[37] zwingend vorgeschrieben wird.

3.2 Entwicklung der Rechtsnormen zum Umweltaudit

Bereits 1992 veröffentlichte die British Standard Institution (BSI) die Norm BS 7750, Specification for Environmental Management Systems[38] als erste Beschreibung eines Umweltauditverfahrens.

---

30 Festzumachen vor allem an folgenden Normen: Clean Air Act (CAA) von 1970, Clean Water Act (CWA) von 1972, Resource Conservation and Recovery Act (RCRA) von 1976 und Toxic Substances Control Act (TSCA) von 1978; vgl. Würth 1993, S. 97 und S. 103 f.

31 Dazu gehörten Allied-Signal, Olin, General Motors und ARCO. Vgl. Baumast 1998, S. 35 ff.

32 Vgl. Janzen 1998/1, S. 60.

33 Vgl. Würth 1993, S. 99 f.

34 Vgl. Sietz, Sondermann 1990, S. 37 ff.

35 Der sogenannte ‚Ökologie-Push-Effekt', vgl. auch weiter unten.

36 Der sogenannte ‚Ökologie-Pull-Effekt', vgl. auch weiter unten.

37 Vgl. EG (Hrsg.) 1993, Art. 4 Abs. 3 bis Art. 5.

38 Vgl. BSI (Hrsg.) 1992.

Sieht man davon ab, daß diese Norm ein nur grob überprüftes betriebsinternes Audit vorsieht und den teilnehmenden Betrieben die Publikation des Auditergebnisses freistellt – also auf die wichtige Außenwirkung des Audits teilweise verzichtet –, enthält sie bereits die meisten Elemente des heute in Europa überwiegend angewandten EG-Öko-Audits nach EG-Verordnung Nr. 1836/93 vom 29. Juni 1993[39], das als Weiterentwicklung des britischen Systems gelten kann[40]. Sie wird in den EG-Mitgliedstaaten von weiteren nationalen Regelungen ergänzt, in Deutschland vor allem vom Umweltauditgesetz (UAG) vom 7. Dezember 1995[41] [42]sowie von den Ausführungsverordnungen

- UAG-Zulassungsverordnung (UAGZVV)[43],
- UAG-Beleihungsverordnung (UAGBV)[44],
- UAG-Gebührenverordnung (UAGGebV)[45], jeweils vom 18. Dezember 1995.

Während die supranationale EG-Verordnung „verbindlich in allen EU-Mitgliedstaaten

- Inhalt und Aufbau von Umweltmanagementsystemen sowie
- Umfang und Ablauf der Umweltbetriebsprüfung und
- die Tätigkeit des Umweltgutachters“[46]

regelt, unterliegen die Zulassung der und die Aufsicht über die Umweltgutachter nationalem Recht. In Deutschland wird die Eintragung der zertifizierten Standorte in ein Register von den Industrie- und Handels- bzw. Handwerkskammern durchgeführt. Neben der Gesetzesebene bestehen inzwischen einige Industrienormen, die das Umweltaudit beschreiben. So hat sich der britische Standard in Reaktion auf die Veröffentlichung der EG-Verordnung zum BS 7750, Second Edition weiterentwickelt.

---

39 Der vollständige Titel dieser Norm ist ‚Verordnung über die freiwillige Beteiligung gewerblicher Unternehmen an einem Gemeinschaftssystem für das Umweltmanagement und die Umweltbetriebsprüfung'; vgl. EG (Hrsg.) 1993, im Titel.

40 „Der BS 7750 bestimmte nicht nur Teile der EG-Verordnung, sondern bleibt auch für die ISO 14000-Reihe – und damit letztlich auch für DIN-Normen – richtungsweisend.“ Janzen 1998/1, S. 65.

41 Vgl. Bundesumweltministerium (Hrsg.) 1996/1, S. 32 ff, o. V. 1996, S. 57 f, o. V. 1995, S. 224 ff.

42 Zu beachten ist auch die am 13. Januar 1998 beschlossene Erweiterungsverordnung zum Umweltauditgesetz (UAG-ErwV), die weiteren Branchen die Teilnahme am Umweltauditsystem nach EG-Verordnung 1836/93 ermöglicht. Vgl. Bentlage, Rieger 1998, S. 221 ff. Weiter außen vor bleiben allerdings bislang das Bauhauptgewerbe und die Landwirtschaft. Zur Nichtberücksichtigung der Landwirtschaft vgl. auch Fuchs et alt. 1998, S. 239 ff.

43 Vgl. Bundesumweltministerium (Hrsg.) 1996/1, S. 44 ff.

44 Vgl. Bundesumweltministerium (Hrsg.) 1996/1, S. 47.

45 Vgl. Bundesumweltministerium (Hrsg.) 1996/1, S. 48 f.

Parallel dazu hat die International Standardization Organization (ISO), die seit 1991 einen Ausschuß unterhält, dessen Aufgabe die Ausarbeitung eines umfassenden Normungssystems zum betrieblichen Umweltschutz ist[47], am 11. Mai 1994 die Normenreihe ISO 14000 ff im Entwurf (Second Preliminary Draft of Environmental Management Systems - Specification) herausgegeben[48]. Teile dieser Normenreihe sind inzwischen in einer weiterentwickelten Endfassung veröffentlicht worden: ISO 14001 (Environmental Management System Specification), die Umweltmanagementsysteme beschreibt[49] und ISO 14040 (Environmental Management – Life Cycle Assessment), die sich mit der Produkt-Ökobilanz befaßt[50]. Zum Verhältnis von Umweltauditsystem nach EG-Verordnung 1836/93 und Normenreihe ISO 14000 ff vgl. die ausführliche Diskussion bei Thimme[51].

Aufbauend auf den beschriebenen Normen und der EG-Verordnung[52] wurde schließlich an einer deutschen Richtlinie des Deutschen Instituts für Normung (DIN) gearbeitet. Im Februar 1995 wurde sie als Vornorm DIN V 33921 im Entwurf veröffentlicht[53]. Ihr zur Seite stehen die Entwürfe DIN 33922 (Umweltberichte für die Öffentlichkeit) von Mai 1996[54] und DIN EN ISO 14040 (Produkt-Ökobilanz) von August 1996[55], die deutsche Fassung der ISO 14040.

Das Bundesumweltministerium weist darauf hin, daß die EG-Kommission die nationalen Normen im Zusammenhang mit der EG-Verordnung nicht anerkennt[56], eine Auditierung aber auch ohne weitere Ausführungsbestimmungen möglich ist. Man erwartet, daß die internationale Norm ISO 14001 von der EG-Kommission anerkannt wird[57] [58].

---

46 Vgl. Bundesumweltministerium (Hrsg.) 1996/1, S. 4.

47 Strategic Advisory Group on Environment (SAGE); sie befaßt sich außer mit Fragen der Auditierung und Zertifizierung auch mit Umweltgesichtspunkten im Rahmen bereits bestehender Produktnormen (Environmental Aspects in Product Standards) und der Bewertung von betrieblichem Umweltschutz (Standards for Environmental Performance Evaluation) und Produktökologie (Life-Cycle Assessment).

48 Vgl. ‚Committee Draft for Ballot and Comment' der ISO 14000 1995; ISO 14001 1995; ISO 14010 1995; ISO 14011/1 1995; ISO 14012 1995; ISO 14050 1995.

49 Vgl. DIN V 33921 1995, S. 2 (im Vorwort). Zu Erfahrungen in der praktischen Anwendung der ISO 14001 vgl. Poltermann 1998/1, S. 287 ff.

50 Vgl. DIN 33926 1996.

51 Thimme 1998, S. 266 ff.

52 Vgl. DIN V 33921 1995, S. 2 (im Vorwort).

53 Vgl. DIN V 33921 1995.

54 Vgl. DIN 33922 1996.

55 Vgl. DIN EN ISO 14040 1996.

56 Dies ist zum Teil überholt, am 2. Februar 1996 wurden der beschriebene britische Standard sowie die entsprechenden irischen und spanischen Normen anerkannt, vgl. Moos 1996, S. 277.

57 Vgl. Bundesumweltministerium (Hrsg.) 1995/1, S. 16.

3.3 Das Umweltaudit als zertifizierbares Umweltmanagementsystem

Umweltmanagement ist der die Umwelt(-politik[59]) betreffende Teil des gesamten Managementsystems. Nach Küpper umfaßt ein Managementsystem die folgenden fünf Subsysteme[60]:

1. Zielsystem,
2. Organisation,
3. Personalführungssystem,
4. Planungs- und Kontrollsystem sowie das
5. Informationssystem.

Im Umweltmanagementsystem als Übertragung des allgemeinen Führungssystems auf den Umweltbereich werden diese fünf Teilsysteme ebenfalls Berücksichtigung finden müssen. Es zeigt sich, daß vor allem die Funktionen Planung und Kontrolle sowie Informationsgenerierung und -auswertung im Umweltmanagement eine besondere Rolle spielen.
Grundsätzlich ist Umweltmanagement natürlich auch ohne Auditierung denkbar. Tatsächlich ist der Begriff Umweltmanagement älter als die Bezeichnung Umweltaudit. Bis Anfang der 90er Jahre gab es bereits umfassende Literatur zum Umweltmanagement, ohne daß der Begriff Umweltaudit erwähnt wurde[61]. Auf der anderen Seite zeigt aber bereits der Untertitel der EG-Öko-Audit-Verordnung[62] – „ ... Gemeinschaftssystem für das Umweltmanagement und die Umweltbetriebsprüfung" – die heute enge Verknüpfung von Umweltaudit und Umweltmanagementsystemen. Folgt man dem durch die EG-Verordnung und die darauf aufbauenden Industrienormen[63] beschriebenen Ansatz, ist das eine nicht ohne das andere zu verwirklichen.

---

58 Dies ist in der Tat in der zur Zeit in Abstimmung befindlichen novellierten Fassung der EU-Verordnung 1836/93 (EMAS 2) der Fall. Sie liegt derzeit im Entwurf vor. Ihre Verabschiedung ist für das Jahr 2001 geplant. Vgl. Art. 19-Kommission (Hrsg.) 1999.

59 Gemeint ist die betriebliche Umweltpolitik, nicht die Umweltpolitik im volkswirtschaftlichen Sinn. Oft besteht eine Unternehmensumweltpolitik, von der für die einzelnen Standorte betriebliche Umweltpolitiken abgeleitet werden. Vgl. auch Tischler 1994, S. 59 ff und Schreyögg 1995/1, S. 15 ff.

60 Vgl. Küpper 1987, S. 99.

61 Vgl. Wagner (Hrsg.) 1993, Wicke et alt. 1992, Meffert, Kirchgeorg 1992, Pieroth, Wicke 1998, Seidel, Menn 1988.

62 EG-Verordnung Nr. 1836/93.

63 Vgl. Kap. 3.2.

3.4 Beschreibung des Umweltauditverfahrens nach EG-Verordnung Nr. 1836/93

Ziel der Umweltaudit-Verordnung ist die Beschreibung eines freiwilligen, vereinheitlichten Umweltmanagementsystems zur „Bewertung und Verbesserung des betrieblichen Umweltschutzes im Rahmen von gewerblichen Tätigkeiten und zur geeigneten Unterrichtung der Öffentlichkeit“[64]. Die kontinuierliche Verbesserung des betrieblichen Umweltschutzes soll dabei vor allem durch die folgenden Einzelelemente gefördert werden:

1. Festlegung und Umsetzung von standortbezogener Umweltpolitik, von Umweltprogrammen und von Umweltmanagementsystemen durch die Unternehmen.
2. Systematische, objektive und regelmäßige Bewertung der Leistung dieser Instrumente.
3. Bereitstellung von Informationen über den betrieblichen Umweltschutz für die Öffentlichkeit.

Als Anreizinstrument für die Teilnahme am freiwilligen Umweltmanagementsystem führt die Europäische Union ein Verzeichnis der teilnehmenden gewerblichen Unternehmen (genauer: Standorte der Unternehmen), das jährlich aktualisiert wird und aus dem Unternehmensstandorte bei Mißachtung einschlägiger Umweltvorschriften auch gestrichen werden können[65].

Im einzelnen schreibt die EG-Verordnung für die Teilnahme am Gemeinschaftssystem für betriebliches Umweltmanagement einen bestimmten Verfahrensablauf in Form einer Schleife vor[66]. Dieser ist in der folgenden Abbildung dargestellt[67].

---

64 Vgl. EG (Hrsg.) 1993, Art. 1.

65 Vgl. EG (Hrsg.) 1993, Art. 8; ein Standort wird auch bei Nichterneuerung des Zertifikats aus dem Register gestrichen.

66 Vgl. EG (Hrsg.) 1993, Art. 3 a) bis h).

67 Vgl. auch VdTÜV (Hrsg.) 1995, S. 3.

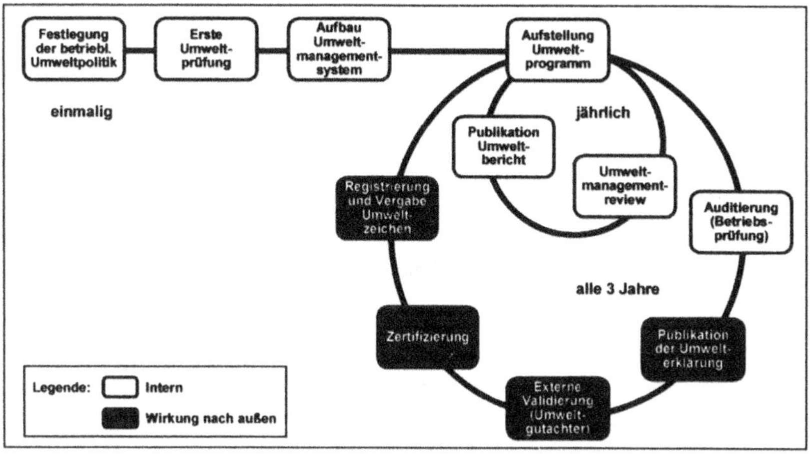

Abbildung 1: Verfahrensablauf zur Umweltbetriebsprüfung nach EG-Umweltaudit.

Quelle: Eigene Darstellung; vgl. EG (Hrsg.), 1993.

Kennzeichnend für die dargestellte Verfahrensschleife ist, daß die ersten Schritte (das Festlegen der Umweltpolitik, die erste Ist-Analyse[68] und der Aufbau des Umweltmanagementsystems) nur einmal durchgeführt werden müssen.

Ist dies geschehen, setzt der eigentliche Auditierungsprozeß ein, der sich dann alle drei Jahre wiederholen soll. Hierzu gehören die Überprüfung der anfangs gestalteten Komponenten (Zielsystem, Umweltpolitik und Managementsystem), das Ableiten konkreter Maßnahmen hieraus (Umweltprogramm), die interne und externe Kontrolle der Maßnahmen und des durch sie erzielten Erfolges, die Erstellung einer Umwelterklärung, die Validierung durch einen externen Gutachter sowie die Erteilung des Umweltzertifikats durch die Registrierung des Betriebes im EU-Verzeichnis.

In der geschilderten Reihenfolge werden die einzelnen Verfahrensschritte nachfolgend näher erläutert[69]. Der Anwendungsbereich ist jeweils ein bestimmter betrieblicher Standort.

---

68 Erste Umweltprüfung, im anglo-amerikanischen Sprachraum auch ‚initial audit'.

69 Eine Schilderung des Umweltauditverfahrens findet sich auch bei Freimann, Schwaderlapp 1995.

3.4.1 Ökologisches Zielsystem und Umweltpolitik

Zunächst fordert die Umweltaudit-Verordnung die Integration ökologischer Aspekte in das betriebliche Zielsystem und in die Unternehmensphilosophie[70]. Hierzu müssen durch die höchste Managementebene umweltbezogene Gesamtziele und Handlungsgrundsätze (die betriebliche Umweltpolitik[71]) in schriftlicher Form festgelegt werden. Regelungsbereich ist jeweils ein bestimmter Standort, doch muß sichergestellt werden, daß die definierte betriebliche Umweltpolitik im Einklang mit der übergeordneten Unternehmenspolitik steht[72]. Die Umweltpolitik des Betriebes muß den Beschäftigten mitgeteilt und der Öffentlichkeit zugänglich gemacht werden. Sie wird regelmäßig überprüft und gegebenenfalls angepaßt. Insbesondere soll die Umweltpolitik folgende Zielsetzung herausstellen und umsetzen:

1. Einhaltung der einschlägigen Umweltvorschriften.
2. Stetige Verbesserung des betrieblichen Umweltschutzes.
3. Einhaltung der ‚Guten Managementpraktiken'.

Zur Realisierung der stetigen Verbesserung sollen quantitative und mit Zeitvorgaben versehene Ziele formuliert werden. Was zu den ‚Guten Managementpraktiken' gehört, listet der Anhang I D der EG-Öko-Audit-Verordnung[73] auf. Im einzelnen wird folgendes erwartet:

1. Förderung des Verantwortungsbewußtseins der Mitarbeiter für die Umwelt.
2. Beurteilung der Umweltauswirkungen aller neuen Tätigkeiten, Produkte und Verfahren (im voraus).
3. Beurteilung und Überwachung der lokalen Umweltauswirkungen gegenwärtiger Tätigkeiten.
4. Ergreifen der notwendigen Maßnahmen zur Vermeidung, Beseitigung und Verringerung von Umweltbelastungen und Ressourcenverbrauch unter Berücksichtigung möglichst umweltfreundlicher Technologien.
5. Ergreifen der notwendigen Maßnahmen zur Störfallvermeidung.

---

70 „Die Unternehmensphilosophie beinhaltet die allgemeinen Zielvorstellungen und Werte der Unternehmung und bildet damit die Basis für die Bestimmung konkreter Zielsysteme"; Meffert, Kirchgeorg, 1992 S. 127. Vgl. auch weiter unten.

71 Die DIN Vornorm DIN V 33921 verwendet die Bezeichnung *Umweltpolitische Zielsetzung*; vgl. DIN V 33291 1995, S. 6.

72 Vgl. EG (Hrsg.} 1993, Art. 2 a), 3 a) und Anhang I A; *übergeordnet* in zweierlei Hinsicht: Sie gilt für alle Unternehmensstandorte und enthält neben dem Umweltschutz natürlich weitere Ziele.

73 Vgl. EG (Hrsg.) 1993.

6. Festlegung und Anwendung von Kontrollverfahren; Aufzeichnung und Aktualisierung der Ergebnisse hierzu notwendiger Messungen und Versuche.
7. Festlegung von Verfahren und Maßnahmen bei Verfehlung der Umweltziele.
8. Zusammenarbeit mit den Behörden bei der Begrenzung der Auswirkungen etwaiger Störfälle.
9. Information und Dialog mit der Öffentlichkeit bezüglich der Umweltauswirkungen der Unternehmenstätigkeit.
10. Kundenberatung hinsichtlich umweltgerechter Handhabung, Verwendung und Endlagerung der Unternehmensprodukte.
11. Übertragung der Umweltnormen auch auf Vertragspartner des Unternehmens, wenn sie auf dem Betriebsgelände arbeiten.

In der Praxis ist die Veröffentlichung der betrieblichen Umweltpolitik in neuester Zeit recht populär geworden. Oft werden bei der Publikation die Bezeichnungen Umweltleitlinien oder ‚Leitlinien für den Umweltschutz' verwendet. Was Bestandteil dieser Unternehmensgrundsätze sein kann, zeigt neben den erwähnten Praxisbeispielen auch der Leitfaden des ‚Bundesdeutschen Arbeitskreises für Umweltbewußtes Management' (B.A.U.M. e.V.)[74] sowie der internationale Umweltkodex der ‚International Chamber of Commerce' (ICC)[75]. Aus der Umweltpolitik muß das Unternehmen die Strategie[76] ableiten, mit der Umweltschutzaktivitäten betrieben werden sollen. Die Umweltstrategie ist damit das Bindeglied zwischen umweltpolitischer Unternehmenszielsetzung und den operationalisierten Umweltzielen des Umweltprogramms[77]. Bezogen auf das Umweltmanagement sollte der Betrieb in drei Bereichen strategische Grundsatzentscheidungen treffen:

1. Ökologieorientierte Basisstrategie,
2. Risikobewältigungsstrategie und
3. Wettbewerbsstrategie.

---

74 B.A.U.M. e.V. wurde 1984 als überparteiliche Umweltinitiative der Wirtschaft gegründet. Vgl. die Vereins-Homepage im Internet http://www.baumev.de.

75 Vgl. Meffert, Kirchgeorg 1992, S. 129 ff.

76 „Strategien sind langfristige, bedingte Verhaltenspläne zur Entwicklung und Sicherung unternehmerischer Erfolgspotentiale"; Meffert, Kirchgeorg 1992, S. 139.

77 Die operationalisierten Ziele des Umweltprogramms sind eine Konkretisierung der im Rahmen der betrieblichen Umweltpolitik genannten groben Unternehmenszielsetzung.

Steger zeigt die Abhängigkeit der ökologischen Basisstrategie von den Risiken und Chancen für das Unternehmen durch verstärkten Umweltschutz[78]. Nach Steger ist eine defensive Umweltstrategie[79] angebracht, wenn das Umweltgefährdungspotential zwar hoch ist, sich durch umweltgerechtes Unternehmensverhalten aber kein Erfolgspotential ergibt. Konkret wird unter defensiver Umweltstrategie verstanden, das Risiko[80] mit möglichst geringen Mehrkosten zu verringern. Im Einzelfall muß sogar die Aufgabe des umweltgefährdenden Geschäftsbereiches erwogen werden. Kennzeichnend für eine defensive Strategie ist zudem eine reaktive, statische, abwartende, hinnehmende, gegenwartsorientierte und von Sachzwängen geleitete Konfliktbehandlung (Krisenmanagement)[81].

Offensiv muß dagegen agiert werden, um langfristige Erfolgspotentiale in umweltsensiblen Märkten zu sichern. Durch Produktvariation und intensives Marketing muß ein ökologischer Produktvorteil geschaffen und herausgestellt werden. Dies birgt zwar die Gefahr der Nachahmung, schafft aber oft Imagevorteile[82]. Eine offensive Ausrichtung erfordert eine proaktive, dynamische, vorausschauende, beeinflussende, zukunftsorientierte, von eigenen Konzeptionen geleitete Konfliktbehandlung (Chancenmanagement). Von innovativer Umweltstrategie spricht man, wenn bei hohem Umweltrisiko und hohen Marktchancen von Umweltschutzprodukten die Wettbewerbsposition durch umweltgerechte Innovationen[83] gestärkt wird. Welche Umweltpolitik und -strategie ein Unternehmen in der Praxis wählt, wie sehr es also bei den Geschäftsaktivitäten auf Umweltaspekte Rücksicht nimmt, ist auch von der vermuteten Beziehung des Zieles Umweltschutz zu den anderen Unternehmenszielen abhängig. Es ist zu erwarten, daß die Ausrichtung des betrieblichen Umweltmanagements eher defensiv ist, wenn starke Zielkonflikte zwischen ökonomischen und ökologischen Zielen vermutet werden. Im Gegensatz dazu ist die Umweltstrategie offensiv, wenn von eher komplementären Zielbeziehungen ausgegangen wird[84].

---

78 OFW (Hrsg.) 1991, S. 128.

79 Zur Abgrenzung von defensiver und offensiver Umweltstrategie vgl. Meffert, Kirchgeorg 1992, S. 142 ff.

80 Beispielsweise staatlicher Umweltauflagen.

81 Ausführliche Beschreibung bei Wicke et alt. 1992, S. 41 ff.

82 Vgl. OFW (Hrsg.) 1991, S. 129. Zur Abgrenzung von offensivem und defensivem Umweltmanagement vgl. auch Reichardt 1996, S. 50 f und Müller 1995, S. 165 ff.

83 Unmittelbar umweltbezogene Produkte wie das 3-Liter-Auto o.ä.

84 Vgl. Kirchgeorg, 1990 S. 107 f.

Die unterschiedliche Betroffenheit verschiedener Branchen hinsichtlich ökologischer Risiken (Ökologie-Push) und Chancen (Ökologie-Pull)[85] verdeutlicht eine Untersuchung von Meffert und Kirchgeorg. In der durchgeführten empirischen Analyse wurde der Ökologie-Pull vom Einfluß abgeleitet, den die Forderungen von Kunden und Handelspartnern auf das Unternehmen haben (Selbsteinschätzung der Unternehmen, inwieweit sie von diesen Forderungen betroffen sind und Bewertung mit Hilfe eines Betroffenheitsindexes). Der Ökologie-Push wurde anhand der Betroffenheit der Unternehmen von den Medien und der Umweltgesetzgebung (wiederum nach eigener Einschätzung) ermittelt. Als Ergebnis zeigt sich, daß die ökologische Betroffenheit bei den Branchen Chemie, Mineralöl und Holz/Papier/Druck am größten und bei Elektrotechnik und Steine/Erden am geringsten ist. Kunststoff/Gummi, Nahrungs-/Genußmittel und Metallverarbeitung liegen im Mittelfeld[86].

Zusammenfassend ergibt sich das folgende umweltbezogene Zielsystem, bei dem untergeordnete Punkte jeweils aus den übergeordneten abgeleitet werden[87]:

1. Unternehmens*philosophie*[88].
2. Unternehmens*politik*.

---

85 Zur Abgrenzung vgl. Müller 1995, S.164 f.

86 Vgl. Meffert, Kirchgeorg 1992, S. 174.

87 Vgl. die ähnliche Darstellung bei Müller 1995, S. 192. Oechsler beschreibt den Zusammenhang zwischen Unternehmensphilosophie, Unternehmenspolitik und Unternehmenskultur im Unternehmen (dieses nennt er das Insystem) mustergültig (für die Ableitung einer *Personal*politik – die Übertragung auf den Bereich der betrieblichen *Umwelt*politik erscheint aber ohne weiteres möglich): „Das Umsystem (z.B. gesellschaftliches und politisches Bewußtsein, Infrastruktur, Konjunktur) und das Zwischensystem (z.B. Sozialpartner, Arbeitsmarktlage, Arbeitnehmerschutzgesetze) stehen in einer direkten Wechselbeziehung zur Unternehmensphilosophie (Weltanschauung, die als Leitbild für das Unternehmen dient), Unternehmenskultur (Normen und Werte, die verhaltensleitend im Unternehmen sein sollen) und der Unternehmenspolitik. Dieser Kontext der verschiedenen Komponenten gibt den Gestaltungsrahmen für die Personalpolitik vor. Dies bedeutet, daß personalpolitische Ziele und Grundsätze sich als Ergebnis von Prozessen zwischen den Beteiligten und externen sowie internen Wertvorstellungen ergeben. Da dieser Kontext keine starren Beziehungen aufzeigt, sondern von einer ständigen Dynamik geprägt ist, wird damit auch von der Personalpolitik ein erhöhtes Maß an Flexibilität gefordert." Oechsler 1997/2, S. 8. Ersetzt man *Personal*politik durch *Umwelt*politik und die Determinanten des Zwischensystems etwa durch die umweltpolitischen Entscheidungsträger (Umweltbehörden und –verbände), die umweltrechtlichen Rahmenbedingungen und die jeweils gültige Situation der regionalen Umweltbelastung, wird die Analogie unmittelbar deutlich.

88 Die Festlegung der Unternehmensphilosophie und die Ableitung der untergeordneten Elemente des Zielsystems erfolgt in Abstimmung mit den externen Rahmenbedingungen (sogenanntes Um- und Zwischensystem) und der Unternehmenskultur. Vgl. Oechsler 1997/2, S. 8. Die Unternehmensphilosophie wird zuweilen auch Vision oder englisch vision genannt, vgl. Müller 1995, S. 192.

3. Auf den jeweiligen Standort bezogene *betriebliche Umwelt*politik:
   Übergeordnete Umweltziele (ökologische Zielsetzung).
4. Betriebliche Umwelt*strategie*:
   Langfristige Ausrichtung des ökologischen Verhaltens.
5. Standortumwelt*programm*:
   Operationalisierte, konkrete Ziele und Maßnahmen.
6. Feinplanung, Realisierung und Kontrolle der umweltrelevanten Maßnahmen.

3.4.2 Erste Umweltprüfung

Der Ausgangszustand des Betriebsstandortes hinsichtlich umweltrelevanter Aspekte wird durch eine ‚erste Umweltprüfung' untersucht, die sich vor allem auf die Auswirkungen der betrieblichen Aktivitäten am jeweiligen Standort auf die Umwelt und die daher ergriffenen Umweltschutzmaßnahmen erstreckt[89]. Hierbei werden Umweltbelastungen und mögliche Gegenmaßnahmen im Zusammenhang betrachtet. Im einzelnen sollen folgende Gesichtspunkte berücksichtigt werden[90]:

1. **Umweltauswirkungen allgemein:**
   Beurteilung, Kontrolle und Verringerung.
2. **Energie:**
   Management, Einsparung und Auswahl der Energiequellen.
3. **Rohstoffe und Wasser:**
   Bewirtschaftung, Einsparung, Auswahl und Transport.
4. **Abfälle:**
   Vermeidung, Recycling, Wiederverwendung, Transport und Endlagerung.
5. **Lärmbelästigung:**
   Bewertung, Kontrolle und Verringerung.
6. **Produktionsverfahren:**
   Auswahl neuer und Änderung bestehender Verfahren.
7. **Produktgestaltung:**
   Design, Verpackung, Transport, Verwendung und Endlagerung.

---

89 Vgl. EG (Hrsg.) 1993, Art. 2 b) und 3 b).

90 Vgl. EG (Hrsg.) 1993, Anhang I C.

8. **Umweltschutzmaßnahmen:**

   Betriebliche Umweltschutzmaßnahmen sowie bei Lieferanten und Auftragnehmern.

9. **Störfälle:**

   Verhütung und Begrenzung der Auswirkungen; ggf. mit speziellen Verfahren.

10. **Interne Informationspolitik:**

    Ökologische Information und Ausbildung des Personals.

11. **Externe Informationspolitik:**

    Information der Öffentlichkeit.

Zusammenfassend werden also sowohl die oben vorgestellten umweltrelevanten Größen untersucht, als auch Aspekte des Betriebsverhaltens wie Umweltschutzmaßnahmen, Störfallbehandlung und Informationspolitik. Besondere Bedeutung erlangt die beschriebene erste Bestandsaufnahme vor dem Hintergrund des Anspruchs der kontinuierlichen Verbesserung. Es wird ein Sachstand der Umweltverträglichkeit[91] definiert, der nie mehr unterschritten werden soll. In diesem Sinne haben es diejenigen Betriebe, die bereits einen hohen Umweltstandard realisiert haben, schwerer, sich weiter zu verbessern, als ökologisch bisher eher defensiv agierende Betriebe[92].

3.4.3 Ausgestaltung des Umweltmanagementsystems

Die Ergebnisse der ersten Umweltprüfung versetzen den Betrieb in die Lage, die beiden wichtigsten Elemente des betrieblichen Umweltschutzes auszugestalten:

1. Das Umweltmanagementsystem.
2. Das Umweltprogramm.

Die gegenseitigen Einflüsse zwischen beiden sind so groß, daß man Umweltprogramm und -managementsystem am besten in gegenseitiger Abstimmung konzipiert[93].

---

91 Die sogenannte ‚base-line'.

92 Dies ist einer der Hauptkritikpunkte am Umweltauditsystem.

93 Heute haben sich hierzu prozeßorientierte Ansätze durchgesetzt. Vgl. Chudalla, Hagel 1998, S. 151 ff. Es werden eine ganze Reihe von EDV-Standardlösungen angeboten, vgl. Poltermann 1998/1, S. 143.

Dem trägt auch die EG-Verordnung Rechnung, indem sie beide im gleichen Absatz beschreibt[94]. Das Umweltmanagementsystem umfaßt den umweltrelevanten Teil des gesamten Managementsystems[95], vor allem hinsichtlich der Aspekte Organisationsstruktur, Zuständigkeiten, Verhaltensweisen, Verfahren, Abläufe und (finanzieller) Mittel[96]. Es ist die Organisation[97], in der und (vor allem) durch die Umweltschutz am jeweiligen Standort betrieben wird. Im einzelnen umfaßt das Umweltmanagementsystem folgende Aufgabenbereiche[98]:

1. Überprüfung von Umweltpolitik, -zielen und –programmen.
2. Aufbauorganisation, Personal und Ausbildung.
3. Initiierung und Betrieb eines Umweltinformationssystems.
4. Festlegung und Kontrolle von Aufbau- und Ablaufmaßnahmen.
5. Dokumentation.
6. Umweltbetriebsprüfung.

3.4.3.1 Überprüfung von Umweltpolitik, -zielen und -programmen

In regelmäßigen Zeitabständen soll eine Überprüfung und gegebenenfalls Überarbeitung der betrieblichen Umweltpolitik, der Umweltziele und des Umweltprogramms durchgeführt werden. Anpassungsbedarf kann sich zum Beispiel aus der Verabschiedung neuer Rechtsnormen, aus neu entwickelten Technologien und anderen externen Einflüssen ergeben. Zuständig für Überprüfung und Anpassung ist die höchste Managementebene, in der Praxis also die Geschäftsleitung bzw. der Vorstand oder zumindestens die jeweilige Werksleitung.

3.4.3.2 Aufbauorganisation, Personal und Ausbildung

Zunächst kommt es darauf an, innerhalb der Betriebsorganisation (im Sinne von Aufbauorganisation) festzulegen, wer die umweltrelevanten Arbeitsprozesse durchführt, leitet und überwacht.

---

94 Vgl. EG (Hrsg.) 1993, Art. 3 c).

95 Des jeweiligen Standortes.

96 Vgl. EG (Hrsg.) 1993, Art. 2 e).

97 In einer weit gefaßten Bedeutung, die insbesondere den Ablaufaspekt *und* den Aufbauaspekt umfaßt; vgl. Wöhe 1986, S. 157 ff.

98 Vgl. EG (Hrsg.) 1993, Anhang I B.

Teilweise müssen Umweltaufgaben von Funktionsträgern zusätzlich übernommen werden, teilweise ist die Ausschreibung neuer Stellen notwendig. Insbesondere müssen auch Befugnisse, Verantwortlichkeiten und Beziehungen zwischen den einzelnen Funktionen und Funktionsträgern definiert und beschrieben werden. Zudem sind einem Managementvertreter die Verantwortung und die Befugnisse für das gesamte Umweltmanagementsystem zu übertragen. Darüber hinaus sollen der Ausbildungsbedarf der Mitarbeiter[99] hinsichtlich des betrieblichen Umweltschutzes bestimmt und Schulungsmaßnahmen durchgeführt werden. Schließlich sollen auch Verfahren initiiert werden, um den internen und externen Dialog in bezug auf umweltrelevante Aspekte führen und dokumentieren zu können[100].

3.4.3.3 Initiierung eines Umweltinformationssystems

Gemäß EG-Verordnung soll das Umweltinformationssystem die Umweltauswirkungen der Unternehmenstätigkeit am jeweiligen Standort prüfen, beurteilen und die besonderen Umweltwirkungen in einem Verzeichnis dokumentieren[101]. Im einzelnen soll folgendes berücksichtigt werden[102]:

1. Kontrollierte und unkontrollierte Emissionen in die Atmosphäre.
2. Kontrollierte und unkontrollierte Ableitungen in Gewässer und in die Kanalisation.
3. Feste und andere Abfälle, insbesondere auch gefährliche Abfälle.
4. Kontaminierung von Erdreich.
5. Nutzung von Boden, Wasser, Brennstoffen, Energie und anderer Ressourcen.
6. Freisetzung von Wärme, Lärm, Staub, Erschütterungen und optischen Einwirkungen.
7. Auswirkungen auf bestimmte Teilbereiche der Umwelt und spezielle Ökosysteme.

Bei den betrieblichen Umweltwirkungen soll zudem unterschieden werden zwischen:

1. normalen Betriebsbedingungen,
2. besonderen Betriebsbedingungen,
3. Vorfällen, Unfällen und Notfällen sowie
4. früheren, laufenden und geplanten Tätigkeiten.

---

99 Wenn sie umweltrelevant tätig sind.

100 Beispielsweise eine interne Informationsstelle bzw. eine Abteilung für Öffentlichkeitsarbeit.

101 Einen Überblick über wesentliche Aspekte der praktischen Anwendung von Umweltkennzahlen geben Nagel und Schwan, vgl. Nagel, Schwan 1998, S. 179 ff. Zu betrieblichen Umweltinformationssystemen vgl. Chudalla, Hagel 1998, S. 151 ff und Witt 1998, S. 84 ff.

102 Vgl. EG (Hrsg.) 1993, Anhang I B.

Insbesondere soll der betriebliche Standort auch alle rechtlichen Normen registrieren und fortschreiben, die sich auf umweltrelevante Aspekte seiner Tätigkeiten, Produkte und Dienstleistungen beziehen.

3.4.3.4 Festlegung und Kontrolle von Aufbau- und Ablaufverfahren

Ging es in den vorher genannten Elementen des Umweltmanagementsystems um die Gestaltung und Dokumentation des Rahmens der betrieblichen Aktivitäten[103], so betrifft der nun folgende Punkt die konkrete Planung der am Standort eingesetzten Verfahren. Zunächst sollen diejenigen betrieblichen Funktionen, Tätigkeiten und Verfahren ermittelt werden, die Umweltauswirkungen mit sich bringen oder für die Unternehmensziele von Bedeutung sind und deshalb der besonderen Planung und Kontrolle unterliegen sollen. Zur Planung und Kontrolle gehören folgende Tätigkeiten:

1. Erstellung und Kontrolle von Arbeitsanweisungen für die ermittelten Verfahren.
2. Einrichten von Kontrollverfahren hinsichtlich des Umweltschutzstandards bei Lieferanten und Vertragspartnern.
3. Überwachung und Kontrolle umweltinitiierter Verfahren (z.B. Recycling, Abfall- und Abwasserbeseitigung).
4. Überprüfung neuer Verfahren und Ausrüstungen unter Umweltgesichtspunkten.
5. Schriftliche Fixierung und Normierung von Umweltschutzleistungen.

Weiterhin sollen die Einhaltung aller betrieblichen Anforderungen aus Umweltpolitik, -managementsystem, -zielen und -programmen kontrolliert und Ergebnisprotokolle eingeführt und fortgeschrieben werden. Dies erfordert in jedem betroffenen Bereich folgende Tätigkeiten:

1. Ermittlung und Dokumentierung erforderlicher Einzelinformationen.
2. Spezifizierung und Dokumentierung der Kontrollverfahren.
3. Definition und Dokumentierung von Akzeptanzkriterien und Maßnahmen bei mangelnder Zielerreichung.
4. Überprüfung des Kontrollsystems und Beurteilung der Kontrollergebnisse.

---

103 Zielsystem, Aufbauorganisation sowie Umweltwirkungen und Rechtsnormen.

Werden Ziele verfehlt, muß der Grund hierfür ermittelt und ein Aktionsplan aufgestellt werden. Zudem sind für die Zukunft angemessene Vorbeugungsmaßnahmen vorzusehen und zu kontrollieren. Damit einhergehende Verfahrensänderungen sind festzuhalten.

3.4.3.5 Dokumentation

Bereits im Hinblick auf die angewandten Verfahren und die Erreichung der Unternehmensanforderungen ist eine umfassende Dokumentation erforderlich. Darüber hinaus sind insbesondere auch folgende Punkte schriftlich festzuhalten[104]:

1. Umweltpolitik, Umweltziele und Umweltprogramme (Zielsystem).
2. Schlüsselfunktionen und Verantwortlichkeiten (Aufbauorganisation).
3. Wechselwirkungen zwischen Systemelementen (Managementsystem).

In der Praxis kommen die Betriebe der Dokumentationspflicht zumeist durch die Erstellung eines Umweltmanagementhandbuches nach, in dem alle erforderlichen Verfahren, Zuständigkeiten, Abläufe und Maßnahmen beschrieben werden. Oft wird die Erstellung an das Handbuch des Qualitätsmanagements nach ISO 9001 angelehnt[105].

3.4.3.6 Umweltbetriebsprüfung

Schließlich bedarf es der Durchführungsbestimmungen für Management, Ablauf und Kontrolle der regelmäßigen systematischen Betriebsprüfung. Diese soll insbesondere auch die folgenden Aspekte berücksichtigen:

1. Zielkongruenz der Umweltmanagementaktivitäten mit dem Umweltprogramm.
2. Effektivität des Umweltmanagements.
3. Wirksamkeit des Umweltmanagementsystems im Hinblick auf die Ziele des Umweltprogramms.

In der Praxis wird die Betriebsprüfung meist mit Hilfe vorbereiteter Checklisten durchgeführt[106].

---

104 Vgl. EG (Hrsg.) 1993, Anhang I B.

105 Vgl. Mohndruck (Hrsg.) 1994, S. 5; Ackermann (Hrsg.) 1994, S. 3 und Erhardt + Leimer (Hrsg.) 1994, S. 9.

106 Vgl. Ackermann (Hrsg.) 1994, S. 4 und Müller 1995, S. 201 ff. Zu einer Sammlung solcher Checklisten vgl. Ellringmann 1993.

3.4.4 Aufstellung des Umweltprogramms

Beim Umweltprogramm handelt es sich um „eine Beschreibung der konkreten Ziele und Tätigkeiten des Unternehmens, die einen größeren Schutz der Umwelt an einem bestimmten Standort gewährleisten soll, einschließlich einer Beschreibung der zur Erreichung dieser Ziele getroffenen oder in Betracht gezogenen Maßnahmen und der gegebenenfalls festgelegten Fristen für die Durchführung dieser Maßnahmen“[107].

Damit ist das betriebliche Umweltprogramm eine Konkretisierung (‚Herunterbrechung') der in Umweltpolitik und Umweltzielen genannten allgemeinen Anforderungen an das Umweltmanagement am Standort (unter Einbeziehung von Fristen und Maßnahmen). Da parallel zur Entwicklung des Umweltprogramms im Rahmen des Umweltmanagementsystems auch das Umweltinformationssystem gestaltet wird, können die Bewertungskategorien und -maßstäbe des letzteren zur Operationalisierung der Ziele des Umweltprogramms herangezogen werden. Diese ist unbedingt erforderlich, damit das Umweltprogramm seinem Anspruch gerecht werden kann, Maßstab für die Kontrolle des betrieblichen Umweltschutzes zu sein[108]. Einfluß auf das Umweltprogramm hat vor allem auch die erste Umweltprüfung, die gezeigt hat, wo im Hinblick auf die Umweltpolitik Handlungsbedarf besteht[109]. Der Anspruch des Umweltaudits, eine kontinuierliche Verbesserung[110] sicherzustellen, soll sich natürlich auch in der Formulierung des Umweltprogramms widerspiegeln.

3.4.5 Auditierung (Betriebsprüfung)

Kernpunkt des Umweltaudit-Verfahrens ist naturgemäß die eigentliche Betriebsprüfung. Hierbei handelt es sich „um ein Managementinstrument, das eine systematische, dokumentierte, regelmäßige und objektive Bewertung der Leistung der Organisation, des Managements und der Abläufe zum Schutz der Umwelt umfaßt“[111]. Sie wird mindestens alle drei Jahre durchgeführt[112].

---

107 Vgl. EG (Hrsg.) 1993, Art. 2 c).

108 Zur Operationalisierung von Umweltzielen vgl. auch Meffert, Kirchgeorg 1992, S. 135 ff.

109 „Aus den Schwachstellen und Verbesserungspotentialen der Umweltprüfung wird das Umweltprogramm abgeleitet.“, Erhardt + Leimer (Hrsg.) 1994, S. 9.

110 Vgl. EG (Hrsg.) 1993, Art. 3 c).

111 Vgl. EG (Hrsg.) 1993, Art. 2 e).

112 Vgl. EG (Hrsg.) 1993, Art. 4 (2) und Anhang II H.

Im einzelnen sind die folgenden Punkte bei der Durchführung zu beachten[113]:

1. Die Prüfung kann von unternehmensinternen oder externen (Personen oder Organisationen, die im Auftrag des Unternehmens arbeiten) Prüfern durchgeführt werden. Sicherzustellen sind bei internen Prüfern ausreichende Fachkenntnis und Erfahrung sowie Unabhängigkeit hinsichtlich der zu prüfenden Tätigkeiten.
2. Die Prüfung wird je nach Notwendigkeit, jedoch mindestens alle drei Jahre durchgeführt. Die Notwendigkeit wird für jede Tätigkeit am Prüfungsstandort von der Unternehmensleitung festgelegt – unter Berücksichtigung von Art, Umfang, Komplexität und Umweltauswirkungen der jeweiligen Tätigkeit, des Umweltprogramms, der Ergebnisse vorangegangener Prüfungen und der Vorgeschichte der Umweltprobleme.
3. Prüfungsziele sind vor allem folgende Aspekte:
   - Bewertung des Managementsystems.
   - Feststellung der Übereinstimmung des Standort-Umweltprogramms mit den umweltbezogenen Unternehmenszielen.
   - Erfüllung der einschlägigen Umweltauflagen.
4. Prüfungsbereiche sind die oben im Zusammenhang mit der ersten Betriebsprüfung genannten Elemente.
5. Es wird ein umfassender Prüfungsbericht erarbeitet. Schlußfolgerungen der Prüfung werden der Geschäftsleitung offiziell mitgeteilt.
6. Das Prüfungsergebnis soll Korrekturmaßnahmen auslösen und zu einem aktualisierten Umweltprogramm führen.

In der Praxis wird die Umweltbetriebsprüfung zumeist von internen Prüfern durchgeführt. Neben der Kostenersparnis birgt dies den Vorteil, daß die prüfenden Mitarbeiter ihre Fachkenntnis und Erfahrung im Umweltschutzbereich vergrößern, die Betriebsprozesse in ihrer Wirkung auf die Umwelt besser verstehen und in bezug auf Umweltschutzmaßnahmen meist auch noch nach der Prüfung besonders motiviert sind.

3.4.6 Veröffentlichung

Für die Öffentlichkeit wird, aufbauend auf der Umweltprüfung, eine Umwelterklärung für den jeweiligen Standort erstellt.

---

[113] Vgl. EG (Hrsg.) 1993, Art. 4.

Zusätzlich soll zwischen den Umweltprüfungen jährlich eine vereinfachte Umwelterklärung veröffentlicht werden[114] [115]. Die Erklärung enthält insbesondere auch die folgenden Punkte:

1. Beschreibung der Geschäftstätigkeit am Standort.
2. Beurteilung aller relevanten Umweltfragen der Tätigkeiten am Standort.
3. Zusammenfassende Zahlenangaben über:
   - Schadstoffemissionen.
   - Abfallaufkommen.
   - Rohstoff-, Energie- und Wasserverbrauch.
   - Lärm.
   - Andere bedeutende Umweltwirkungen.
4. Weitere, den betrieblichen Umweltschutz betreffende Faktoren.
5. Hinweis auf bedeutende Veränderungen im Vergleich zur letzten Umwelterklärung.
6. Darstellung von Umweltpolitik, Umweltprogramm und Umweltmanagementsystem.
7. Termin der nächsten Umwelterklärung.
8. Name des Umweltgutachters.

Gerade in der Veröffentlichung von Leistungen im Umweltschutzbereich liegt für das Unternehmen ein großes Nutzenpotential, besonders wenn es gelingt, hiermit eine interessierte Öffentlichkeit zu erreichen. Auf der anderen Seite birgt der Veröffentlichungszwang das Risiko, mit schlechten (oder unvollständigen) Ergebnissen negativ aufzufallen. Besonders in der Anfangsphase eröffnen sich Chancen durch das neue Instrument des Umweltmanagements[116]. Für Betriebe aber, die zu lange abwarten, entsteht ein zunehmender Druck, am Gemeinschaftssystem teilzunehmen[117]. Insbesondere wenn mit der wachsenden Anzahl teilnehmender Betriebe auch die Vergleichbarkeit der veröffentlichten Informationen gestiegen ist, haben Unternehmen, die bisher kaum Umweltziele verfolgten, mit Wettbewerbsnachteilen zu rechnen.

So könnte sich der Zwang zur Veröffentlichung zum mächtigen Instrument entwickeln, Umweltschutz auf breiter Basis durchzusetzen.

---

114 Sie enthält mindestens Punkt drei der folgenden Aufzählung.

115 Unter bestimmten Voraussetzungen gilt diese Bestimmung nicht; vgl. EG (Hrsg.) 1993, Art. 5.

116 Diesen Effekt nennt man ‚Ökologie-Pull'. Vgl. weiter oben.

117 Diesen Effekt nennt man ‚Ökologie-Push'. Vgl. weiter oben.

3.4.7 Gutachten und Zertifizierung

Das Interesse der am Umweltaudit teilnehmenden Betriebe ist naturgemäß auf eine möglichst positive Darstellung des betrieblichen Umweltschutzes gerichtet. Um auch bei Prüfung durch interne Stellen Objektivität zu gewährleisten, unterliegt das komplette Verfahren der Kontrolle durch einen unabhängigen Gutachter.

Die Kontrolle erstreckt sich dabei auf die Übereinstimmung von Umweltpolitik, Umweltprogrammen, Umweltmanagementsystemen, Umweltprüfungs- oder Umweltbetriebsprüfungsverfahren und Umwelterklärungen mit den Bestimmungen der EG-Verordnung. Ist diese gegeben, erklärt der Gutachter, der zugelassen sein muß[118], die Umwelterklärung für gültig[119]. Hierdurch entfaltet die zunächst interne Umweltbetriebsprüfung Außenwirkung. Zunächst entsteht mit der Gültigkeit der Umwelterklärung (Zertifizierung) der Anspruch, in ein Verzeichnis der Europäischen Union aufgenommen zu werden. Dieses wird dann alljährlich im Amtsblatt der Europäischen Union veröffentlicht[120]. Auf nationaler Ebene erfolgt die Registrierung in Deutschland durch die zuständigen Kammern[121]. Eine Streichung (unter Umständen nur vorübergehend) aus dem Verzeichnis der zertifizierten Standorte erfolgt bei Nichterneuerung der Betriebsprüfung und bei bedeutenden Verstößen gegen Umweltvorschriften.

Mit der Zertifizierung wird auch das Recht erworben, eine Teilnahmeerklärung zu verwenden und als Firmenabzeichen zu führen. Hierbei handelt es sich um eine Art Umwelt-Gütesiegel (*eco-label*) mit dem Nationenkreis der Europäischen Union und der Bezeichnung ‚EG-System für das Umweltmanagement und die Umweltbetriebsprüfung'[122]. Der Verband der Technischen Überwachungs-Vereine e.V. (VdTÜV) in Essen hat im April 1995 einen Leitfaden zur Zertifizierung herausgegeben[123].

---

118 Vgl. EG (Hrsg.) 1993, Art. 6 f; und Anhang III; die Akkreditierung der Umweltgutachter fällt unter das nationale Recht der einzelnen Mitgliedsstaaten der EU, vgl. UAG-Zulassungsverordnung.

119 Vgl. EG (Hrsg.) 1993, Art. 4.

120 Vgl. EG (Hrsg.) 1993, Art. 8 und Art. 9.

121 Industrie- und Handelskammer (IHK) bzw. Handwerkskammer (HWK). Vgl. Umweltauditgesetz, § 32 (2).

122 Vgl. EG (Hrsg.) 1993, Art. 10 und Anhang IV.

123 Merkblatt 001. Vgl. VdTÜV (Hrsg.) 1995.

3.5 Betriebswirtschaftlicher Nutzen einer Teilnahme am Umweltauditsystem nach EG-Verordnung 1836/93

„Die Tatsache, daß es schon eine Vielzahl von Unternehmen gibt, die die EG-Umweltaudit-Verordnung an ihren Standorten umsetzen, ist ein Beweis dafür, daß es eine Reihe von Vorteilen gibt.“[124] Bei einer Unternehmensbefragung[125] wurden folgende vom Umweltaudit erwarteter Nutzenaspekte genannt[126]:

1. Kostenminimierung und Nutzung von Einsparungspotentialen,
2. Sicherstellung der Auflagenerfüllung und Minimierung des Haftungsrisikos,
3. Marketingvorteile durch umweltgerechte Produkte,
4. Folgen eines Imagegewinnes durch Umweltverträglichkeit und
5. Nutzung strategischer Vorteile.

---

124 Vgl. Bundesumweltministerium (Hrsg.) 1995/1, S. 17; auch in den Niederlanden ist die Bereitschaft der Unternehmen, am Regierungsprogramm zur Einführung von Umweltmanagementsystemen teilzunehmen, erstaunlich hoch, vgl. van Someren 1994.

125 Vgl. Orthmann 1995, S. 117ff.

126 Vgl. auch die ausführliche Darstellung in Kap. 5.4.6 und Kap. 5.5.4.1.

4 Rechtswissenschaftlicher Teil – Die Deregulierung und Substitution im Zusammenhang mit dem Umweltaudit im Kontext allgemeiner Deregulierungsbestrebungen in Deutschland

4.1 Der Deregulierungsbegriff

„Die Deregulierung ist ein Hauptthema der wirtschaftswissenschaftlichen Diskussion seit einer ganzen Reihe von Jahren. Während die Umsetzung in die wirtschaftspolitische Praxis in den Vereinigten Staaten schon relativ weit fortgeschritten ist, sind in der Bundesrepublik Deutschland allenfalls erste Ansätze vorhanden. Da die Regulierungsdichte hier und in anderen europäischen Ländern eine beträchtliche Höhe aufweist und unübersehbare Ineffizienzen zur Folge hat, bleibt die Deregulierung in vielen Sektoren eine vorrangige ordnungspolitische Aufgabe." Dies stellte Kruse 1989 fest[127].

Bereits sechs Jahre vorher hatte der damalige Bundeskanzler Kohl in seiner Regierungserklärung ein Plädoyer für den Rückzug des Staates aus weiten Bereichen des Wirtschaftens gehalten[128]. Tatsächlich führte dieses Regierungsprogramm zu einigen Maßnahmen: Heute, 17 Jahre später, schauen wir auf umfassende Deregulierungsaktivitäten zurück: Im Gedächtnis geblieben ist vor allem der Rückzug des Staates aus weiten Bereichen der Branchen Telekommunikation, Energieversorgung und Verkehr.[129]

---

127 Kruse 1989, S. 9.

128 „Alle geschichtlichen Erfahrungen dieses Jahrhunderts lehren: Eine Wirtschaftsordnung ist um so erfolgreicher, je mehr sich der Staat zurückhält und dem einzelnen seine Freiheit läßt."... „Wir wollen nicht mehr Staat, sondern weniger, wir wollen nicht weniger, sondern mehr persönliche Freiheit." Kohl in seiner Regierungserklärung am 4. Mai 1983. Zitiert u.a. bei Jahn 1990, S. 11.

129 Beispiele sind die Vollprivatisierung der ehemals bundeseigenen Unternehmen Salzgitter AG, VEBA, VIAG und Deutsche Telekom sowie der Verkauf von Bundesbeteiligungen an den Unternehmen VW und Lufthansa. Zwischen 1983 und 1990 hat der Bund Anteile an 67 Industrieunternehmen verringert bzw. aufgegeben.

Deregulierung umfaßt allerdings einen sehr weiten Bereich[130] zwischen kleinen Verwaltungsvereinfachungen auf der einen und den spektakulären Teil- und Vollprivatisierungen staatlicher Unternehmen auf der anderen Seite. Gerade in den letzten Jahren waren es vor allem die großen Privatisierungsprojekte, die das Medieninteresse auf die Deregulierung lenkten. Dies darf aber nicht dazu führen, Deregulierung auf diese eine Maßnahme beschränkt zu verstehen. Privatisierung ist nicht synonym zu Deregulierung, sondern lediglich ein Aspekt neben dem Abbau ordnungspolitischer Eingriffe des öffentlichen Sektors in das Wirtschaftsleben.

4.1.1 Entwicklung des allgemeinen Deregulierungsbegriffs

Der Ursprung des Begriffs Deregulierung liegt in den Vereinigten Staaten von Amerika. In den 70er Jahren wurden dort unter der Bezeichnung ‚deregulation' erste den Luftverkehr und die Telekommunikation betreffende Maßnahmen durchgeführt[131] [132]. Wenig später wurde der Deregulierungsgedanke dann in Großbritannien[133] und in der Folge auch in anderen mitteleuropäischen Staaten aufgegriffen.

In Deutschland markiert die Ministerpräsidentenkonferenz vom 16. Februar 1979 den Beginn der Deregulierungsdiskussion. Auf dieser Konferenz einigten sich die Regierungschefs von Bund und Ländern, der zunehmenden Bürokratisierung entgegenzuwirken und Rechts- und Verwaltungsvereinfachungen einzuführen[134]. Daraufhin wurden in sämtlichen Ländern Arbeitsgruppen und Expertenkommissionen eingesetzt. Wie bereits oben erwähnt, wurde in der Regierungserklärung des damaligen Bundeskanzlers Kohl am 4. Mai 1983 Deregulierung ausdrücklich zum Ziel und Programm erhoben.

---

[130] Ronellenfitsch sieht im Begriff Deregulierung sogar „keinen Rechtsbegriff, sondern eher ein Schlagwort für ein rechtspolitisches Programm, das darauf abzielt, die gesetzlichen und untergesetzlichen Regelwerke in verschiedenen Rechtsbereichen auszudünnen." Ronellenfitsch 1994, S. 207.

[131] Vgl. Winner 1996, S. 5, Ronellenfitsch 1994, S. 207 und Molitor 1996, S. 7.

[132] Einen umfassenden Überblick über Deregulierungsmaßnahmen in den 70er und 80er Jahren in den USA geben Horn, Knieps und Müller. Vgl. Horn et alt. 1988. Sie betrachten die Branchen Energie (Mineralöl-, Gas- und Stromversorgung), Verkehr (Eisenbahn-, Inter-city-Bus- und Luftverkehr sowie Straßengütertransport), Telekommunikation und Medien (Rundfunk).

[133] Die Bezeichnung ‚Thatcherismus' zeigt, daß auch in Großbritannien die Deregulierung ein herausragendes Anliegen der damaligen Regierung war. Vgl. Stober 1990, S. 1.

[134] Vgl. Stober 1990, S. 4.

Es fällt auf, daß der Anstoß zur Deregulierung aus den Wirtschaftswissenschaften kam[135]. Erst etwas später befaßten sich auch die Rechtswissenschaften mit diesem Thema, seitdem aber mit großer Intensität[136].

4.1.2 Ziele der allgemeinen Deregulierung

Die Tatsache, daß Deregulierung in den Regierungsprogrammen mehrerer wichtiger Industriestaaten ausdrücklich zum politischen Ziel erhoben wurde, zeigt, daß man sich von Deregulierungsmaßnahmen positive Effekte erhofft. Diese können haushaltspolitischer und ordnungspolitischer Art sein[137]. Die haushaltspolitische Begründung von Deregulierungsmaßnahmen ist unmittelbar nachvollziehbar. So hat der Verkauf von Bundesbeteiligungen an großen Industrieunternehmen in den 80er Jahren zur Haushaltskonsolidierung erheblich beigetragen. Zudem kann die Verminderung von Eingriffen des öffentlichen Sektors natürlich zur Verminderung der Staatsausgaben führen. Dieses Resultat ist auch zu erwarten, wenn es (wie oftmals angestrebt) gelingt, durch Deregulierungsmaßnahmen die Vollzugseffizienz zu erhöhen[138].

Auf der anderen Seite kann Deregulierung auch der Erreichung einiger ordnungspolitischer Ziele dienen. Im Vordergrund stehen dabei folgende Erwartungen an Deregulierungsmaßnahmen[139]:

- Mehr Bürger- und Wirtschaftsnähe.
- Höhere Transparenz.
- Höhere Akzeptanz.
- Partizipation.
- Nutzung privater Ressourcen.
- Entlastung der Bürger.
- Entlastung des Staates.
- Erhöhte Wirtschaftlichkeit und Effizienz.

---

135 Vgl. Winner 1996, S. 6 und Lammer 1995, S. 59.

136 Vgl. Winner 1996, S. 5 f und Ronellenfitsch 1995, S. 191.

137 Vgl. Stober 1990, S. 1

138 Vgl. z. B. Wagner, 1994, S. 173: „Ein Mehr an Effizienz des Ordnungsrechts kann durch ein Weniger an Normen erreicht werden.“

Die Frage, ob und in welchem Maße diese Ziele in der Praxis auch erreicht werden, ist dabei nicht allgemein, sondern nur in der Analyse des Einzelfalls zu beantworten[140]. Die Vielfältigkeit der mit Deregulierung verbundenen Ziele mag ein Grund dafür sein, daß sehr unterschiedliche Maßnahmen zur Deregulierung eingesetzt werden. Als Folge hiervon wird Deregulierung oft als Zusammenfassung einer größeren Zahl von Einzelmaßnahmen verstanden.

4.1.3 Vielschichtigkeit des Deregulierungsbegriffs

In der Literatur wird der Begriff Deregulierung sehr unterschiedlich definiert. In den meisten Fällen wird Deregulierung nicht als klar abgrenzbare Einzelmaßnahme verstanden, sondern als ein Sammelbegriff, der ein breites Spektrum verschiedener Initiativen zusammenfaßt. So definiert Molitor wie folgt[141]: „Insgesamt können unter dem Begriff Deregulierung drei entscheidende Aufgaben verstanden werden:

1. Die Liberalisierung vorher durch staatliches Ordnungsrecht hoheitlich speziell geregelter Bereiche, wie zum Beispiel der Telekommunikation, des Luftverkehrs, der Energieversorgung oder des Berufsrechts freier Berufe.
2. Die Rechts- und Verwaltungsvereinfachung durch Abschaffung oder Neufassung von Rechtsvorschriften.
3. Die Neugestaltung des Gesetzgebungsverfahrens, damit frühzeitig entscheidende Anliegen der Bürger und der Wirtschaft berücksichtigt werden können."

Stober nennt u.a. folgende Teilaspekte, die unter Deregulierung fallen können[142]:

- Liberalisierung,
- Privatisierung,
- Subsidiarität,
- Entstaatlichung,
- Dezentralisierung,
- Eigenverantwortung,

---

139 Vgl. Stober 1990, S. 1.

140 Diese Frage soll im wirtschaftswissenschaftlichen Teil der vorliegenden Arbeit ausführlicher thematisiert werden. Für eine Zusammenfassung der positiven und der normativen Theorie der Regulierung; vgl. Soltwedel et alt. 1986, S. 4 ff.

141 Molitor 1996, S. 7.

- Subventionsabbau,
- Rechts- und Verwaltungsvereinfachung und
- Entbürokratisierung.

Gemeinsam ist diesen verschiedenen Deregulierungsinitiativen, daß das Verhältnis zwischen Aufgaben, Einrichtungen und Maßnahmen der öffentlichen Hand sowie dem Bürger verändert wird[143]. Es kommt zu einer Verminderung des Einflusses des öffentlichen Sektors. Kruse definiert Regulierung als „sektorspezifische, dauerhafte Interventionen staatlicher Instanzen in marktliche Prozesse“[144]. Deregulierung bezeichnet folglich „die Abschaffung staatlicher Interventionen, die Reduzierung ihrer Eingriffsintensität oder ihre anderweitige Ersetzung durch institutionelle Strukturen, die eine Stärkung marktlicher Mechanismen zur Folge haben“[145]. Die Mehrheit der Autoren ergänzt die angegebene Definition noch um folgende Abgrenzung: Deregulierung bezieht sich auf das Ordnungsrecht und somit auf den Abbau dauerhafter Regulierungsmaßnahmen. Damit fallen staatliche Interventionen aufgrund von temporären Anpassungsfriktionen[146] nicht unter Regulierung bzw. deren Abbau nicht unter Deregulierung[147].

4.2 Deregulierung und Substitution im Zusammenhang mit dem Umweltaudit

Für die vorliegende Arbeit ist die oben beschriebene Abgrenzung des allgemeinen Deregulierungsbegriffs zu weit. Sie befaßt sich lediglich mit einem Teil der oben genannten Maßnahmen zur Deregulierung. Die Problemstellung dieser Arbeit konstatiert, daß ein Unternehmen das Ziel, seinen Wertschöpfungsprozeß unter Umweltgesichtspunkten zu optimieren, auf verschiedene Weise angehen kann. Betrieblicher Umweltschutz kann auf der einen Seite nach traditioneller Vorgehensweise betrieben werden, das heißt ohne ein Umweltmanagementsystem und insbesondere auch ohne die Überprüfung desselben, also ein Umweltaudit.

---

142 Vgl. Stober 1990, S. 1.

143 Ebenda.

144 Kruse 1989, S. 9.

145 Kruse 1989, S. 10.

146 Wie sie z.B. in der Konjunktur- und Strukturpolitik vorkommen.

Bei dieser Vorgehensweise versucht der öffentliche Sektor durch ordnungspolitische Vorschriften[148] sicherzustellen, daß die Umwelt nicht über gewisse Grenzwerte hinaus belastet wird. Auf der anderen Seite besteht für das Unternehmen die Möglichkeit, ein betriebliches Umweltmanagementsystem einzurichten und dies regelmäßig auditieren und validieren zu lassen. Wenn dies geschieht, denkt man daran, ein sich gleichsam selbst kontrollierendes Unternehmen von einigen ordnungsrechtlichen Erfordernissen freizustellen. In der Praxis bedeutet dies, daß auditierte und validierte Unternehmen in den Genuß einiger Vollzugserleichterungen hinsichtlich der Berichts- und Dokumentationspflichten, der Intensität der behördlichen Kontrolle und Überwachung sowie im Genehmigungsverfahren kommen.

Diese Erleichterungen, die am Umweltaudit teilnehmende Unternehmen genießen, werden in der vorliegenden Arbeit analysiert. Daher wird in der Folge der Begriff Deregulierung in der entsprechenden speziellen Bedeutung verwendet. Ist hingegen die weite Auslegung des Deregulierungsbegriffs gemeint, wird darauf ausdrücklich hingewiesen[149]. Es zeigt sich, daß in der Literatur sogar noch weiter differenziert wird: Es wird unterschieden zwischen Deregulierung im engeren Sinne und Substitution.

Es sei noch einmal ausdrücklich darauf hingewiesen, daß sowohl der Begriff der Substitution als auch der Deregulierungsbegriff im engeren Sinne Initiativen bzw. Maßnahmen sind, die unter den Oberbegriff der allgemeinen Deregulierung fallen. Gemäß der oben vorgestellten Definition des allgemeinen Deregulierungsbegriffs bezeichnet Deregulierung[150] „die Abschaffung staatlicher Interventionen, die Reduzierung ihrer Eingriffsintensität oder ihre anderweitige Ersetzung durch institutionelle Strukturen, die eine Stärkung marktlicher Mechanismen zur Folge haben"[151]. Es wird sich zeigen, daß die in der Folge beschriebenen Deregulierung im engeren Sinne und Substitution Maßnahmen sind, die in der Tat die Eingriffsintensität staatlicher Interventionen reduzieren, somit also auch unter den allgemeinen Deregulierungsbegriff fallen.

147 Vgl. z.B. Soltwedel et alt. 1986, S. 3 und Kruse 1989, S. 9.

148 In der Einleitung ist bereits darauf hingewiesen worden, daß die Anzahl dieser Vorschriften inzwischen eine enorm hohe Zahl erreicht hat. Vgl. Jauck 1995.

149 ‚Allgemeiner Deregulierungsbegriff' oder ‚weiter Deregulierungsbegriff'.

150 Im weiten Sinne.

151 Kruse 1989, S. 10.

4.2.1 Deregulierung als Problem des Verhältnisses von Ordnungsrecht und Umweltaudit

Kern der Diskussion über Deregulierungs- und Substitutionsmaßnahmen im Zusammenhang mit dem Umweltaudit nach EG-Verordnung 1836/93 ist die Frage, ob die Einhaltung der materiellen Umweltstandards[152] und der ordnungsrechtlichen Vorschriften bei auditierten und registrierten[153] Betriebsstandorten auch mit einer verminderten Vollzugsintensität sichergestellt werden kann. Dies wäre dann der Fall, wenn ordnungsrechtliche Normen und das Umweltauditverfahren zueinander funktional äquivalent wären. Hierfür wiederum ist es erforderlich, daß beide Instrumente zielkongruent sind und über die gleiche Steuerungswirksamkeit verfügen.

Im Grundsatz ist die Einhaltung aller ordnungsrechtlichen Regelungen im Umweltauditsystem bereits aus dem sogenannten ‚Compliance-Gebot' abzuleiten. So fordert das Öko-Audit, alle geltenden Rechtsvorschriften zu erfüllen (entsprechend einem ‚Compliance-Audit')[154]. In der derzeit gültigen EG-Verordnung 1836/93 geht dies aus den in Anhang II festgehaltenen Anforderungen in bezug auf die Umweltbetriebsprüfung hervor. Die zur Zeit diskutierte novellierte Fassung (EMAS 2) betont diesen Aspekt an verschiedenen Stellen[155]. Dabei ist die Sicherstellung der Erfüllung aller einschlägigen rechtlichen Normen nicht nur Bestandteil der internen Betriebsprüfung, sondern spielt auch bei der folgenden Validierung durch den Umweltgutachter eine Rolle[156]. So soll dieser prüfen, ob das Umweltmanagement des validierten Standortes bzw. der validierten Organisation ‚legal compliance' herbeiführen kann.

---

[152] Also der politisch vorgegebenen Grenzwerte. Vgl. hierzu auch Zimmermann 1993, S. 102 ff und die Diskussion im weiteren Verlauf dieser Arbeit.

[153] Also validierten und in das Standortregister eingetragenen Betrieben.

[154] Der Umweltaudit-Ansatz nach ISO 14000 ff enthält kein compliance-Prinzip, so daß auf eine Zertifizierung nach ISO 14000 ff das im folgenden Beschriebene nur eingeschränkt gültig ist.

[155] Vgl. Art. 19-Kommission (Hrsg.) 1998, Art. 3 b) („An organisation must also address legal compliance, ... "); Art. 6 d) („ ... a breach at the organisation of relevant regulatory requirements regarding environmental protection ... ": Ein Bruch einschlägiger Umweltnormen führt zum Verlust bzw. zur Nichterteilung des Zertifikates); Anhang 1, A 2 c) („Environmental policy includes a commitment to comply with relevant environmental legislation and regulations ... "), Anhang 1, A 3.2 („Legal and other requirements"); Anhang I B 2 („Legal compliance") und Anhang II 2.2 („ ... the programme, which must include compliance with relevant environmental regulatory requirements"). Vgl. auch die ausführliche Diskussion des ‚Compliance-Gebots' bei Nissen 1999, S. 98 ff.

[156] Hieraus wiederum folgt die Notwendigkeit der sogenannten ‚personalen Äquivalenz': Die zugelassenen Umweltgutachter müssen über eine hohe Qualifikation hinsichtlich ihrer Fachkunde, Unabhängigkeit, Zuverlässigkeit und Sorgfalt verfügen. Vgl. hierzu den kritischen Beitrag von van Bon und Müller (van Bon, Müller 1998, S. 85 ff).

Darüber hinaus darf er keinen positiven Validierungsbescheid vergeben, wenn er Brüche einschlägiger Umweltnormen feststellt[157]. Durch diese Ausgestaltung der Öko-Audit-Verordnung ist die Zielkongruenz mit dem Ordnungsrecht durch das Legal-compliance-Gebot also von vorneherein gegeben. Feldhaus spricht vor diesem Hintergrund vom Umweltaudit als einem hybriden System mit Doppelfunktion, das im Inhalt teilweise auf selbstgesteckten, teilweise auf staatlich verordneten Umweltzielen beruht und in der Umsetzung einerseits auf Selbstkontrolle und andererseits auf Fremdkontrolle:

- „Es ist in erster Linie ein marktwirtschaftliches Instrument, soweit es um gesetzlich nicht geregelten Umweltschutz aus eigener unternehmerischer Initiative geht,
- es ist in erster Linie ein in die Hand des Unternehmens gelegtes innerbetriebliches Vollzugsinstrument, soweit es um den gesetzesabhängigen Umweltschutz geht.“[158]

Im Sinne des Prinzips der ‚funktionalen Äquivalenz’ ist zusätzlich zur Zielkongruenz die gleiche Steuerungswirksamkeit zu fordern. Nimmt man diese an, scheint es möglich, in engem Rahmen Vollzugserleichterungen bzw. Substitutionsmöglichkeiten für ordnungsrechtliche Regelungen sowie deregulierende Öffnungsklauseln für am EG-Öko-Audit-System (erfolgreich) partizipierende Unternehmen/Standorte[159] einzuräumen.

4.2.2 Der Begriff der Substitution

Der Begriff der Substitution geht auf den ‚Umweltpakt Bayern’ zurück, ein Pilotprojekt des Bayerischen Staatsministeriums für Landesentwicklung und Umweltfragen mit dem Landesverband Bayern des Verbandes der Chemischen Industrie (VCI). Es wurde am 23. Oktober 1995 mit dem Ziel begonnen, „... festzustellen, ob das eigenverantwortliche Öko-Audit-System geeignet ist, Schritt für Schritt die bestehenden ordnungsrechtlichen Instrumente funktional äquivalent, unter Wahrung der hohen materiellen Umweltstandards, zu ersetzen.“[160]

---

157 Vgl. Art. 19-Kommission (Hrsg.) 1998, Anhang V 5.4.3, in der neusten Fassung wurde die Einschränkung „ ... However, if the role of the verifier is not to perform legal compliance audit on the organisation, ... “ gestrichen.

158 Feldhaus 1994, S. 95.

159 Das heißt validierte und registrierte Unternehmen/Standorte.

160 Goppel, Simson 1996, S. 3.

Um dies zu klären, wurde ein Substitutionskatalog erarbeitet, der die einschlägigen ordnungsrechtlichen Bestimmungen auf Bundes- und Landesebene in den Bereichen Immissionsschutz-, Wasser- und Abfallrecht den korrespondierenden Regelungen der EG-Öko-Audit-Verordnung gegenüberstellt. Durch die Gegenüberstellung sollte deutlich werden, in welchen Bereichen die Möglichkeit besteht, auditierten und validierten Unternehmen Vorteile im Vollzug ordnungsrechtlicher Vorschriften einzuräumen. Als Substitutionskatalog ergab sich eine umfassende Liste, die in die drei Bereiche

1. Berichts- und Dokumentationspflichten,
2. Kontrolle und Überwachung sowie
3. Genehmigungen

gegliedert ist[161].

Maßgabe für die Substituierbarkeit ist der **Ansatz der funktionalen Äquivalenz**. Eine bestimmte Vorschrift der Öko-Audit-Verordnung (EG-Verordnung Nr. 1836/93) ist dann der entsprechenden ordnungsrechtlichen Regelung funktional äquivalent (und damit substituierbar), wenn beide Instrumente in ihrer Zielsetzung und Steuerwirksamkeit übereinstimmen[162]. Die Kongruenz der Zielrichtungen wird dabei durch Interpretation von Wortlaut und Zweck der einschlägigen Bestimmungen festgestellt. Aufgrund des ‚Legal-compliance-Anspruches' des Umweltaudits nach EG-Verordnung 1836/93 ist die Kongruenz der Zielsetzungen im allgemeinen gegeben[163]. Von der gleichen Steuerungswirksamkeit geht man aus, „... wenn die Vorgaben der Verordnung (EWG) 1836/93 zwar nicht vom Wortlaut her, wohl aber inhaltlich die gleiche Steuerungstiefe haben wie die vergleichbaren ordnungsrechtlichen Vorschriften."[164] Obwohl diese Frage im Einzelfall immer wieder umstritten ist, geht die herrschende Meinung inzwischen davon aus, daß das Umweltauditsystem in seiner Steuerungswirksamkeit dem Ordnungsrecht zumindest nicht unterlegen ist[165].

---

161 Vgl. Arbeitskreis UMS 1996/1, Spalten 1 und 3.

162 Vgl. Weigand 1997, S. 5 und Goppel/Simson 1996.

163 Vgl. Weigand 1997, S. 5 und Goppel, Simson 1996, vgl. oben zur Problematik des ‚Legal-compliance-Gebots'.

164 Ad-hoc-Bund-Länder-Arbeitskreis Öko-Audit et alt. 1997, S. 7.

165 Vgl. Feldhaus 1994, S. 97: „... lassen einen dem staatlichen Vollzug auf Dauer überlegenen effizienten Selbstvollzug erwarten." Vgl. auch Mann, Müller 1994, S. 56. Vgl. weiterhin Mittelstaedt 1996, S. 244: „In bezug auf die Überwachung der Einhaltung gesetzlicher Anforderungen führt die Öko-Audit-Verordnung zu einer Stärkung der betreibereigenen Überwachung und rechtfertigt insoweit die Forderung nach einer Substitution behördlicher Überwachung bzw. der Überwachung durch Externe."

Die rechtlichen Konsequenzen bei Vorliegen funktioneller Äquivalenz können Erleichterungen im Rahmen der Vollzugspraxis sein. Hierunter ist dreierlei zu verstehen:

1. Es bestehen für die prüfende bzw. genehmigende Behörde bei der Anwendung ordnungsrechtlicher Normen oft große Ermessensspielräume. Diese können im Sinne einer Vollzugserleichterung zugunsten auditierter und validierter Organisationen oder Standorte genutzt werden.
2. Das gleiche gilt für faktische Spielräume aus der Interpretation unbestimmter Rechtsbegriffe.
3. Schließlich kann eine solche Bevorzugung der auditierten und validierten Organisationen oder Standorte den Umweltbehörden auch per Verwaltungsvorschrift vorgegeben werden[166]. In den letzten zwei Jahren haben sämtliche Bundesländer eben solche Verwaltungsvorschriften erlassen[167].

Die Abgrenzung des Begriffs Substitution zur Deregulierung im engeren Sinne ergibt sich aus der Tatsache, daß Substitutionsmaßnahmen Spielräume nutzen, ohne daß Gesetzesänderungen notwendig sind. Damit sind Substitutionsmaßnahmen auch sehr schnell umsetzbar, während Deregulierungsinitiativen mit Gesetzesänderungen verbunden sind. Dadurch wird ihre Umsetzung oft langwierig und schwierig, insbesondere wenn Bereiche betroffen sind, die die Mitwirkung (Zustimmung) des Bundesrats erfordern.

4.2.3 Der Begriff der Deregulierung im engeren Sinne

Deregulierung[168] bezeichnet den Abbau ordnungsrechtlicher Regelungen auf legislativer Ebene[169]. Im Zusammenhang mit dem Öko-Audit bedeutet dies, für auditierte und validierte Organisationen oder Standorte auf Gesetzes- oder Verordnungsebene konkrete umweltrechtliche Erleichterungen, sogenannte Öffnungsklauseln vorzusehen.

---

166 Ad-hoc-Bund-Länder-Arbeitskreis Öko-Audit et alt. 1997, S. 6.

167 Eine Aufstellung dieser Erlasse findet sich in Kap. 4.3.9.2.

168 Im engeren Sinne.

169 Das Bayerische Staatsministerium für Landesentwicklung und Umweltfragen betont diese Abgrenzung an verschiedenen Stellen; vgl. Goppel, Simson 1996, S. 4, Böhm-Amtmann 1996, S. 3 ff und Weigand 1997, S. 4 ff. Inzwischen hat sich diese Terminologie auch in anderen Bundes-ländern und in der rechtswissenschaftlichen Literatur durchgesetzt, vgl. Lazik 1996, S. 2, Ad-hoc-Bund-Länder-Arbeitskreis Öko-Audit et alt. 1997, S. 6 ff und Lübbe-Wolf 1996, S. 173 ff.

Dabei werden drei Formen unterschieden[170]:

1. **Unbedingte Öffnungsklauseln** sind nur bei Vorliegen funktionaler Äquivalenz anwendbar. Formulierungsvorschlag: „Diese Vorschrift gilt nicht für Unternehmensstandorte, die im Register der geprüften Betriebsstandorte gemäß Verordnung (EWG) Nr. 1836/93 eingetragen sind."
2. **Konditionale Öffnungsklauseln** können die schwächere Steuerungswirkung der Bestimmungen des Öko-Audit ausgleichen. Formulierungsvorschlag: „Diese Vorschrift gilt nicht für Unternehmensstandorte, die im Register der geprüften Betriebsstandorte gemäß Verordnung (EWG) Nr. 1836/93 eingetragen sind und zusätzlich folgende Bedingungen erfüllen: ...".
3. **Optionale Öffnungsklauseln** stellen die fragliche Erleichterung in das Ermessen der Umweltbehörde. Formulierungsvorschlag: „Die zuständigen Behörden können, sofern der Unternehmensstandort im Register der geprüften Betriebsstandorte gemäß Verordnung (EWG) Nr. 1836/93 eingetragen ist, von den Anforderungen dieser Vorschrift absehen."

Der Einsatz von Öffnungsklauseln soll sich nach folgendem Grundsatz richten: „Je größer das Gefährdungspotential, desto stärker der Einsatz ordnungsrechtlicher Fremdkontrolle; je stärker der Vorsorgebereich betroffen ist, desto eher kann die Eigenüberwachung des Öko-Audits ordnungsrechtliche Instrumente ersetzen."[171]

Wie bereits oben angesprochen, erfordert die Einführung von Öffnungsklauseln den Gang durch das ordentliche Gesetzgebungsverfahren. Insbesondere wenn zustimmungspflichtige Regelungen betroffen sind, kann die Durchsetzung im Bundesrat schwierig sein[172]. Hinzu kommt in vielen Bereichen die Unvereinbarkeit der Deregulierungsmaßnahmen mit supranationalen Regelungen, wie etwa im Falle des Genehmigungsrechts mit der IVU-Richtlinie der EG[173].

---

170 Vgl. Ad-hoc-Bund-Länder-Arbeitskreis Öko-Audit et alt. 1997, S. 8.

171 Ad-hoc-Bund-Länder-Arbeitskreis Öko-Audit et alt. 1997, S. 8.

172 Vgl. Goppel, Simson 1996, S. 4.

173 Vgl. Feldmann 1997, S. 10 und Ernst 1997, S. 3 f.

4.2.4 Voraussetzungen für die Substitution bzw. Deregulierung ordnungsrechtlicher Regelungen

Die Möglichkeit der Substitution bzw. Deregulierung ordnungsrechtlicher Regelungen durch Bestimmungen der EG-Öko-Audit-Verordnung ist nur innerhalb enger Grenzen gegeben. Zusammenfassend sollen hier noch einmal die Voraussetzungen für eine Substitution bzw. Deregulierung genannt werden.

1. **Erhaltung der materiellen Umweltstandards**

   Substitution und Deregulierung dürfen auf keinen Fall zu einem Abbau der materiellen Umweltstandards führen. Daher können nur verfahrensrechtliche Bestimmungen Gegenstand von Substitution und Deregulierung sein, niemals aber die Umweltstandards selbst[174].

2. **Verfassungsrechtliche Schranken**

   Die Verpflichtung des Staates, materielle Umweltstandards zu setzen und deren Vollzug sicherzustellen, wird aus den grundrechtlich begründeten Schutzpflichten des Staates (sog. staatliche Gewährleistungsverantwortung)[175] abgeleitet. Andererseits unterliegen die Überwachung und der Vollzug im Umweltschutz keinem Privatisierungsverbot[176]. Auch ist der Ermessensspielraum im Vollzug groß. Nach herrschender Meinung gelten Substitutions- und Deregulierungsinitiativen als verfassungsrechtlich unbedenklich, wenn das Niveau der Überwachung des materiellen Umweltrechts zumindest nicht verringert wird[177].

3. **Schranken supranationalen Rechts**

   Regulierungsgebote supranationalen Rechts können nationalen Deregulierungsmaßnahmen im Einzelfall entgegenstehen. Dies ist beispielsweise bei der EG-Richtlinie 96/61 (IVU-Richtlinie) der Fall, die für bestimmte Anlagen[178] die Genehmigungspflichtigkeit vorschreibt. Auch im EG-Recht wären Öffnungsklauseln zwar theoretisch möglich, doch sind bisher alle betreffenden Initiativen des Bundesumweltministeriums und auch des Bayerischen Staatsministeriums für Landesentwicklung und Umweltfragen vergeblich gewesen[179].

---

174 Vgl. Ad-hoc-Bund-Länder-Arbeitskreis Öko-Audit et alt. 1997, S. 6.

175 Vgl. Art. 2 Abs.2, Art. 14 Abs. 1 und Art. 20a GG.

176 Vgl. hierzu auch Fischer 1993, S. 2.

177 Vgl. Ad-hoc-Bund-Länder-Arbeitskreis Öko-Audit et alt. 1997, S. 7.

178 Anlagen, bei denen man in Deutschland Deregulierungspotential in bezug auf das Genehmigungsverfahren bei registrierten Organisationen/Standorten sieht.

179 Vgl. Goppel 1996, Feldmann 1997, S. 10 und Ernst, 1997, S. 3 f.

4. Gebot der funktionalen Äquivalenz

Auf das Gebot der funktionalen Äquivalenz und des daraus abgeleiteten Erfordernisses gleicher Zielrichtung und Steuerungswirksamkeit wurde bereits oben ausführlich eingegangen[180].

5. Gleichwertigkeit des Öko-Audit-Systems in der Vollzugspraxis

Schließlich ist erforderlich, daß das EG-Öko-Audit-System auch in der Vollzugspraxis mit dem ordnungsrechtlichen Vollzug gleichwertig ist. Obwohl hierzu bisher noch keine umfassenden empirisch belegbaren Erkenntnisse vorliegen, geht man zur Zeit hiervon aus. Als Begründung wird der Compliance-Aspekt[181] des Öko-Audit-Systems und die gute Ausbildung und Kontrolle der unabhängigen Umweltgutachter durch die Deutsche Akkreditierungs- und Zulassungsstelle für Umweltgutachter (DAU) und den Umweltgutachterausschuß genannt. Hinzu kommt ein hoher Erfüllungsdruck für den am EG-Öko-Audit-System teilnehmenden Standort, der bei Nichterhalt bzw. Verlust des Zertifikats negative Publizität in der Öffentlichkeit zu erwarten hat[182]. Auch wirken sich Vollzugsdefizite durch personelle Engpässe der zuständigen Behörden bei den vor allem auf Fremdkontrolle setzenden ordnungsrechtlichen Regelungen weitaus stärker aus als im Öko-Audit-System.

4.2.5 Verfahrensprivatisierung, substitutive Eigenvornahme und Umregulierung als weitere Aspekte der Deregulierung im Zusammenhang mit dem Umweltaudit

Bei der Beschreibung des allgemeinen Regulierungsbegriffs[183] wurde deutlich, daß Privatisierung eine verbreitete Erscheinungsform der Deregulierung im allgemeinen Wortsinn ist. Gemäß der Aufgabenstellung der vorliegenden Arbeit hat die Privatisierung von Körperschaften oder Institutionen im diesem Zusammenhang mit dem Umweltaudit kaum Bedeutung.

---

180 Bundesumweltministerium (Hrsg.) 1994 gibt einen Überblick über einige Fälle, in denen von funktionaler Äquivalenz nicht auszugehen ist, so beispielsweise bei Genehmigungsverfahren für Neuanlagen und Anlagenänderungen und unternehmerische Informationspflichten gegenüber den Behörden außerhalb des Überwachungsbereichs, vgl. Bundesumweltministerium (Hrsg.) 1994, S. 15.

181 Vgl. Kap. 4.4.1.

182 Vgl. Ad-hoc-Bund-Länder-Arbeitskreis Öko-Audit et alt. 1997, S. 9.

183 Vgl. oben.

Die Analyse ergibt aber, daß das moderne umweltpolitische Instrument Umweltaudit sehr wohl davon lebt, daß vormals in der Kompetenz öffentlicher Stellen liegende Aufgaben nun von den Unternehmen selbst durchgeführt werden[184]. Wenn Staat und Kommunen eine Aufgabe nicht länger wahrnehmen und ihre Bewältigung in den privaten Sektor verlagert wird, spricht man von Verfahrensprivatisierung[185]. Dabei sind folgende Erscheinungsformen der Verfahrensprivatisierung zu unterscheiden:

1. **Die materielle Verfahrensprivatisierung:**
   Bei der materiellen Verfahrensprivatisierung wird eine Aufgabe vom öffentlichen Sektor in den privaten verlagert. Öffentliche Stellen nehmen die Aufgabe gar nicht mehr wahr[186].
2. **Die funktionelle Verfahrensprivatisierung:**
   Bei der funktionellen Verfahrensprivatisierung bleibt die Verantwortung für eine Aufgabe in öffentlicher Zuständigkeit. Allerdings überträgt der öffentliche Sektor die Bewältigung dieser Aufgabe an privatwirtschaftliche Dritte, die als Verwaltungshelfer auftreten und den Vollzug der Aufgabe übernehmen.
3. **Die substitutive Eigenvornahme:**
   Noch weiter geht die Verfahrensprivatisierung im Fall der substitutiven Eigenvornahme. Nun wird der Normadressat selbst ermächtigt, die Einhaltung bestimmter materieller Bestimmungen durch materiell äquivalente autonom festgelegte Maßnahmen zu ersetzen[187].
4. **Die Umregulierung:**
   Schließlich ist es möglich, daß einzelne Bestimmungen von Gesetzen oder Rechtsvorschriften durch funktional und materiell äquivalente außerrechtliche Normen ersetzt werden. Diese außerrechtlichen Bestimmungen können z.B. Verbandsnormen[188] und Vorschriften der Normungsinstitute[189] sein[190].

---

184 Einen ausführlichen Überblick über Formen, Motive, Ziele und Nutzen der Privatisierung gibt Glatfeld. Vgl. Glatfeld 1997, S. 95 ff.

185 Vgl. Hoffmann-Riem 1996, S. 12 f.

186 Gegen diese umfassende Art der Verfahrensprivatisierung haben einige Autoren grundsätzliche Einwände: So haben Koch, Laskowski verfassungsrechtliche Bedenken, vgl. Koch, Laskowski 1997.

187 Beispiele hierfür sind das ‚Duale System Deutschland' im Rahmen der Verpackungsverordnung und einige freiwillige Selbstbeschränkungen der Industrie. Vgl. Schmidt-Preuß 1997, S. 161 ff.

188 Z.B. VDI-Richtlinien.

189 Z.B. DIN-Normen und ISO-Normen.

190 Vgl. Lammer 1995, S. 59.

Im Zusammenhang mit dem Umweltaudit nach EG-Verordnung Nr. 1836/93 haben alle vier genannten Deregulierungsaspekte Bedeutung.

4.2.6 Zusammenfassung der Deregulierungsaspekte im Zusammenhang mit dem Umweltaudit nach EG-Verordnung 1836/93

Zusammenfassend seien nachfolgend noch einmal diejenigen Aspekte der Deregulierung im allgemeinen Sinne aufgeführt, die für den weiteren Verlauf der vorliegenden Arbeit von Relevanz sind:

1. Deregulierung im engeren Sinne,
2. Substitution,
3. Verfahrensprivatisierung (materiell oder funktionell),
4. Substitutive Eigenvornahme und
5. Umregulierung.

4.3 Entwicklung der Deregulierungsbestrebungen in Deutschland

Auch im historischen Kontext muß die Deregulierung aufgrund des Umweltaudits nach EG-Verordnung 1836/93 im Zusammenhang mit den allgemeinen Deregulierungsbestrebungen gesehen werden. Es ist sogar anzunehmen, daß das Umweltaudit als modernes, weil auf marktnahe Mechanismen und Kooperationslösungen setzendes, umweltpolitisches Instrument seine Existenz überhaupt erst der in den letzten drei Jahrzehnten geführten Diskussion um Deregulierungsmaßnahmen verdankt. Die folgende Schilderung der Entwicklung der Deregulierungsinitiativen in Deutschland soll diesen Zusammenhang verständlich machen.

4.3.1 Allgemeine Deregulierungsinitiativen in den 80er Jahren

Wie bereits im Kapitel 4.1.1 erwähnt, kamen die ersten Impulse zur Deregulierungsdiskussion aus den USA und aus Großbritannien. In Deutschland kann die Ministerpräsidentenkonferenz am 16. Februar 1979 als Startpunkt der Deregulierungsbestrebungen gelten.

Dort verständigten sich die Regierungschefs von Bund und Ländern darauf, Rechts- und Verwaltungsvereinfachungen anzustreben, um hiermit gegen eine zunehmende Bürokratisierung vorzugehen[191]. In der Folge setzten der Bund und sämtliche Bundesländer Expertenkommissionen ein, um das Deregulierungspotential zu prüfen. Bekannt wurden hiervon vor allem folgende:

- Die Ellwein-Kommission in Nordrhein-Westfalen.
- Die Unabhängige Kommission für Rechts- und Verwaltungsvereinfachung beim Bundesminister des Innern unter dem Vorsitz des damaligen Parlamentarischen Staatssekretärs Waffenschmidt mit dem Ziel, die Rechts- und Verwaltungsvorschriften des Bundes auf ihr Deregulierungspotential zu überprüfen.
- Die Deregulierungskommission beim Bundesminister für Wirtschaft unter dem Vorsitz von Donges[192] mit dem Auftrag, konkrete Vorschläge für den Abbau einzelner marktwidriger Regulierungen zu unterbreiten.
- Die Kommission zur Effizienzsteigerung des nordrhein-westfälischen Landtages.

Weitere Impulse entstanden durch die Vorlage von Privatisierungskatalogen und Deregulierungsmodellen von Sachverständigenräten, dem Deutschen Städtetag, verschiedenen Gesellschaften und Verbänden[193] sowie aus dem Schrifttum[194]. Parallel zur Arbeit der genannten Kommissionen erhob der damalige Bundeskanzler Kohl am 4. Mai 1983 in seiner Regierungserklärung die Deregulierungsbestrebungen zum ausdrücklichen Ziel seiner Regierungspolitik. In den folgenden Jahren sind auf Bundesebene folglich einige Initiativen zur Rechtsvereinfachung und Liberalisierung umgesetzt worden. Hierzu gehören drei Rechtsbereinigungsgesetze, zwei Rechtsbereinigungsverordnungen und ein Gesetz zur Bereinigung des Verwaltungsverfahrensrechts[195].

---

191 Vgl. Stober 1990, S. 4.

192 Prof. Donges war damals beim Institut für Weltwirtschaft in Kiel.

193 Hierzu gehört u. a. das Karl-Bräuer-Institut der Steuerzahler und der Bundesverband der Freien Berufe.

194 Jahn weist mit Recht auf eine weitere Möglichkeit hin, der zunehmenden Normenflut zu begegnen: So muß jedes neue Gesetz dem Justizministerium zur Rechtsförmlichkeitsprüfung vorgelegt werden. Hierbei wird die Notwendigkeit der Vorschrift ebenso einer Prüfung unterzogen wie der Regelungsumfang, die Geltungsdauer, die Verständlichkeit und Bürgernähe, die Praktikabilität der Regelung sowie deren Kosten-/Nutzen-Verhältnis. Vgl. Jahn 1990, S. 13.

Bis 1990 führten diese Bundesinitiativen zur Rechtsbereinigung immerhin dazu, daß 15 Gesetze und 30 Verordnungen vollständig aufgehoben wurden sowie 674 Einzelvorschriften in weiteren 108 Gesetzen und Vorschriften gestrichen oder vereinfacht wurden[196]. Gleichzeitig wurde auf Länderebene die Anregung aus der Industrie aufgegriffen, das Genehmigungsverfahren zu verbessern und zu beschleunigen. Beispielsweise wurden in Nordrhein-Westfalen bis 1990 von den 400 Deregulierungsvorschlägen der Ellwein-Kommission über zwei Drittel umgesetzt und hierbei über 300 Rechtsvorschriften aufgehoben[197].

4.3.2 Deregulierung im Planungs- und Genehmigungsverfahren und die Schlichter-Kommission

Obwohl die Deregulierungsvorhaben der 80er Jahre wenigstens zum Teil umgesetzt werden konnten, sah man am Anfang der 90er Jahre weiteren Deregulierungsbedarf. Beklagt wurde vor allem die große Umsetzungs- und Realisierungslücke zwischen den Absichtserklärungen und den Deregulierungskatalogen sowie das Fehlen eines globalen Konzeptes bei der Rechtsbereinigung[198] [199]. Als Folge ging das Bundesministerium für Wirtschaft Anfang der 90er Jahre davon aus, daß die behördliche Genehmigung einer Industrieanlage in Deutschland zwischen einem Jahr und 20 Monaten Zeit in Anspruch nimmt. „Das ist erheblich länger als bei unseren europäischen Nachbarn und wirkt deshalb zunehmend als Hemmschuh für Investitionen."[200] Die deutsche Wiedervereinigung und der enorm hohe Innovations- und Investitionsbedarf in den neuen Bundesländern gaben der Deregulierungsdiskussion daher einen neuen Schwerpunkt: Die Vereinfachung und vor allem Beschleunigung der Genehmigungsverfahren wurde ein Hauptmotiv der Deregulierungsaktivitäten der 90er Jahre[201]. Parallel hierzu wuchs die Angst, die großen Industrieunternehmen könnten ihre Produktion in immer stärkerem Maße in das Ausland verlegen.

---

195 Vgl. Stober 1990, S. 5.

196 Vgl. von Hammerstein 1990, S. 33.

197 Vgl. Stober 1990, S. 5.

198 Ein solches Globalkonzept liegt dem derzeit in Arbeit befindlichen neuen Umweltgesetzbuch zugrunde, vgl. weiter unten.

199 Vgl. Stober 1990, S. 6 ff.

200 Vgl. Bundesministerium für Wirtschaft (Hrsg.) 1996, S. 1. Vgl. auch Bundesministerium für Wirtschaft (Hrsg.) 1997, im Vorwort.

201 Vgl. Crone-Erdmann 1990, S. 48 ff und Orthmann 1998, S. 132.

Um dem entgegen zu wirken, sollten die Deregulierungsinitiativen vor allem auch die Attraktivität des Wirtschaftsstandorts Deutschland erhöhen[202]. Am 20. Februar 1994 beschloß die Bundesregierung den Einsatz einer ,Unabhängigen Expertenkommission zur Vereinfachung und Beschleunigung von Planungs- und Genehmigungsverfahren', die nach ihrem Vorsitzenden auch Schlichter-Kommission genannt wurde[203]. Am 9. Dezember des gleichen Jahres legte die Kommission ihren Bericht vor, der etwa 100 Einzelempfehlungen umfaßte[204].

In den Vorschlägen des Abschlußberichts der Schlichter-Kommission wurde auf das Umweltaudit nach EG-Verordnung 1836/93 erstmals ausdrücklich Bezug genommen. Bemerkenswert ist vor allem der Vorschlag, im Genehmigungsverfahren die sogenannte Rahmengenehmigung vorzusehen. Diese Rahmengenehmigung bestätigt lediglich die Einhaltung der „wesentlichen gesetzlichen Anforderungen" und sieht vor, die „Einzelausgestaltung nach den einschlägigen Vorschriften und dem Stand der Technik der Eigenverantwortlichkeit des Investors zu überlassen, sofern dieser die Pflicht zu einer laufenden Überprüfung nach Art des Umweltaudits" übernimmt[205]. Es handelt sich bei der Rahmengenehmigung also um eine Genehmigungsvariante, die vergleichsweise wenig behördlichen Prüf- und Kontrollaufwand erfordert, vom Investor eine Selbstprüfung in Eigenverantwortung verlangt, aber dafür auch nur einen beschränkten Bestandsschutz bietet. Hiermit kann der Vorschlag der Rahmengenehmigung als sehr weitreichende Deregulierungsmaßnahme angesehen werden.

Der Vorschlag der Rahmengenehmigung ist bis heute nicht in vollem Umfang umgesetzt worden. In der Praxis wäre es wohl auch schwierig, für jeden Einzelfall die wesentlichen gesetzlichen Anforderungen zu definieren. Zudem ist das Eingriffs- und Gestaltungsrecht der Vollzugsbehörden beim Konzept der Rahmengenehmigung so weit eingeschränkt, daß es zu Konflikten mit den Schutzpflichten des Staates[206] kommen könnte. Zu klären wären auch die Auswirkungen dieses Genehmigungsverfahrens auf haftungsrechtliche Fragen. Trotz dieser Argumente gegen die Rahmengenehmigung, ist sie bis heute doch nicht gänzlich aus der Genehmigungspraxis verschwunden.

---

202 Vgl. Bundesministerium für Wirtschaft (Hrsg.) 1995/1, S. 3, Leitlinien 1, 2 und 4 (,Standort-pflege' und ,Standortwettbewerb') und Bundesministerium für Wirtschaft (Hrsg.) 1996, S. 1.

203 Die Mitglieder waren: Prof. Schlichter, Prof. Schatz, Prof. Bullinger, Greifenberger, Hoffmann, Küffmann, Römer. Vgl. Bundesministerium für Wirtschaft (Hrsg.) 1996, im Vorwort.

204 Vgl. Bundesministerium für Wirtschaft (Hrsg.) 1995/1.

205 Vgl. Bundesministerium für Wirtschaft (Hrsg.) 1994, S. 75 ff.

206 Die Schutzpflichten des Staates werden aus Art. 2 und Art. 20a GG abgeleitet.

Betreiber von „chemischen Anlagen, Raffinerien und ähnlichen Anlagen, in denen im Wechsel verschiedene chemische Stoffe hergestellt werden“, können sie erwerben, um bei einer Produktionsumstellung nicht erneut durch das komplette Genehmigungsverfahren zu müssen[207]. Wie später noch diskutiert wird, gehen die heute diskutierten Deregulierungs- und Substitutionsvorschläge im Zusammenhang mit der Teilnahme am Umweltauditsystem weniger weit als der Vorschlag der Rahmengenehmigung.

4.3.3 Die Molitor-Arbeitsgruppe

Im September 1994 beauftragte die EU-Kommission eine Gruppe unabhängiger Sachverständiger unter dem Vorsitz von Molitor, die Folgen der gemeinschaftlichen und einzelstaatlichen Rechtsetzungstätigkeit für Beschäftigung und Wettbewerb zu prüfen, um Vorschläge für die Lockerung und Vereinfachung von Rechtsvorschriften erarbeiten zu können. Ende Juni 1995 legte die Arbeitsgruppe ihren Abschlußbericht vor. Für die Deregulierungsdiskussion hatte die Molitor-Arbeitsgruppe vor allem deshalb Bedeutung, weil man erkannte, daß die umweltpolitische Verantwortung zunehmend auf private Stellen übergehen kann. Dabei können – bei geeigneter behördlicher Überprüfung – durchaus marktorientierte umweltpolitische Instrumente eingesetzt werden[208]. Die Arbeitsgruppe forderte sogar, daß im Einzelfall jeweils zu prüfen ist, ob der Einsatz von ordnungspolitischen Regeln wirklich notwendig ist oder ob mit marktorientierten Instrumenten die umweltpolitischen Ziele ebenfalls erreicht werden können. Ist letzteres der Fall, muß ein Verzicht auf marktorientierte Methoden begründet werden[209].

4.3.4 Die Ludewig-Arbeitsgruppe

Das Nachfolgegremium der Schlichter-Kommission war die „Arbeitsgruppe aus Vertretern der Koalitionsfraktionen und der Bundesressorts zur Umsetzung der Vorschläge der unabhängigen Expertenkommission zur Vereinfachung und Beschleunigung von Planungs- und Genehmigungsverfahren“, nach dem Vorsitzenden auch Ludewig-Arbeitsgruppe genannt.

207 Vgl. Bundesministerium für Wirtschaft (Hrsg.) 1996, S. 1.

208 Vgl. auch Molitor 1996, S. 27 f.

209 Vgl. Sachverständigenrat ‚Schlanker Staat' 1996/1, S. 140 ff.

Am 25. Januar 1995 eingesetzt, war es ihre Aufgabe, die Vorschläge der Schlichter-Kommission zu beraten und entsprechende Gesetzesänderungen vorzubereiten[210] [211]. Als Ergebnis wurde im Juli 1995 den meisten Empfehlungen der Schlichter-Kommission zugestimmt[212], darunter allen, die Bezug auf das Umweltaudit nach EG-Verordnung 1836/93 nahmen[213]. Als Reaktion auf die Empfehlungen der Ludewig-Arbeitsgruppe wurde bis Ende 1996 eine Reihe von Gesetzen und Verordnungen verabschiedet bzw. geändert. Dieses Gesetzespaket ist auch unter der Bezeichnung Beschleunigungsgesetze bekannt geworden und beinhaltet die folgenden Normen[214]:

- Das Gesetz zur Beschleunigung von Genehmigungsverfahren (GenBeschlG) vom 12. September 1996,
- das Gesetz zur Beschleunigung und Vereinfachung immissionsschutzrechtlicher Genehmigungsverfahren vom 9. Oktober 1996,
- die zweite Verordnung zur Änderung der Verordnung über genehmigungsbedürftige Anlagen vom 16. Dezember 1996,
- das sechste Gesetz zur Änderung der Verwaltungsgerichtsordnung und anderer Gesetze (6. VwGOÄndG) vom 1. November 1996 und
- das sechste Gesetz zur Änderung des Wasserhaushaltsgesetzes vom 11. November 1996.

Das Gesetz zur Beschleunigung und Vereinfachung immissionsschutzrechtlicher Genehmigungsverfahren vom 15.10.1996 berücksichtigt bereits Erleichterungen bei Beteiligung am EG-Öko-Audit-System[215]. Insgesamt sei mit diesem Gesetzespaket, so die Bundesregierung, das Genehmigungsverfahren nun flexibler, schneller und investorengerechter geworden. Im ganzen folge die Reform dem „neuen Leitbild der Verstärkung der Kooperation zwischen Behörde und Investor“[216].

---

210 Vgl. Bundesministerium für Wirtschaft (Hrsg.) 1995/1, S. 2.

211 Sie setzte sich zusammen aus den Abgeordneten Haungs, Hinsken, Schlee, Prof. Schmidt-Jortzig und den Staatssekretären Kober (BMJ), Jauck (BMU), Thoben (BMBau), Nehring (BK), Kroppenstedt (BMI) und Ziller (BMBF) sowie MD Hanisch von der Bayerischen Staatskanzlei.
Vgl. Bundesministerium für Wirtschaft (Hrsg.) 1997, im Vorwort.

212 Vgl. Schmidt-Kötters 1996, S. 34.

213 Vgl. den Abschlußbericht der Ludewig-Arbeitsgruppe: Bundesministerium für Wirtschaft (Hrsg.) 1995/2.

214 Der vollständige Wortlaut findet sich bei Bundesministerium für Wirtschaft (Hrsg.) 1997.

215 Vgl. Ad-hoc-Bund-Länder-Arbeitskreis Öko-Audit et alt. 1997, S. 9.

216 Vgl. Bundesministerium für Wirtschaft (Hrsg.) 1997, im Vorwort.

Im einzelnen wurden folgende Deregulierungs- und Beschleunigungsmaßnahmen im Genehmigungsrecht umgesetzt[217]:

1. Bau und Probebetrieb einer genehmigungspflichtigen Anlage können nun bereits vor Ende des Genehmigungsverfahrens begonnen werden.
2. Genehmigungsunterlagen können stufenweise eingereicht werden.
3. Bei der Produktion wechselnder Stoffe können Rahmengenehmigungen erteilt werden[218].
4. Unternehmen, die sich freiwillig einem Umweltaudit nach EG-Verordnung 1836/93 unterzogen haben, genießen Erleichterungen im Genehmigungsverfahren.
5. Forschungs-, Entwicklungs- und Erprobungsanlagen sind nicht mehr genehmigungspflichtig.
6. Der Umbau einer bestehenden Anlage ist nicht mehr genehmigungspflichtig, wenn die Beeinträchtigung der Umwelt hierdurch nicht erheblich ist.
7. Die Behörden haben dem Antragsteller im Genehmigungsverfahren gegenüber die Funktion eines Dienstleisters. Sie sollen den Antragsteller bestmöglich informieren und über die Länge des Genehmigungsverfahrens sowie über Beschleunigungsmöglichkeiten aufklären.
8. Gutachten von Dritten, die der Antragsteller selbst in Auftrag gegeben hat, haben den gleichen Beweiswert wie behördliche Gutachten.
9. Das verwaltungsgerichtliche Verfahren wurde verkürzt. Beispielsweise haben Klagen Dritter gegen das Genehmigungsverfahren bereits keine aufschiebende Wirkung mehr, sobald sie in erster Instanz abgewiesen worden sind.

Aus diesen neuen Regelungen leitet Feldmann eine ‚neue Philosophie' des Genehmigungsverfahrens und verstärkte Eigenverantwortung der Verursacher ab[219]. Bemerkenswert ist in der Tat, daß seit Mitte der 90er Jahre zunehmend auf Kooperation zwischen der genehmigenden Behörde und dem Antragsteller gesetzt wird. Diese Idee führen die Deregulierungsmaßnahmen im Zusammenhang mit dem Umweltaudit weiter.

---

217 Vgl. Bundesministerium für Wirtschaft (Hrsg.) 1996, S. 1 f.

218 Vgl. oben.

219 Er sieht auf der anderen Seite aber auch einen Bedarf an weiteren Deregulierungsmaßnahmen. Vgl. Feldmann 1997, S. 5: „Das Recht der Genehmigungsverfahren hat schon lange die Grenze dessen überschritten, was zur effektiven Gewährleistung hoher materieller Umweltschutzstandards erforderlich ist." Feldmann ist Ministerialrat und Leiter der Arbeitsgruppe „Fachübergreifendes Umweltrecht, Umweltgesetzbuch, Umweltverträglichkeitsprüfung, Umweltaudit" am Bundesumweltministerium.

4.3.5 Der Sachverständigenrat ,Schlanker Staat'

Ein weiteres Argument für Deregulierungsmaßnahmen ist die im Sinne eines ,schlanken' Staates und angesichts steigender Haushaltsdefizite erkannte Notwendigkeit, den Staat von entbehrlichen Kontrollaufgaben und deren Kosten zu entlasten[220]. Aus diesem Grunde beschloß die Bundesregierung im Juli 1995 die Einsetzung des Sachverständigenrats ,Schlanker Staat', der sich mit den Themen Deregulierung, Abbau öffentlicher Aufgaben, Flexibilisierung, Vereinfachung und Beschleunigung von Verfahren in Verwaltung und Rechtsprechung, Reform des öffentlichen Dienstes und Modernisierung der Behördenorganisation unter Einbeziehung des Themas Europa befassen sollte. Als der Sachverständigenrat am 21. September 1995 unter dem Vorsitz von Rupert Scholz seine Arbeit aufnahm, konnte er auf den Ergebnissen der Ludewig- und Molitor-Arbeitsgruppe aufbauen. Auf seiner Sitzung am 29. November 1996 faßte der Sachverständigenrat ,Schlanker Staat' zwei Beschlüsse, die für die Deregulierungsdiskussion von großer Bedeutung sind:

1. „Stärkung privater Eigenverantwortung: Öko-Audit und Möglichkeit der Übertragbarkeit außerhalb des Umweltbereichs" und
2. „Qualitätsverbesserung durch Rechtsvereinfachung: Umweltgesetzbuch – Projekt einer einheitlichen Vorhabengenehmigung".

Der erste Beschluß betrifft unmittelbar das Umweltaudit nach EG-Verordnung 1836/93. Der Sachverständigenrat sieht die besondere Bedeutung der Öko-Audit-Verordnung darin, „daß sie auf freiwillige und eigenverantwortliche Verbesserung des betrieblichen Umweltschutzes bei Einhaltung des Umweltrechts und auf verbesserte Information der Öffentlichkeit gerichtet ist."[221] Das staatliche Übermaßverbot[222] rechtfertige nun eine Beschränkung bestimmter staatlicher Aufsichts- oder auch Genehmigungsverfahren mit der Wirkung einer Entlastung bei Betrieben und Behörden in den Bereichen Überwachung, Information und Berichtspflichten.

---

220 Vgl. hierzu auch Sachverständigenrat ,Schlanker Staat' 1996/1 und 1996/2.

221 Sachverständigenrat ,Schlanker Staat' 1996/1, Punkt 1.

222 Das staatliche Übermaßverbot stellt staatliche Zuständigkeiten oder Eingriffsinstrumentarien unter den Vorbehalt der eigenen Erforderlichkeit und Verhältnismäßigkeit. „Wenn ein Privater über die eigene (berufsrechtliche) Qualifikation oder über bestimmte allgemeinere Vorsorgemaßnahmen etwa im eigenen Betrieb den Nachweis dafür geführt hat, daß von ihm die Einhaltung bestimmter ökologischer Standards in allgemeiner Form erwartet werden kann, so rechtfertigt es sich gerade im Lichte des Übermaßverbots, solche Unternehmer oder Gewerbetreibende bzw. die von ihnen betriebenen Projekte nicht noch zusätzlicher (Projekt-)Kontrollen zu unterwerfen." Sachverständigenrat ,Schlanker Staat' 1996/1, Punkt 2.

Gleichzeitig bedarf aber das Verhältnis von ordnungsrechtlichen und marktorientierten Instrumenten einer Klärung. Einerseits sieht die neue Strategie der EG-Kommission, wie sie im Fünften Umweltaktionsprogramm (5. UAP) zu Tage tritt, eine Stärkung marktorientierter Instrumente vor. So stellt Weigand vom Bayerischen Staatsministerium für Umwelt heraus, daß sich das 5. UAP im Hinblick auf Methodik und Instrumente fundamental von seinen Vorläufern unterscheidet und an Stelle des alten hierarchischen Konzeptes (ordnungspolitische Regulierung, Genehmigung und Kontrolle) zunehmend auf Kooperation und marktorientierte Instrumente setzt[223]. Anderseits ist aber zunächst die Frage offen geblieben, ob die neuen marktorientierten Instrumentarien das ordnungsrechtliche System lediglich ergänzen sollen oder ob es „nach definierten Maßgaben an die Stelle des Ordnungsrechts“ treten kann[224].
Nach Auffassung des Sachverständigenrates ‚Schlanker Staat' sind die ordnungsrechtlichen Instrumente und die marktorientierten Anreizinstrumente des Öko-Audits zwar unterschiedlich, was ihren Steuerungsmechanismus betrifft (Hoheitsrecht einerseits und Freiwilligkeit andererseits). Sie haben jedoch die gleiche Steuerungsrichtung und sind immer dann auch funktional äquivalent, wenn die entsprechenden Einzelbestimmungen in ihrer Zielsetzung und Steuerungswirksamkeit übereinstimmen[225]. Ist dies der Fall, wie es z.B. für den Bereich ordnungsrechtlicher Kontrollen und überwachungsstützender Informationspflichten angenommen wird, können ordnungsrechtliche Bestimmungen durch die Verfahren des freiwilligen Umweltauditsystems ersetzt (substituiert) werden. „Dies hat zur Folge, daß bei Unternehmen, die sich erfolgreich auditieren und in das Standortregister eingetragen sind, auf solche nachträgliche Kontrollen der am Standort befindlichen Industrieanlagen und auf die Erfüllung solcher Informationspflichten verzichtet werden kann.“[226] Mit diesem Beschluß legte der Sachverständigenrat ‚Schlanker Staat' die Grundlage für eine theoretische Rechtfertigung der Deregulierungs- und Substitutionsmöglichkeiten im Zusammenhang mit dem Umweltaudit nach EG-Verordnung 1836/93. Die Arbeit hieran sollte 1997 vom Ad-hoc-Bund-Länder-Arbeitskreis Öko-Audit fortgesetzt werden[227].

---

223 Vgl. Weigand 1997, S. 1 ff und Kloepfer 1996.

224 Sachverständigenrat ‚Schlanker Staat' 1996/1, Punkt 3.

225 Zur Diskussion des Ansatzes der funktionalen Äquivalenz vgl. Kap. 4.2.1.

226 Sachverständigenrat ‚Schlanker Staat' 1996/1, Punkt 4.

227 Vgl. Ad-hoc-Bund-Länder-Arbeitskreis Öko-Audit et alt. 1997. Die Arbeiten des Bund-Länder-Arbeitskreises werden weiter unten ausführlich dargestellt.

Obwohl bis heute die rechtlichen Bedenken immer noch nicht gänzlich ausgeräumt werden konnten[228], zeigt die aktuelle Entwicklung der Deregulierungsdiskussion, daß der Gesetzgeber weiterhin auf die Idee der funktionellen Äquivalenz setzt[229]. In seinem zweiten Beschluß stellt der Sachverständigenrat fest, daß sich das historisch gewachsene deutsche Umweltrecht derzeit nicht, wie es wünschenswert wäre, als schlüssiges Kodifikationswerk mit medienübergreifendem Schutzcharakter darstellt, „sondern als in seinem unsystematischen Nebeneinander der Fachgesetze schwer durchschaubare Regelungsmaterie"[230]. Damit sei deutsches Umweltrecht heute „ein außerordentlich kompliziertes und wenig vollzugsfreundliches Recht"[231]. Hinzu kommt, daß das zukünftige europäische Umweltrecht medienübergreifend ausgelegt sein wird, so daß der methodische Gegensatz zum deutschen Umweltrecht dieses noch schwerer handhabbar machen würde[232]. Den Deregulierungsoffensiven der verschiedenen Gremien[233] spricht der Sachverständigenrat ‚Schlanker Staat' das geschlossene medienübergreifende Gesamtkonzept ab. In der Tat war es ein großes Verdienst des Sachverständigenrats, Bund und Länder aufgerufen zu haben, „eine gemeinsame und koordinierte Initiative mit dem Ziel eines in sich geschlossenen Umweltrechts"[234] zu erarbeiten. Denn hiermit fand die Idee des einheitlichen Umweltgesetzbuchs[235] eine weitere Unterstützung. Das Kernstück des neuen einheitlichen Umweltrechts im Rahmen des Umweltgesetzbuchs sieht der Sachverständigenrat in der einheitlichen Vorhabengenehmigung, die alle Umweltanforderungen und Zulassungs- sowie Genehmigungstypen in einem medienübergreifenden Genehmigungstatbestand zusammenfaßt[236].

---

228 Einen dieser Einwände scheint der Sachverständigenrat ‚Schlanker Staat' bereits 1996 antizipiert zu haben: Im letzten Punkt seines Beschlusses ist ein Hinweis auf das mit dem Öko-Audit nach EG-Verordnung 1836/93 konkurrierende Umweltauditsystem nach ISO 14001 ff enthalten. Zu den weiteren Einwänden zählen europa- und verfassungsrechtliche Bedenken. Vgl. auch Kap. 4.2.4.

229 Belege hierfür sind die Tatsache, daß bis heute alle Bundesländer Substitutionserlasse herausgegeben haben und das Vorhaben der Bundesregierung, im Zuge des in Abstimmung befindlichen einheitlichen Umweltgesetzbuches eine Umweltaudit-Privilegierungs-Verordnung zu verabschieden, die konkrete Deregulierungsmaßnahmen im Zusammenhang mit dem Umweltaudit nach EG-Verordnung 1836/93 vorsieht. Vgl. weiter unten.

230 Sachverständigenrat ‚Schlanker Staat' 1996/2, Punkt 1.

231 Ebenda.

232 Sachverständigenrat ‚Schlanker Staat' 1996/2, Punkt 2.

233 Vgl. die vorangegangenen Kapitel.

234 Sachverständigenrat ‚Schlanker Staat' 1996/2, Punkt 2.

235 Zum Umweltgesetzbuch vgl. Döring 1999, S. 100 f.

236 Vgl. Sachverständigenrat ‚Schlanker Staat' 1996/2, Punkt 3. Vgl. auch nächstes Kapitel.

4.3.6 Der Umweltpakt Bayern

Unter dem Schlagwort ‚Umweltpakt Bayern' ist ein Pilotprojekt des Bayerischen Staatsministeriums für Landesentwicklung und Umweltfragen mit dem Landesverband Bayern des Verbandes der Chemischen Industrie (VCI) bekannt geworden. Es wurde am 23. Oktober 1995 mit dem Ziel begonnen, „... festzustellen, ob das eigenverantwortliche Öko-Audit-System geeignet ist, Schritt für Schritt die bestehenden ordnungsrechtlichen Instrumente funktional äquivalent, unter Wahrung der hohen materiellen Umweltstandards, zu ersetzen."[237] Den Anstoß zu diesem Pilotprojekt hatte die Umweltinitiative Bayern[238] gegeben, die unter Hinweis auf das Öko-Audit-Verfahren nach EG-Verordnung 1836/93 in Aussicht stellte, „... Betriebe, die freiwillig Eigenverantwortung übernehmen, von staatlicher Kontrolle und Reglementierung zu befreien."[239] Außerdem setzt der Umweltpakt Bayern eine konkrete Empfehlung des Sachverständigenrats ‚Schlanker Staat' um. Dieser hatte in seinem Beschluß „Stärkung privater Eigenverantwortung: Öko-Audit und Möglichkeiten der Übertragbarkeit außerhalb des Umweltbereichs" vom 29. November 1996 ausdrücklich empfohlen, das erarbeitete Modell der funktionalen Äquivalenz in einem Pilotprojekt auf Länderebene unter Einbeziehung der zuständigen Behörden praktisch zu erproben[240].

Zu den wichtigsten Ergebnissen des Umweltpaktes Bayern zählt der Substitutionskatalog, der die einschlägigen ordnungsrechtlichen Bestimmungen auf Bundes- und Landesebene in den Bereichen Immissionsschutz-, Wasser- und Abfallrecht den korrespondierenden Regelungen der EG-Öko-Audit-Verordnung gegenüberstellt. Gegliedert in die drei Bereiche

1. Berichts- und Dokumentationspflichten,
2. Kontrolle/Überwachung und
3. Genehmigungen

wurde für jeden Einzelsachverhalt die funktionale Äquivalenz der entsprechenden Bestimmungen geprüft[241]. Daraufhin wurde ein internes Umweltbetriebsaudit im Werk Gendorf der Vinnolit Kunststoff GmbH, einer Tochter der Hoechst AG und Wacker Chemie GmbH, durchgeführt, um die Praxistauglichkeit der Substitutionsvorschläge zu überprüfen und Vorschläge für eine Überarbeitung der geltenden Regelungen zu erarbeiten.

---

237 Goppel, Simson 1996, S. 3.

238 Sie war auch Bestandteil der Regierungserklärung des Kabinetts Stoiber vom 19. Juli 1995.

239 Goppel, Simson 1996, S. 1.

240 Vgl. Sachverständigenrat ‚Schlanker Staat' 1996/1, Punkt 5. Vgl. auch Kapitel 5.1.5.

241 Vgl. Arbeitskreis UMS (Hrsg.) 1996/1 und Arbeitskreis UMS (Hrsg.) 1996/2.

Als Ergebnis der Studie ergab sich, daß sich fast alle theoretisch definierten Substitutionsvorschläge als praktisch anwendbar erwiesen[242]. In bezug auf das Genehmigungsverfahren wird beispielsweise diskutiert, zertifizierten Betrieben Erleichterungen einzuräumen, auf das Zulassungserfordernis ganz zu verzichten oder an ihrer Stelle Genehmigungsaudits durchzuführen[243]. Hierbei ist zu beachten, daß das erleichterte Zulassungsverfahren durch einen verminderten Bestandsschutz erkauft würde[244]. Zudem sind Konflikte mit der erst letztes Jahr verabschiedeten EG-Richtlinie 96/61 (IVU-Richtlinie) zu prüfen, die für viele Anlagen den ordentlichen Genehmigungsprozeß vorsieht[245]. Denkbar ist auch die Reduzierung von Anzeige- und Mitteilungspflichten für zertifizierte Betriebe. So können die Angaben der Emissionserklärung, der Abfallbilanz und des Entsorgungsnachweises aus ohnehin im Rahmen des Öko-Audits erhobenen Daten abgeleitet werden. Voraussetzung hierfür wäre die Synchronisation der jeweiligen Inhalte und Erhebungszeitpunkte. Weiterer Spielraum wird im Bereich der Routineüberwachung gesehen, wo bereits heute das Ermessen der betrauten Behörde entscheidend ist. Bei eingetragenen Standorten könnten Prüfungsintervalle verlängert und der Prüfungsumfang beschränkt werden[246]. Der im Zuge des Umweltpaktes Bayern veröffentlichte Substitutionskatalog war später eine wichtige Quelle, auf die die Umweltministerien der Bundesländer die Erarbeitung ihrer eigenen Substitutionserlasse stützen konnten[247].

4.3.7 Der Ad-hoc-Bund-Länder-Arbeitskreis Öko-Audit

Die 19. Amtschefkonferenz der Umweltminister von Bund und Ländern hatte unter dem Eindruck der Ergebnisse des Umweltpaktes Bayern am 22. Mai 1997 in Jena den Beschluß gefaßt, das Vorsitzland Thüringen zu beauftragen, bis zur nächsten Konferenz in Zusammenarbeit mit den Arbeitsgemeinschaften LAWA, LAI, LAGA und dem Ad-hoc-Bund-Länder-Arbeitskreis Öko-Audit einen einheitlichen Endbericht zu Deregulierungs- und Substitutionspotentialen im Hinblick auf das EG-Öko-Audit-System zu erstellen.

---

242 Vgl. Goppel, Simson 1996, S. 3 f und für eine Darstellung der Ergebnisse im einzelnen Arbeitskreis UMS 1996/1, S. 1 bis 85, Spalte 4 und Arbeitskreis UMS 1996/2.

243 Vgl. Feldmann 1997, S. 9 ff; vgl. auch den ablehnenden Standpunkt bei Bundesumweltministerium (Hrsg.) 1994, S. 15.

244 Vgl. Ernst, 1997 S. 3 .

245 Vgl. Ernst, 1997 S. 3 f und Weigand 1997, S. 7.

246 Vgl. Ernst, 1997 S. 8.

247 Mündliche Auskunft der jeweils Verantwortlichen in den Länderumweltministerien. Zu den Erlassen selbst vgl. weiter unten.

Zur 20. Amtschefkonferenz am 15. und 16. Oktober 1997 wurde das Papier vorgelegt[248]. Herausgekommen war eine umfassende Zusammenfassung des derzeitigen Standes der Deregulierungs- und Substitutionsdiskussion. Dabei findet sich im Endbericht nicht nur eine detaillierte Darlegung des rechtstheoretischen Fundamentes der Deregulierung und Substitution im Zusammenhang mit dem Umweltaudit nach EG-Verordnung 1836/97, sondern auch eine Liste konkreter Vorschläge zu Deregulierungs- und Substitutionspotentialen in den Bereichen

- Betriebsbeauftragte und Betriebsorganisation,
- Messungen durch bekanntgegebene Stellen nach § 26 BImSchG,
- sonstige Anordnungen zum Einsatz externer Fachkräfte,
- Berichte und Beurteilungen über Messungen und Kalibrierungen,
- allgemeine Überwachungsvorschriften und
- sonstige Rechtsvorschriften.

Die Umsetzung der aufgezeigten Substitutions- und Deregulierungsmöglichkeiten in den Bundesländern wird am Ende des Berichtes nach Maßgabe der fachlichen Einschätzung der jeweils obersten Landesbehörden ausdrücklich empfohlen. Sie erfolgte in Form der Erlasse der Bundesländer, die im übernächsten Kapitel vorgestellt werden.

4.3.8 Das einheitliche Umweltgesetzbuch und die integrierte Vorhabengenehmigung

Im Sinne einer Harmonisierung und Vereinfachung des Zulassungsrechts für umweltrelevante Vorhaben arbeitet eine vom damaligen Umweltminister Klaus Töpfer eingesetzte Sachverständigenkommission[249] bereits seit Juli 1992 an einem Entwurf eines einheitlichen Umweltgesetzbuches[250], das bereichs- und medienübergreifend die heute gültigen Regelungen vieler Einzelgesetze zusammenfaßt[251].

---

248 Vgl. Ad-hoc-Bund-Länder-Arbeitskreis Öko-Audit et alt. 1997.

249 ‚Unabhängige Sachverständigenkommission zum Umweltgesetzbuch beim Bundesministerium für Umwelt, Naturschutz und Reaktorsicherheit'.

250 „Die Bundesregierung hat sich seit langem die Harmonisierung und Fortentwicklung des Umweltrechts in einem einheitlichen Umweltgesetzbuch (UGB) zum Ziel gesetzt." Bundesumweltministerium (Hrsg.) 2000/1, S. 1.

Nachdem die Absicht, dieses einheitliche Gesetzeswerk zu schaffen, bereits Gegenstand der Koalitionsvereinbarung für die 12. Legislaturperiode gewesen ist, wird das Projekt Umweltgesetzbuch in der Regierungserklärung des seit 1998 amtierenden neuen Bundeskanzlers für die 14. Legislaturperiode vom 10. November 1998 erneut erwähnt und in die Koalitionsvereinbarung aufgenommen[252]. Die hohe Bedeutung des Umweltgesetzbuches für die Harmonisierung des deutschen Umweltrechts wird dabei erneut unterstrichen: „Ein Umweltgesetzbuch kann neben einer besseren Überschaubarkeit insbesondere die vorhandene Zersplitterung des geltenden Umweltrechts aufheben. Regelungslücken wie aber auch teilweise auftretende Wertungswidersprüche im Umweltrecht können so beseitigt werden. Durch Vereinheitlichung und Vereinfachung des Umweltrechts soll der ökologische Rechtsrahmen für die soziale Marktwirtschaft geschaffen werden.“[253]

Bereits am 9. September 1997 wurde der erste Entwurf des einheitlichen Umweltgesetzbuches an die damalige Bundesumweltministerin A. Merkel übergeben[254]. Er enthält neben einer Zusammenfassung und Strukturierung des geltenden Umweltrechts auch eine Auflistung des aus der Sicht der Sachverständigenkommission notwendigen Modernisierungsbedarfs.

Inzwischen hatte sich aber die Ausgangssituation verändert: Die EG-Richtlinie 61/96 (IVU-Richtlinie) vom 24. September 1996 und die EG-Richtlinie 11/97 vom 3. März 1997 (UVP-Änderungsrichtlinie) waren inzwischen verabschiedet worden und mußten in deutsches Recht umgesetzt werden. Hierzu sollte ein erstes Buch zum Umweltgesetzbuch (UGB I) dienen, dem dann später Schritt für Schritt weitere Teile folgen sollten[255]. Am 30. September 1997 vereinbarte man daher auf einem besonderen Treffen der Umweltminister des Bundes und der Länder die Einrichtung einer Bund/Länder-Arbeitsgemeinschaft ‚Umweltgesetzbuch' unter Vorsitz des Bundes. Diese Kommission hat Anfang September 1998 einen Referentenentwurf vorgelegt (mit Stand 31. August 1998)[256].

---

251 Vgl. Döring 1999, S. 100: „Der bislang primär mediale Ansatz des Umweltschutzes soll überwunden und in einem medienübergreifenden, ökologischen Ansatz versucht werden, die verstreuten Einzelregelungen zu bündeln.“

252 Vgl. Bundesumweltministerium (Hrsg.) 1999, S. 51. Vgl. auch Bundesumweltministerium (Hrsg.) 2000/1, S. 1: „So ist die Absicht, ein Umweltgesetzbuch zu schaffen, erneut Gegenstand der Koalitionsvereinbarung der derzeitigen Legislaturperiode.“

253 Bundesumweltministerium (Hrsg.) 2000/1, S. 1.

254 Vgl. ebenda.

255 Vgl. Bundesumweltministerium (Hrsg.) 1999, S. 51.

256 Vgl. Bundesumweltministerium (Hrsg.) 1999, S. 52.

Dieser Referentenentwurf wurde in der Folge intern sehr kontrovers diskutiert[257]. Weil zudem die Beteiligung der Länder und Verbände noch nicht abgeschlossen ist, gibt das Bundesumweltministerium den Referentenentwurf derzeit nicht an die Öffentlichkeit heraus. Die nachfolgenden Einzelheiten beziehen sich deshalb auf einen sechs Monate älteren Entwurf der Projektgruppe Umweltgesetzbuch vom 5. März 1998[258] [259]. Im Rahmen des Umweltgesetzbuches soll eine einheitliche Genehmigung, die Vorhabengenehmigung, an die Stelle der heute erforderlichen zahlreichen Einzelgenehmigungen treten[260]. Damit würde das in der Einführung angesprochene Problem – die aus der medial und sektoral ausgerichteten Regelungsstruktur resultierenden Vollzugshindernisse und -verzögerungen – wirksam bekämpft. Vom einheitlichen Umweltgesetzbuch verspricht man sich zudem die Förderung des Umbaus der öffentlichen Verwaltung, der dann den Einsatz marktorientierter umweltpolitischer Instrumente und die Übertragung von Kontrollaufgaben an (privatwirtschaftliche) Dritte und damit die Entlastung der Verwaltungsstellen erleichtert[261].

Wie bereits angedeutet, schien es bereits 1997 so, als ob das Umweltgesetzbuch erst am Anfang eines wohl langwierigen Umsetzungsprozesses steht und als „langfristige Herausforderung“[262] zu verstehen ist. Inzwischen war der Gesetzgeber allerdings in Zeitnot geraten, weil man das einheitliche Umweltgesetzbuch auch dazu nutzen wollte, in seinem Rahmen die umweltrechtlichen Bestimmungen der EU umzusetzen[263].

---

257 Mündliche Auskunft von Weinreich und Rolf, Bundesumweltministerium. Auch offiziell geht das Bundesumweltministerium von weiteren Änderungen und Ergänzungen im Vergleich zum Referentenentwurf aus: „Auf der Grundlage des Referentenentwurfs finden derzeit Überlegungen statt, mit ggf. welchen Änderungen und Ergänzungen das Projekt UGB I fortgeführt werden soll.“ Bundesumweltministerium (Hrsg.) 1999, S. 52.

258 Arbeitsentwurf Umweltgesetzbuch – Erstes Buch: Bundesumweltministerium (Hrsg.), 1998/1 und Arbeitsentwurf Einführungsgesetz zum Umweltgesetzbuch: Bundesumweltministerium (Hrsg.) 1998/2.

259 Später, im April 1999 wurde vom Bundesumweltministerium ein weiterer Entwurf des Ersten Buchs zum Umweltgesetzbuch (UGB I) vorgelegt. Dieser wurde allerdings auf Eis gelegt, nachdem die Ressortabstimmung einen zu großen Änderungsbedarf ergeben hatte. Vgl. Bundesumweltministerium (Hrsg.) 2000/1, S. 2 und weiter unten.

260 Vgl. Bundesumweltministerium (Hrsg.) 1998/1, S. 4 ff, zweites Kapitel: Vorhabengenehmigung, § V1 bis § V34.

261 Vgl. Feldmann 1997, S. 7 f und Döring 1999, S. 100: „Neu ist außerdem, daß nicht die staatliche Überwachung, sondern die Eigenverantwortlichkeit im Vordergrund steht und die direkten Steuerungsmittel verstärkt durch neu konzipierte und ausgebaute indirekte Steuerungsmechanismen ergänzt werden.“. Vgl. auch Bundesumweltministerium (Hrsg.) 1998/1, S. 2, § A5, Private Eigenverantwortung.

262 A. Merkel in Bundesumweltministerium (Hrsg.) 1997/1, S. 1.

263 Ein konkreter Umsetzungsauftrag besteht in zwei Fällen: Bei der Richtlinie 99/91 EG des Rates vom 24. September 1996 über die integrierte Vermeidung und Verminderung der Umweltverschmutzung (IVU-

Da hierbei Fristen zu beachten waren[264], war zunächst bald mit der Verabschiedung des ersten Buches zum Umweltgesetzbuch zu rechnen[265]. „Nach intensiver Vorarbeit hatte das Bundesumweltministerium im April 1999 einen (neuen) Entwurf für ein Erstes Buch zum Umweltgesetzbuch (UGB I) vorgelegt. ... Die Ressortabstimmung des Gesetzentwurfes zum UGB I hat allerdings ergeben, daß dieser, um eine kompetenzgerechte Ausgestaltung des UGB I sicherzustellen, in einer Vielzahl von Punkten hätte angepaßt werden müssen. Die vorgesehenen Vorschriften des UGB I hätten den Anforderungen des Art. 75 GG (Rahmenkompetenz) Rechnung tragen müssen, soweit sie die Bereiche Wasserhaushalt sowie Natur und Landschaft erfassen. Bei einer derartigen Ausgestaltung des UGB I wären jedoch die mit der Kodifikation und insbesondere der Einführung der integrierten Vorhabengenehmigung verfolgten Zielsetzungen der Vereinheitlichung, Vereinfachung und ökologischen Modernisierung des Umweltrechts verfehlt worden. Vor diesem Hintergrund wird nunmehr eine Realisierung des UGB I erst auf der Grundlage einer erweiterten Gesetzgebungskompetenz des Bundes angestrebt. Die o.g. EG-Richtlinien sollen zunächst durch eine Artikelgesetzgebung zur Änderung der geltenden umweltrechtlichen Einzelgesetze in nationales Recht umgesetzt werden."[266]

Seit November 2000 liegt ein neuer Entwurf des sogenannten Artikelgesetzes (Gesetz zur Umsetzung der UVP-Richtlinie, der IVU-Richtlinie und weiterer EG-Richtlinien zum Umweltschutz) vor.[267]

Richtlinie) und bei der Richtlinie 97/11 EG des Rates vom 3. März 1997 zur Änderung der Richtlinie 85/337 EWG des Rates vom 27. Juni 1985 über die Umweltverträglichkeit bei bestimmten öffentlichen und privaten Projekten (UVP-Änderungsrichtlinie). Vgl. Bundesumweltministerium (Hrsg.) 2000/1, S. 2 f und Döring 1999, S. 101.

264 Die Umsetzungsfristen für die UVP-Änderungsrichtlinie (14. März 1999) und die IVU-Richtlinie (30. Oktober 1999) ist bereits verstrichen. Vgl. Bundesumweltministerium (Hrsg.) 2000/3, S. 1.

265 Mündliche Auskunft von Weinreich und Rolf, Bundesumweltministerium.

266 Bundesumweltministerium (Hrsg.) 2000/1, S. 2f. Vgl. auch Bundesumweltministerium (Hrsg.) 2000/2.

267 „Das Bundeskabinett hat am 25.10.2000 den vom Bundesumweltministerium erarbeiteten Entwurf für ein ‚Gesetz zur Umsetzung der UVP-Änderungsrichtlinie, der IVU-Richtlinie und weiterer EG-Richtlinien zum Umweltschutz' gebilligt. Zuvor hatte das Bundesumweltministerium auf der Grundlage eines Referentenentwurfes (Stand 30.06.2000) eine Beteiligung der Länder und Verbände durchgeführt; ihnen war Gelegenheit zur schriftlichen Stellungnahme und zum Vortrag im Rahmen von Anhörungen gegeben worden. Unter Berücksichtigung der Länder- und Verbändebeteiligung ist der Entwurf überarbeitet und die neue Fassung dem Bundeskabinett zur Beschlußfassung zugeleitet worden. Dieser Entwurf ist auch der Europäischen Kommission übermittelt worden, um sie über die laufenden Umsetzungsaktivitäten zu unterrichten." Bundesumweltministerium (Hrsg.) 2000/3, S. 2.

„Im Hinblick auf den oben angeführten Ablauf der gemeinschaftsrechtlichen Umsetzungsfristen muß das Gesetzesvorhaben so schnell wie möglich voran gebracht werden. Zu diesem Zweck soll Anfang November 2000 das parlamentarische Gesetzgebungsverfahren eingeleitet werden.“[268] Trotz der geschilderten Umsetzungsprobleme verfolgt das Bundesumweltministerium das Projekt Umweltgesetzbuch weiter: „Ungeachtet dessen hält das Bundesumweltministerium am Projekt Umweltgesetzbuch fest. Um eine gesicherte verfassungsrechtliche Grundlage für eine bundeseinheitliche Kodifikation des Umweltrechts durch ein Umweltgesetzbuch zu schaffen, soll eine Initiative zur Erweiterung der konkurrierenden Gesetzgebungskompetenzen des Bundes ergriffen werden. Sobald eine gesicherte verfassungsrechtliche Grundlage vorliegt, wird das Bundesumweltministerium die Arbeiten am UGB I fortführen.“[269] Im Zusammenhang mit dem Umweltgesetzbuch ist auch die Verabschiedung einer umweltrechtlichen Verordnung zu Überwachungserleichterungen für auditierte Betriebsstandorte (UGB-Umweltaudit-Privilegierungs-VO) [270] [271] [272] geplant. Dieses Papier wird einige Deregulierungsmaßnahmen für Teilnehmer am Umweltaudit nach EG-Verordnung 1836/93 in zusammengefaßter Form enthalten. Sie betreffen

1. Erleichterungen aufgrund behördlicher Ermessensentscheidung (vgl. § 2),
2. Erleichterungen aufgrund gebundener behördlicher Entscheidung (vgl. § 3),
3. Verpflichtungen aufgrund behördlichen Verlangens (vgl. § 4),
4. die Betriebsorganisation bzw. die Umweltbeauftragten (vgl. § 5) und
5. die Prüfung von Abfallwirtschaftskonzepten und Abfallbilanzen (vgl. § 6)[273].

---

268 Bundesumweltministerium (Hrsg.) 2000/3, S. 2.

269 Bundesumweltministerium (Hrsg.) 2000/1, S. 3.

270 Im Arbeitsentwurf für ein Umweltgesetzbuch (erstes Buch) der Projektgruppe UGB vom 5. März 1998 findet sich bereits der Hinweis: „Die Bundesregierung wird ermächtigt, durch Rechtsverordnung mit Zustimmung des Bundesrates überwachungsrechtliche Erleichterungen für Betriebsstandorte zu regeln, die in ein Standortverzeichnis gemäß Art. 8 der Verordnung (EWG) Nr. 1836/93 des Rates vom 29. Juli 1993 über die freiwillige Beteiligung gewerblicher Unternehmen an einem Gemeinschaftssystem für das Umweltmanagement und die Umweltbetriebsprüfung eingetragen sind.“ Vgl. Bundesumweltministerium (Hrsg.) 1998/1, S. 25, Zweiter Abschnitt: Überwachung und private Eigenverantwortung, § E7. Vgl. auch ebenda, S. 2, Erstes Kapitel: Allgemeine Vorschriften, § A5.

271 Die UGB-Umweltaudit-Privilegierungsverordnung selbst ist Bestandteil des Einführungsgesetzes zum Umweltgesetzbuch, zu finden im ersten Teil (Rechtsverordnungen zum Umweltgesetzbuch) als Artikel 3 (Umweltrechtliche Verordnung zu Überwachungserleichterungen für auditierte Betriebsstandorte). Zum Stand von März 1998 vgl. Bundesumweltministerium (Hrsg.) 1998/2, S. 30ff, Art. 3.

272 Zur UGB-Umweltaudit-Privilegierungsverordnung hat das Bundesumweltministerium dem Autor freundlicherweise Artikel 3 des Referentenentwurfs des Einführungsgesetzes zum Umweltgesetzbuch mit Stand 31. August 1999 zur Verfügung gestellt. Vgl. Bundesumweltministerium (Hrsg.) 1998/3, S. 3f.

273 Vgl. Bundesumweltministerium (Hrsg.) 1998/3.

Inhalt der beiden zuerst aufgeführten Erleichterungen und Punkt fünf ist jeweils, daß auditierte und im Standortregister eingetragene Betriebsstandorte[274] bestimmte gesetzlich vorgeschriebene Ermittlungen, sicherheitstechnische Prüfungen, Messungen, Kalibrierungen und Prüfungen mit eigenem Personal durchführen können, wenn dieses die hierfür erforderliche Fachkunde, Zuverlässigkeit und gerätetechnische Ausstattung besitzt. Punkt drei und vier entbinden auditierte und registrierte Betriebsstandorte von bestimmten gesetzlichen Dokumentations-, Informations- und Berichtspflichten bzw. von bestimmten Pflichten in bezug auf die Betriebsorganisation und die Benennung von Umweltbeauftragten[275]. Würde die umweltrechtliche Verordnung zu Überwachungserleichterungen für auditierte Betriebsstandorte tatsächlich in dieser Form verabschiedet, wäre der jahrelange Streit um Nutzen und Rechtmäßigkeit der Substitution und Deregulierung im Zusammenhang mit dem Umweltaudit[276] zugunsten der Befürworter entschieden.

4.3.9 Derzeitiger Stand der Umsetzung der Deregulierungs- und Substitutionsvorschläge

Hinsichtlich der Umsetzung der gefundenen Deregulierungs- und Substitutionsmöglichkeiten ist zu unterscheiden, ob Bundes- oder Länderrecht betroffen ist. Es gilt hierbei die Regel, daß die Bundesregierung alle Vorschläge, die Substitutionsmaßnahmen und somit den exekutiven Vollzug des Umweltrechts durch die Verwaltungsbehörden betreffen, in der Zuständigkeit der Länder beläßt[277].

4.3.9.1 Umsetzung der Deregulierungsvorschläge auf Bundesebene

Auf Bundesebene ist die Umsetzung der Deregulierungs- und Substitutionsvorschläge im Zusammenhang mit dem Umweltaudit nach EG-Verordnung 1836/93 in zwei Schritten in Angriff genommen worden:

---

274 Also validierte und registrierte Betriebsstandorte.

275 Ebenda.

276 Einen Überblick über die Probleme im Verhältnis von Öko-Audit nach EG-Verordnung 1836/93 und ordnungsrechtlichen Kontrollen gibt Bundesumweltministerium (Hrsg.) 1994.

277 Eine Richtlinie des Bundes in dieser Sache wäre zwar z.B. in Form einer Verwaltungsvorschrift durchaus möglich, jedoch ist es die Politik des Bundesumweltministeriums, den Ländern hier eigene Gestaltungsmöglichkeiten einzuräumen. Mündliche Auskunft von Rolf, Bundesumweltministerium.

Zunächst sind bei der Verabschiedung neuer Gesetze und Verordnungen Verweise auf die EG-Umweltaudit-Verordnung aufgenommen worden. Beispiele hierfür sind:

1. Untergesetzliche Regelungen des Kreislaufwirtschafts- und Abfallgesetzes:
   - Verordnung über Verwertungs- und Beseitigungsnachweise (Nachweisverordnung, NachwV)[278].
   - Verordnung über Abfallwirtschaftskonzepte und Abfallbilanzen (AbfKoBiV)[279].
   - Verordnung über Entsorgungsfachbetriebe (EfbV)[280].
2. Verordnungen über das Genehmigungsverfahren:
   - Gesetz zur Beschleunigung und Vereinfachung immissionsschutzrechtlicher Genehmigungsverfahren (Änderung der 9. BImSchV)[281].
3. Altauto-Verordnung[282].

In einem zweiten Schritt sollen im Rahmen des in Abstimmung befindlichen neuen einheitlichen Umweltgesetzbuches die Deregulierungs- und Substitutionsvorschläge in zusammengefaßter Form Berücksichtigung finden. Der aktuelle Referentenentwurf des ersten Buchs des neuen einheitlichen Umweltgesetzbuches[283] ist für die weitere interne Abstimmung und die Beteiligung der Länder und Verbände gedacht und wird derzeit nicht an die Öffentlichkeit herausgegeben. Es liegt allerdings ein etwas älterer Arbeitsentwurf der Projektgruppe UGB vom 5. März 1998 vor. Nach heutigem Stand der Diskussion wird das Einführungsgesetz zum Umweltgesetzbuch die sogenannte UGB-Umweltaudit-Privilegierungsverordnung enthalten, eine Zusammenfassung der rechtlichen Erleichterungen für Teilnehmer am Umweltauditsystem nach EG-Verordnung 1836/93[284].

278 Vgl. § 5 Abs. 2 Satz 3 und § 13 Abs. 1 Satz 2.

279 Vgl. § 8 Abs. 6.

280 Vgl. § 13 Abs. 4 Nr. 1 und § 15 Abs. 2.

281 Vgl. § 4 Abs. 1 und § 13 Abs. 2 Satz 2.

282 Vgl. § 4 Abs. 1 und Abs. 2.

283 Stand 31. August 1998.

284 Vgl. Bundesumweltministerium (Hrsg.) 1998/2 und Bundesumweltministerium (Hrsg.) 1998/3. Zu weiteren Einzelheiten vgl. auch Kap. 5.4.

4.3.9.2 Umsetzung der Deregulierungs- und Substitutionsvorschläge auf Länderebene

Auf der Ebene des Länderrechts sind die Deregulierungs- und Substitutionsvorschläge ebenfalls auf verschiedenen Wegen umgesetzt worden. Hinsichtlich der Deregulierungsvorschläge sind einige landesrechtliche Gesetze und Verordnungen geändert worden. Da das Umweltrecht auf Länderebene sehr vielschichtig ist, sei an dieser Stelle lediglich auf ein Beispiel verwiesen: Am 7. Oktober 1996 ist in Baden-Württemberg das Gesetz zur Änderung des Landesabfallgesetzes in Kraft getreten. Es modifiziert § 4 LAbfG dergestalt, daß die Umwelterklärung eines nach EG-Verordnung 1836/93 zertifizierten Standortes als Abfallwirtschaftskonzept und deren Fortschreibung als Abfallbilanz anerkannt wird, wenn die Umweltbetriebsprüfung § 19 und § 20 des Kreislaufwirtschafts- und Abfallgesetzes erfüllt. Die Substitutionsanregungen sind dagegen in allen Bundesländern in Form einer Verwaltungsvorschrift umgesetzt worden. Bis heute hat jedes der 16 deutschen Bundesländer eine Verwaltungsvorschrift veröffentlicht, die am Umweltauditsystem nach EG-Verordnung 1836/93 teilnehmenden Betriebsstandorten Erleichterungen im ordnungsrechtlichen Vollzug in Aussicht stellt, wie die folgende Auflistung zeigt.

1. **Schleswig-Holstein:**
   - Verwaltungsvorschrift für die Immissionsschutzbehörden – Öko-Audit und Erleichterungen im Vollzug des Bundes-Immissionsschutzgesetzes vom 11. März 1997.
   - Verwaltungsvorschrift über Vollzugserleichterungen bei der Überwachung von Standorten, die nach der EG-Umweltaudit-Verordnung registriert sind, vom 18. Dezember 1998[285].
2. **Niedersachsen:**
   - Vollzugserleichterungen für Betriebe, die sich am Öko-Audit-System nach der EG-Umweltaudit-Verordnung vom 29. Juni 1993 beteiligen und der immissionsschutz- und abfallrechtlichen Überwachung unterliegen, vom 2. April 1998.
3. **Nordrhein-Westfalen:**
   - Durchführung des Bundes-Immissionsschutzgesetzes – Berücksichtigung der Teilnahme eines Standortes am Gemeinschaftssystem für das Umweltmanagement und die Umweltbetriebsprüfung nach der Verordnung (EWG) Nr. 1836/93 des Rates vom 29. Juli 1993 über die freiwillige Beteiligung gewerblicher Unternehmen an einem

---

[285] Diese Vorschrift hebt den Erlaß für die Immissionsschutzbehörden vom 11. März 1997 auf.

Gemeinschaftssystem für das Umweltmanagement und die Umweltbetriebsprüfung (EG-Umweltaudit-Verordnung).

4. **Rheinland-Pfalz:**
   - Deregulierung und Öko-Audit – Abschlußbericht der Deregulierungskommission beim Ministerium für Umwelt und Forsten, Rheinland-Pfalz von Juli 1997.
   - Deregulierung und Öko-Audit im Handwerk – Bericht der Kooperationsgruppe ‚Handwerk und Umwelt' beim Ministerium für Umwelt und Forsten, Rheinland-Pfalz von März 1998.
5. **Hessen:**
   - Verordnung (EWG) Nr. 1836/93 des Rates über die freiwillige Beteiligung gewerblicher Unternehmen an einem Gemeinschaftssystem für das Umweltmanagement und die Umweltbetriebsprüfung (EG-Umweltaudit-Verordnung) – Substitution ordnungsrechtlicher Maßnahmen durch Maßnahmen nach der EG-Öko-Audit-Verordnung vom 15. Juli 1998.
6. **Baden-Württemberg:**
   - Verwaltungsvorschrift des Ministeriums für Umwelt und Verkehr über administrative Erleichterungen für Standorte, die nach den Vorschriften der Verordnung (EWG) Nr. 1836/93 des Rates über die freiwillige Beteiligung gewerblicher Unternehmen an einem Gemeinschaftssystem für das Umweltmanagement und die Umweltbetriebsprüfung (Öko-Audit-Verordnung) registriert werden; Entwurf vom 20. Oktober 1998.
   - Einheitlicher Endbericht an die Umweltministerkonferenz zu Deregulierungs- und Substitutionspotentialen im Hinblick auf das EG-Öko-Audit-System.
7. **Bayern:**
   - In Bayern richten sich die Substitutionsmöglichkeiten nach dem Katalog Substitutionsvorschläge des Arbeitskreises UMS.
8. **Saarland:**
   - Katalog verwaltungsrechtlicher Erleichterungen zugunsten öko-auditierter Unternehmen im Saarland vom 15. Mai 1997 in Verbindung mit:
   - Öko-Audit und Ordnungsrecht – Verfügung von Staatssekretär Heiko Maas vom 10. Juni 1997.

9. Hamburg:

- Hamburger Umweltkooperation: Vollzugserleichterungen durch Öko-Audit – Maßnahmen für Vollzugserleichterungen, Vorschläge zur Änderung des Ordnungsrechts auf Landesebene, Ziele für eine Deregulierung auf Bundesebene, Erfolge im Umweltschutz; Entwurf von Dezember 1998.

10. Bremen:

- Verwaltungsvorschrift über Erleichterungen beim Vollzug von Gesetzen des Umweltschutzes für nach der Öko-Audit-Verordnung 1836/93 (EWG) validierte und registrierte Unternehmen vom 13. Oktober 1998.

11. Berlin:

- Umweltallianz Berlin – Freiwillige Vereinbarung zwischen dem VCI-Berlin (Landesverband Berlin des Verbandes der chemischen Industrie) und dem VME (Verband der Metall- und Elektroindustrie in Berlin und Brandenburg) sowie dem Land Berlin vom 20. Juni 1997.
- Umweltallianz Berlin – Anhang zur Umweltallianz des VCI-Berlin und des VME sowie des Landes Berlin – Katalog von Vollzugserleichterungen vom 20. Juni 1997.

12. Mecklenburg-Vorpommern:

- Erlaß – Verfahrenserleichterungen für Betriebsstandorte, die nach der Öko-Audit-Verordnung registriert sind, vom 13. November 1997.

13. Brandenburg:

- Erlaß des Ministeriums für Umwelt, Naturschutz und Raumordnung über Erleichterungen beim Verwaltungsvollzug zugunsten von Betrieben, die erfolgreich am EG-Gemeinschaftssystem für das Umweltmanagement und die Umweltbetriebsprüfung (Öko-Audit) teilnehmen, vom 28. August 1998.

14. Sachsen-Anhalt:

- Vollzug umweltrechtlicher Vorschriften bei nach Artikel 8 der Verordnung (EWG) Nr. 1836/93 des Rates registrierten Standorten – Erlaß des Ministeriums für Raumordnung und Umwelt vom 12. August 1998.

15. Thüringen:

- Erlaß zur Verwaltungserleichterung durch das EG-Öko-Audit-System vom 10. Juli 1998.

16. Sachsen:

- Umweltallianz Sachsen – Eine freiwillige Vereinbarung zwischen der sächsischen Staatsregierung und der sächsischen Wirtschaft für einen effizienteren und zukunftsweisenden Umweltschutz vom 16. Juni 1998.
- Umweltallianz Sachsen – Katalog verwaltungsrechtlicher Erleichterungen zugunsten öko-auditierter Unternehmen im Freistaat Sachsen vom 16. Juni 1998.

Eine Analyse der verschiedenen Erlasse zeigt, daß einige Substitutionsmaßnahmen in allen Bundesländern gleichermaßen vorgesehen sind. Daß es zwischen den Ländern aber auch große Unterschiede im Ausmaß der gewährten Vollzugserleichterungen gibt, zeigt schon der stark unterschiedliche Umfang der Verwaltungsvorschriften. Einige Bundesländer veröffentlichen zusätzlich zum Substitutionserlaß auch noch erklärende Papiere, die das der Substitution zugrunde liegende Konzept erörtern[286].

4.4 Zwischenbilanz

Zusammenfassend läßt sich festhalten, daß Maßnahmen zur Substitution und Deregulierung von ordnungsrechtlichen Bestimmungen im Zusammenhang mit dem Umweltaudit nach EG-Verordnung 1836/93 in den letzten Jahren in Deutschland intensiv diskutiert wurden. Nach herrschender Meinung besteht durchaus Potential, freiwillig am Umweltauditsystem teilnehmenden Organisationen bzw. Standorten ordnungsrechtliche Erleichterungen in Aussicht stellen zu können. Enge Grenzen für eine Substitution bzw. Deregulierung setzen neben den Schranken des Verfassungs- und supranationalen Rechts die unabdingbaren Forderungen

(a) nach der Erhaltung der materiellen Umweltstandards,

(b) nach funktionaler Äquivalenz und

(c) nach Gleichwertigkeit in der Vollzugspraxis.

Im Rahmen dieser Grenzen angewandt, spricht vieles dafür, daß Substitutions- und Deregulierungsmaßnahmen sowohl die ökonomische Effizienz als auch die ökologische Effektivität des umweltpolitischen Instrumentariums steigern können.

---

286 Vgl. die oben genannten Papiere von Bayern, Thüringen, Sachsen, Baden-Württemberg und Rheinland-Pfalz.

5 Ökonomischer Teil – Die Bewertung der Eignung des Umweltauditsystems nach EG-Verordnung 1836/93 als umweltpolitisches Instrument

5.1 Einordnung der Aufgabenstellung

Zu den Aufgaben der Umweltökonomie sind nach Wicke folgende Aspekte zu zählen[287]:

1. Leistung eines Beitrags zur Wohlfahrtsoptimierung,
2. Beratung der umweltpolitischen Entscheidungsträger bei der Lösung umweltpolitischer Probleme und
3. Leistung eines Beitrages zur Kostenminimierung bei der Erreichung umweltpolitischer Ziele.

Im Rahmen dieser Arbeit werden umweltökonomische Modelle angewandt, um eine konkrete Problemstellung der Umweltpolitik zu diskutieren und schließlich Empfehlungen zur Ausgestaltung einer in der Praxis tragfähigen Lösung zu geben. Allgemein formuliert ist diese Problemstellung die Optimierung des betrieblichen Umweltschutzes[288]. Konkret bezieht sie sich auf die Frage, ob der betriebliche Umweltschutz am besten unter Anwendung eines neuen umweltpolitischen Instrumentes, des Umweltaudits nach EG-Verordnung 1836/93 ausgestaltet werden kann oder ob der Einsatz dieses Instruments keine Vorteile bringt. Die methodische Basis dieser Arbeit ist die neoklassische Wirtschaftstheorie, insbesondere die Wohlfahrtsökonomie, die Allokationstheorie und die Umweltökonomie. An einigen Stellen wird auf moderne Erweiterungen der Neoklassik hingewiesen, so beispielsweise auf den Transaktionskostenansatz, den ‚Property-rights-Ansatz' und auf Elemente der Informationsökonomie. Leitbild der Analyse sind dabei die drei bereits oben erwähnten Aufgaben der Umweltökonomie.

---

287 Vgl. Wicke 1993, S. 14 ff.

288 Optimierung bezieht sich hier auf die Makro-Sichtweise: Eine Verschlechterung des Umweltschutz-Niveaus – zu den Schwierigkeiten, ein solches überhaupt zu messen und zu bewerten vgl. weiter unten – einzelner Betriebe wäre akzeptabel, wenn in der gesamtwirtschaftlichen Aggregation aller Umweltbelastungen ein niedrigeres Niveau erreicht wird.

5.1.1 Beitrag der Umweltökonomie zur Wohlfahrtsoptimierung

„Die Umweltökonomie als ein Teil der Wirtschaftswissenschaft soll mit ihren theoretischen und praktischen Analysen und Vorschlägen einen Beitrag dazu leisten, innerhalb einer Volkswirtschaft bei gegebenen wirtschaftlichen, technischen und sonstigen Voraussetzungen den Wohlstand unter Berücksichtigung der Umweltqualität auf ein möglichst hohes Maß, d.h. auf das Wohlstandsoptimum zu heben."[289] Damit ist die Umweltökonomie eine Erweiterung der Wirtschaftswissenschaften[290] um die Dimension der Umweltqualität: „Umweltökonomie ist die Wirtschaftswissenschaft, die in ihren Theorien, Analysen und Kostenrechnungen ökologische Parameter mit einbezieht."[291] Die Beantwortung der Frage, um welche ‚ökologischen Parameter' es sich dabei handelt, erfordert die Definition des Begriffs ‚Umwelt'. In seiner weiten Fassung umfaßt der Umweltbegriff die Beziehungen des Menschen zu seiner Umgebung in (mindestens) drei Dimensionen[292]:

1. Soziologischer Umweltbegriff:
   Das soziale Umfeld des Individuums, der Familie, der Gruppe und der Gesellschaft.
2. Räumlicher Umweltbegriff:
   Die räumliche Umgebung mit den Stichworten Gebäude, Dorf, Stadt, Region, Land.
3. Ökologischer (auch biologischer) Umweltbegriff:
   Der Zustand der Umgebung für Tier, Mensch und Pflanze sowie die Bedingungen für ihr gemeinsames Zusammenleben.

Relevant für die Umweltökonomie sind zumindest die letzten beiden Dimensionen. Damit werden die umweltökonomischen Teilprobleme der Raumnutzung, der Bevölkerungsdichte, des Naturschutzes, der Umweltverschmutzung und der Rohstoffverfügbarkeit erfaßt[293].
In einer enger gefaßten Definition bezeichnet ‚Umwelt' den Zustand der Umweltmedien Luft, Wasser, Boden, Pflanzen und Tierwelt – die sogenannten Grundbereiche des Umweltschutzes[294].

---

289 Wicke 1993, S. 14. *Wohlstand* definiert Wicke synonym dem in der Wirtschaftstheorie eher gebräuchlichen Ausdruck *Wohlfahrt*, vgl. ebenda.

290 Und im speziellen auch eine Erweiterung des allokationstheoretischen Kalküls der Wohlfahrtsoptimierung.

291 Vgl. Bundesregierung (Hrsg.) 1971, S. 63.

292 Vgl. Tischler 1994, S. 1 f und Wicke 1993, S. 5 f.

293 Vgl. Wicke 1993, S. 6.

294 Vgl. Buchwald, Engehard (Hrsg.) 1980, S. 3 f.

Die Umweltökonomie hat sowohl eine volkswirtschaftliche als auch eine betriebswirtschaftliche Komponente[295]. In dieser Arbeit wird diese doppelte Sichtweise immer wieder zu berücksichtigen sein: Auf der einen Seite wird das Umweltaudit nach EG-Verordnung 1836/93 mit den Methoden der Umweltökonomie als umweltpolitisches Instrument analysiert und bewertet[296]. Die zu beantwortende Frage ist hierbei, ob das Angebot des umweltpolitischen Instruments Umweltaudit wohlfahrtsökonomisch positiv zu bewerten ist. Auf der anderen Seite erfordert die Freiwilligkeit des Umweltauditsystems zwingend eine Berücksichtigung von Kategorien der betrieblichen Umweltökonomie: Nur wenn Umweltmanagement nach dem in EG-Verordnung 1836/93 geregelten Umweltauditsystem wenigstens für einen Teil der betrieblichen Standorte *betriebswirtschaftlich* sinnvoll ist, wird dieses Instrument von den Wirtschaftseinheiten auch genutzt werden und somit Auswirkungen auf der makroökonomischen Ebene entfalten. Bergen postuliert, daß die Umweltqualität in der Regel ein Gut ist, das mit anderen wirtschaftspolitischen Globalzielen konkurriert[297]. In diesem (Regel-)Fall ist eine Erhöhung der Umweltqualität nur auf Kosten des ‚materiellen Wohlstands' möglich[298], für den als Indikator beispielsweise das gesamtwirtschaftliche Gleichgewicht[299] herangezogen werden kann. Wie die folgende Abbildung 2 verdeutlicht, muß es nun das Ziel sein, bei gegebener Ausstattung an Kapitalgütern, Boden und Humankapital einer Volkswirtschaft sowie bei gegebener Technik[300], aus allen möglichen Kombinationen aus Umweltqualität und wirtschaftlicher Stabilität (diese liegen innerhalb der Produktionsmöglichkeitskurve US) diejenige Kombination K zu realisieren, die auf einer Indifferenzkurve mit dem höchsten realisierbaren Wohlfahrtsniveau[301] liegt (W_1 in Abb. 2).

---

295 Vgl. Tischler 1994, S. 5 f. Wicke et alt. unterscheiden entsprechend zwischen *betrieblicher Umweltökonomie* und *(volkswirtschaftlicher) Umweltökonomie*. Vgl. Wicke et alt. 1992, S. 16 ff.

296 Auch im Vergleich zu anderen umweltpolitischen Instrumenten.

297 In Ausnahmefällen ist sicher auch eine komplementäre Beziehung vorstellbar. Man denke beispielsweise an die positiven Beschäftigungseffekte einer wachsenden Umweltindustrie (verstanden als Industriezweig, der Güter zur Steigerung der Umweltqualität – z.B. technische Filteranlagen – produziert).

298 Vgl. Bergen 1976, S. 524 ff.

299 Dieses kann durch den Erreichungsgrad der wirtschaftspolitischen Stabilitätsziele Wirtschaftswachstum, Geldwertstabilität, Vollbeschäftigung und Ausgeglichenheit der Zahlungsbilanz definiert werden. Vgl. Altmann 1992, S. 8 ff und Poser 1994, S. 11 ff. Neben den vier Stabilitätszielen nennen beide Quellen weitere wirtschaftspolitische Globalziele wie die Verteilungsgerechtigkeit, die soziale Sicherheit und auch den Umweltschutz.

300 Hierzu gehören Produktions- und Umweltschutztechnik.

301 Diesmal ist auf das ‚Gesamtwohlstandsniveau' abgestellt, das sich aus einer Kombination aus dem ‚materiellen Wohlstand' (im Beispiel ist der Indikator hierfür das gesamtwirtschaftliche Gleichgewicht) und der Umweltqualität ergibt.

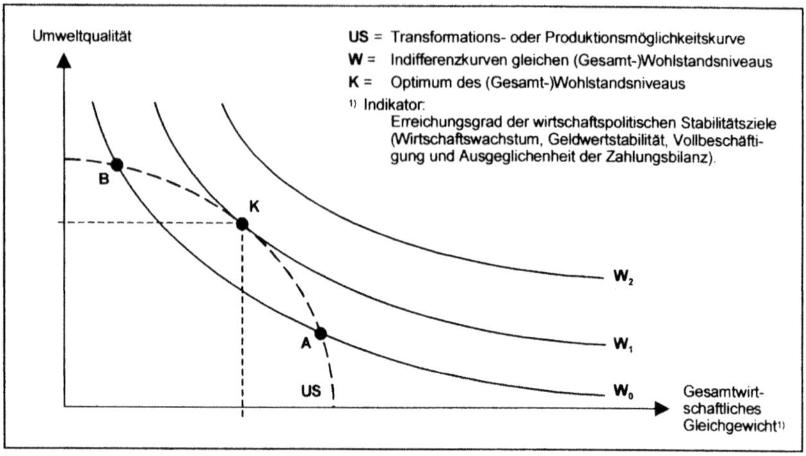

Abbildung 2: Optimale Umweltqualität und optimales (Gesamt-)Wohlstandsniveau.

Quelle: Eigene Darstellung; vgl. Wicke 1993, S. 15.

Eine Optimierung der Umweltqualität und damit des Umweltschutzniveaus würde eine vollständige Internalisierung des Umweltproblems in die Wirtschaftspolitik bedeuten. In der Praxis scheitert ein solches Vorgehen aus mehreren Gründen[302]:

1. Eine quantitative Identifizierung und Bewertung der wirtschafts- und umweltpolitischen Ziele ist in aller Regel nicht möglich.
2. Eine Bewertung der Zielkombinationen und damit die Lage und der Verlauf der Indifferenzkurven ist im allgemeinen nicht zu leisten.
3. Ausreichende Informationen über die Realisierungsmöglichkeiten[303] der wirtschafts- und umweltpolitischen Ziele und damit über den Verlauf und die Lage der Transformationskurve gibt es in der Praxis kaum.

Damit ist eine vollständige Internalisierung der Umweltnutzung in die wohlfahrtsökonomischen Optimierungsmodelle derzeit nicht zu leisten. Auch in dieser Arbeit muß daher auf andere Kalküle zurückgegriffen werden[304].

---

302 Vgl. Wicke 1993, S. 16 ff.

303 Hierzu gehören insbesondere auch die Kosten der Zielerreichung, ausgedrückt in Einheiten des jeweils anderen Gutes, Umweltqualität bzw. wirtschaftliche Stabilität.

304 Vgl. die ausführliche Diskussion weiter unten.

5.1.2 Leistung eines Beitrages zur Kostenminimierung bei der Erreichung umweltpolitischer Ziele

Ziel der Umweltpolitik der Bundesregierung ist es, „den Zustand der Umwelt so zu erhalten und zu verbessern, daß

- bestehende Umweltschäden vermindert und beseitigt werden,
- Schäden für Mensch und Umwelt abgewehrt werden,
- Risiken für Menschen, Tiere und Pflanzen, Natur und Landschaft, Umweltmedien und Sachgüter minimiert werden,
- Freiräume für die Entwicklung der künftigen Generationen sowie Freiräume für die Entwicklung der Vielfalt von wildlebenden Arten sowie Landschaftsräumen erhalten bleiben und erweitert werden."[305]

Aus diesen umweltpolitischen Leitbildern lassen sich eine Vielzahl konkreter umweltpolitischer Teilziele entwickeln[306]. Daneben ist es denkbar, umweltpolitische Einzelziele aus einer wirtschaftstheoretischen (Kosten-)Optimierungsüberlegung[307] abzuleiten. Die Zielfunktion ist die Summe aus den Kosten der jeweiligen Umweltverbesserungsmaßnahmen[308] und den Kosten der trotzdem noch entstehenden Umweltbelastungen.
Die Lage des Gesamtkostenminimums gibt dabei den Wert des optimalen Umweltschutzniveaus an (vgl. die folgende Abbildung 3).

---

305 Vgl. Bundesumweltministerium (Hrsg.) 1990.

306 Eine Aufzählung auch nur eines Teils dieser Ziele würde den Rahmen der vorliegenden Arbeit sprengen. Vgl. hierzu u.a. Wicke 1993, S. 120 ff und Stengel, Wüstner 1997, S. 10 ff.

307 In der Wohlfahrtsökonomie wird vorwiegend das Pareto-Kriterium zur Ermittlung der (sozialen) Optimalität eines Zustands herangezogen. Eine ausführliche Erläuterung des Pareto-Kriteriums sowie anderer Optimalitäts- bzw. Effizienzkriterien folgt weiter unten. Vgl. Kap. 5.2.2 und Kap. 5.2.4.1.

308 Hierzu zählen neben den Kosten für den Einsatz von umweltschonenden Technologien auch Opportunitätskosten, die durch den Verzicht auf ein höheres Produktionsniveau entstehen.

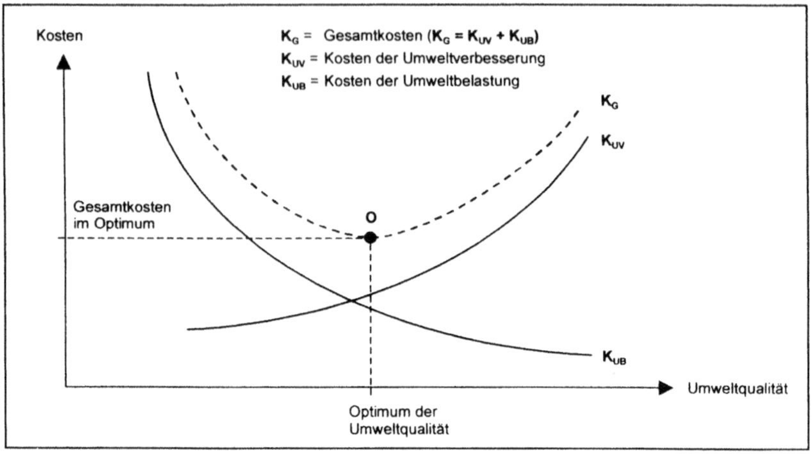

Abbildung 3: Kostenoptimale Umweltqualität.
Quelle: Eigene Darstellung; vgl. Wicke 1993, S. 20.

In der Praxis wird auch diese Optimierung nicht quantitativ darstellbar sein. Während bereits die Kosten der Umweltschutzmaßnahmen oft nur äußerst schwer zu beziffern sind[309], stellt die Monetarisierung der Umweltbeeinträchtigung ein noch nicht zufriedenstellend gelöstes Problem dar[310]. Hinzu kommt die in der Regel kaum mögliche (kausale und regionale) Zurechnung von Umweltschutzaufwendungen zu bestimmten Umweltverbesserungen.
In der Praxis scheidet daher auch das Kalkül der gesamtwirtschaftlichen Kostenminimierung aus. Aus den genannten Gründen ist es derzeit nicht möglich, die umweltpolitischen Teilziele mit Hilfe von umweltökonomischen Modellen quantitativ abzuleiten. Es bleibt nur die Möglichkeit, sie in Form eines politischen Akts als umweltpolitischen Mindeststandard[311] exogen vorzugeben. Es zeigt sich, daß für diesen Fall die Art und Weise, wie diese Umweltstandards erreicht werden können, sehr wohl einer umweltökonomischen Optimierung zugänglich sind. Für diese Arbeit ergibt sich die konkrete Fragestellung, ob die extern vorgegebenen Umweltstandards am besten mit Hilfe des umweltpolitischen Instruments Umweltaudit zu realisieren sind oder nicht.

---

309 Man denke an die angesprochenen Opportunitätskosten bei Produktionsverzicht.

310 Zur Monetarisierung von Umweltschäden vgl. die ausführliche Diskussion bei Endres, Holm-Müller 1996/1, 1996/2 und 1996/3, Bartmann, Busch 1998, S. 21 ff und Heinz 1990, S. 15 ff.

311 Vgl. Zimmermann 1993, S. 102.

5.1.3 Beratende Funktion der Umweltpolitik: Bewertung und Entwicklung umweltpolitischer Instrumente

Die vielleicht wichtigste Aufgabe der Umweltökonomie ist ihre allgemein politikberatende Funktion[312]. Hierzu gehört es auch, Instrumente zur Durchsetzung umweltschützender Maßnahmen (umweltpolitische Instrumente) unter Effizienzgesichtspunkten zu entwickeln und zu bewerten. Angewandt auf das Umweltaudit nach EG-Verordnung 1836/93 gilt es also, dieses umweltpolitische Instrument im Vergleich zu anderen zu bewerten und konkrete Empfehlungen für die Ausgestaltung des neuen Instruments abzuleiten.

5.2 Relevante Prinzipien und Leitbilder der Umweltpolitik

Für die vorliegende Arbeit sind einige Prinzipien und Leitbilder der Umweltpolitik von Bedeutung. Nachfolgend werden sie kurz erläutert.

5.2.1 Vision des Sustainable Development

Das Umweltauditsystem nach EG-Verordnung 1836/1993 „ist eingebettet in ein umweltpolitisches Zielbündel, das über den einzelbetrieblichen Umweltschutz weit hinausgeht."[313] Eine hohe Bedeutung für die Formulierung umweltpolitischer Globalziele hatte das Jahr 1992, in dem die Konferenz für Umwelt und Entwicklung der Vereinten Nationen[314] das Konzept der nachhaltigen Entwicklung[315] zum weltweit gültigen umweltpolitischen Maßstab erhob[316] und in Europa mit dem 5. Umweltaktionsprogramm der EG[317] ein bereits hierauf basierendes Maßnahmenprogramm verabschiedet wurde.

---

312 Vgl. Wicke 1993, S. 22 ff.

313 Kanning 1998, S. 11. Vgl. auch Nissen 1999, S. 206.

314 United Nations Conference on Environment and Development. Sie fand 1992 unter Beteiligung von 178 Staaten in Rio de Janeiro statt. Eine große Bedeutung für das Konzept der nachhaltigen Entwicklung haben von den fünf Abschlußdokumenten der Konferenz (die Klimakonvention, die Konvention über biologische Vielfalt, die Walderklärung, die Rio-Deklaration und die Agenda 21) vor allem die Rio-Deklaration mit ihren 27 Grundsätzen zu Umwelt und Entwicklung und die Agenda 21, ein umfangreiches umweltpolitisches Aktionsprogramm für das 21. Jahrhundert. Vgl. Bundesumweltministerium (Hrsg.) 1997/3, S. 7 und S. 10.

315 Im angloamerikanischen Sprachraum ist die Bezeichnung ‚sustainable development' verbreitet.

316 Vgl. Bundesumweltministerium (Hrsg.) 1997/3, S. 10. Zum Konzept ‚sustainable development' vgl. auch Bundesumweltministerium (Hrsg.) 1997/1 und Bundesumweltministerium (Hrsg.) 1997/2.

Aus volkswirtschaftlicher bzw. umweltökonomischer Sicht bedeuten die Ergebnisse der Konferenz in Rio eine Abkehr vom traditionell dominierenden Leitbild der sozialen Wohlfahrtsmaximierung, in dem sich die Gesamtwohlfahrt einer Gesellschaft aus der Aggregation der Wohlfahrt der einzelnen Individuen ergibt. Vor allem zwei Aspekte werden von diesem traditionellen Modell systematisch vernachlässigt: Die Frage einer gerechten Verteilung des geschaffenen Wohlstands – in globaler Perspektive die internationale Verteilungsgerechtigkeit[318] – und eine angemessene Berücksichtigung der Bedürfnisse nachfolgender Generationen, die intergenerative Gerechtigkeit[319]. Daneben erkannte man, daß der traditionelle Wohlfahrts- bzw. Wohlstandsbegriff immaterielle und damit nicht monetarisierbare Komponenten der Lebensqualität vernachlässigt.

Das Konzept der nachhaltigen Entwicklung betont darüber hinaus die Interdependenzen der ökologischen, ökonomischen und sozialen Sphäre. Man erkannte, daß außerdem die Frage der gesellschaftlichen Entscheidungsmechanismen herausragende Bedeutung für den Umweltschutz hat. Als Folge hiervon stellte man zur Gliederung der umweltpolitischen Ziele bzw. Handlungsempfehlungen ein pyramidenförmiges Raster vor, das durch die vier Dimensionen Ökologie, Ökonomie, Soziales und Institutionen aufgespannt wird[320] (vgl. die nachfolgende Abbildung 4).

---

317 Vgl. Bundesumweltministerium (Hrsg.) 1995/2, S. 4: „Leitbilder ...".

318 Zu den internationalen Aspekten der Umweltpolitik vgl. die Monographien Althammer 1998, Hey 1994 und Simonis 1996.

319 In der traditionellen Wohlfahrtsökonomie führt die Diskontierung des für zukünftige Generationen erwirtschafteten Wohlstands zu einer geringeren Gewichtung ihrer Bedürfnisse. Damit kann eine vollständige Aufzehrung einzelner natürlicher Ressourcen oder biologischer Arten nach diesem Modell rational sein.

320 Vgl. Forum Umwelt und Entwicklung (Hrsg.) 1997, S. 15 ff. Vgl. auch Bundesumweltministerium (Hrsg.) 1997/3, S. 9 f.

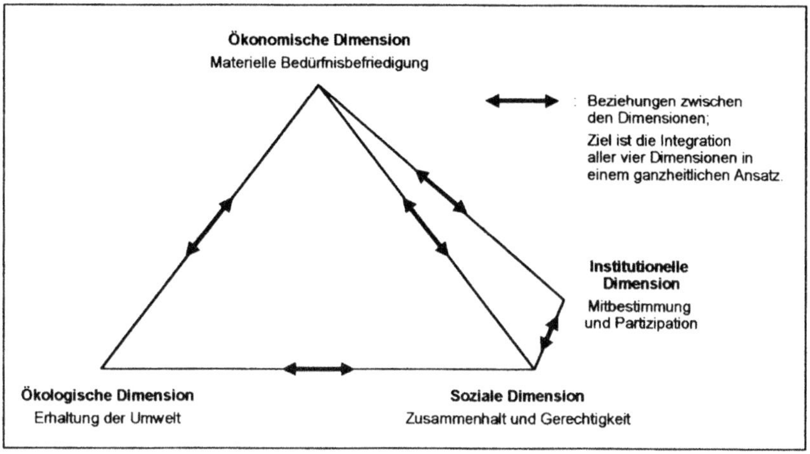

Abbildung 4: Die vier Dimensionen der Nachhaltigkeit.

Quelle: Forum Umwelt und Entwicklung (Hrsg.) 1997, S. 15 ff.

Von Bedeutung ist schließlich auch, daß das 5. Umweltaktionsprogramm der EG noch im Jahr 1992 die Idee der nachhaltigen Entwicklung aufnahm und aus ihr erste Handlungsempfehlungen ableitete[321].

5.2.2 Implikationen des Nutzenkonzepts

Wirtschaftstheoretische Basis der vorliegenden Arbeit ist zunächst die Wohlfahrtsökonomie, deren wichtiges Kriterium die Pareto-Optimalität ist: „Ein Zustand ist dann gesellschaftlich (volkswirtschaftlich) optimal, wenn es nicht mehr möglich ist, durch eine Änderung dieses Zustands auch nur ein Mitglied der Ökonomie besser zu stellen, ohne ein anderes Mitglied schlechter zu stellen."[322] Auf die Versorgung einer Volkswirtschaft mit Gütern bezogen, bedeutet dies, daß derjenige Zustand optimal ist, der den größten Nettonutzen stiftet, bei dem also die Differenz aus der Summe der von den einzelnen Wirtschaftseinheiten empfundenen Nutzen aus dem Gebrauch bzw. Verbrauch aller Güter (Bruttonutzen) und den hierfür zu entrichtenden Kosten maximal ist.

---

321 Vgl. Bundesumweltministerium (Hrsg.) 1995/2, S. 4.

Die folgenden Kapitel zeigen, daß dieses Modell und insbesondere das Pareto-Kriterium in der praktischen Umweltpolitik nur mit Einschränkungen anwendbar sind.

5.2.2.1 Konsumentensouveränität, Informationsgrad des Konsumenten und Informationsökonomie

Zunächst muß darauf hingewiesen werden, daß der verwendete wirtschaftstheoretische Ansatz, die Wohlfahrtsökonomie, auf dem Wertkonzept der Konsumentensouveränität fußt. Dies beinhaltet, daß der individuelle Wert, den ein Gut für einen bestimmten Konsumenten hat, ausschließlich von dessen individuellen Nutzenempfindungen (Präferenzen) abhängig ist[323]. Nimmt man diese als gegeben hin[324], werden allerdings einige Zusammenhänge des realen Wirtschaftslebens ausgeblendet. Insbesondere wird nicht berücksichtigt, daß der Informationsstand des Konsumenten Einfluß auf seine Präferenzen haben könnte[325]. In neuerer Zeit ist es im Rahmen der Informationsökonomie gelungen, Probleme des (mangelnden) Informationsgrads des Konsumenten einer Lösung zuzuführen[326].

5.2.2.2 Dynamik der Präferenzen

Aus dem Umstand, daß Präferenzen in der Praxis nicht als absolut konstant angesehen werden können, ergeben sich weitere Probleme: Viele Umweltaspekte betreffen einen beträchtlichen Zeitraum und oftmals fallen die mit der Duldung, Vermeidung oder Beseitigung einer Umweltbeeinträchtigung verbundenen Kosten und Nutzen zeitlich weit auseinander[327].

---

322 Vgl. Kapp 1988, S. 31 und Endres 1995/1, S. 15. Dabei werden die Transaktionskosten, die ein Übergang zwischen verschiedenen Zuständen mit sich bringen würde, systematisch vernachlässigt.

323 Rückt man von diesem Wertkonzept ab, hat dies eine wohl kaum auflösbare Verkomplizierung zur Folge. Weder wäre zu klären, wer den Nutzen einer gegebenen Situation bewerten sollte, noch nach welchen Kriterien sich eine solche Instanz zu richten hätte. Hennecke zeigt, daß ein Infragestellen des individuellen Nutzenkonzepts dazu führt, daß der zu verwendende Wohlfahrtsbegriff und damit die Wohlfahrtsökonomie unscharf werden. Vgl. Hennecke 1999, S. 10 ff.

324 Dies entspricht der überwiegend herrschenden Meinung. Vgl. Endres 1995/1, S. 29.

325 Beispielsweise hat Produkt-Werbung auf die Konsumenten sicherlich Auswirkungen im Sinne einer Veränderung ihrer Präferenzen. Für diese Arbeit wird in einer späteren Betrachtung von Bedeutung sein, daß das Gewicht, das die Konsumenten bei der Kaufentscheidung der Frage zumessen, ob ein Produkt umweltgerecht ist, durch neue Informationen sehr wohl beeinflußt werden kann. Vgl. Kap. 5.6.3.1.4.

326 Die Idee der Informationsökonomie ist es, Probleme der (in der Regel mit Kosten oder mindestens Opportunitätskosten verbundenen) Informationsbeschaffung und -verarbeitung selbst als ökonomisches Problem anzusehen. Vgl. Endres 1995/1, S. 30.

327 Man denke beispielsweise an Altlasten. Vgl. auch Endres, Holm-Müller 1996/3, S. 102.

Mit zunehmender Zeitspanne sind die Präferenzen der betroffenen Individuen aber auch einer zunehmenden Veränderung unterworfen. Noch deutlicher wird das Problem, wenn die entsprechenden Zeiträume mehrere Generationen umspannen. Dann sind nicht nur die Veränderungen der Präferenzen der lebenden Individuen zu berücksichtigen, sondern auch die Frage, welche Individuen in Zukunft gar nicht mehr leben und von den Umweltauswirkungen betroffen sein werden und welche Präferenzen die heute noch nicht lebenden Menschen haben werden, die in Zukunft betroffen sind. Es ergibt sich die Frage, in welcher Weise die veränderten Präferenzen heutiger Generationen und die Vorlieben zukünftiger Generationen bei heute getroffenen umweltökonomischen Entscheidungen Berücksichtigung finden sollen und inwieweit aus den Präferenzen der heute lebenden Generationen überhaupt auf die Präferenzen nachfolgender Generationen geschlossen werden kann. In der Umweltökonomie begegnet man diesem sogenannten intertemporalen Allokationsproblem in der Regel durch eine Diskontierung der zukünftigen Nutzen und Kosten, also durch eine geringere Gewichtung der Präferenzen nachfolgender Generationen[328]. Dieses aus der privatwirtschaftlichen Investitionsrechnung bekannte Verfahren[329] läßt sich auf verschiedene Weise rechtfertigen[330]. Zunächst ist der Eintritt zukünftiger Nutzen und auch Kosten nicht absolut sicher und somit bei der individuellen Konsumentscheidung und auch bei der öffentlichen und privatwirtschaftlichen Investitionsentscheidung mit einem Wahrscheinlichkeitsfaktor zu belegen[331]. Weiterhin gilt die betriebswirtschaftliche Überlegung, daß heutige Erträge aus der Nutzung von Umweltressourcen erneut investiert und somit im Zeitablauf gemehrt werden können. Deshalb sind sie höher zu bewerten als zukünftige Erträge[332].

---

328 Vgl. Sohmen 1976, S. 168 ff, Hödl et alt. 1991, S. 8 ff, Endres, Holm-Müller 1996/1, S. 20 ff und Endres, Holm-Müller 1996/3, S. 102 ff. Grundsätzlich denkbar wäre es, statt dieser utilitaristischen Nutzenfunktion, die auf der Addition aller Kosten- und Nutzenkomponenten beruht, auch folgende egalitäre Alternative zu verwenden: „Gesucht wird die Verteilung, bei der die schlechtest gestellte Generation ... am besten dasteht. ... Letztendlich läuft dieser Ansatz auf das Auffinden des höchsten für alle Generationen aufrecht zu erhaltenen Wohlfahrtsniveaus heraus." Endres, Holm-Müller 1996/1, S. 23.

329 Sogenannte Barwert-, Kapitalwert- oder Diskontierungsmethode. Vgl. Wöhe 1986, S. 689 ff.

330 Vgl. Endres, Holm-Müller 1996/3, S. 104 ff und Endres, Holm-Müller 1996/1, S. 21.

331 Sogenannte Erwartungswertmethode. Vgl. Wöhe 1986, S. 704 ff. Bei langen Zeiträumen kann beispielsweise der Fall auftreten, daß ein Individuum die in ferner Zukunft anfallenden Nutzen gar nicht mehr erlebt. Interessant ist in diesem Zusammenhang auch der Fall Risiko-averser Entscheidungsträger. Wie Endres für den Abbau von erschöpflichen natürlichen Ressourcen zeigt, ist die optimale Umweltnutzung in der Gegenwart nun nochmals höher als es bei Risiko-neutralen Entscheidungsträgern der Fall wäre. Vgl. Endres, Holm-Müller 1996/1, S. 46 ff.

332 Sogenanntes Opportunitätskostenprinzip. Vgl. Endres, Holm-Müller 1996/3, S. 104 und Wöhe 1986, S. 701 ff. Die umgekehrte Überlegung gilt für Kosten der Umweltnutzung.

Auch kann eine positive Diskontrate aus der Existenz eines technischen Fortschritts[333] abgeleitet werden, der es in Zukunft ermöglicht, mit gleichem Ressourceneinsatz – auch hinsichtlich der Nutzung von Umweltressourcen – mehr Güter und Dienstleistungen zu produzieren als heute. Schließlich wird als weiteres Argument die Möglichkeit angeführt, daß eine sich verändernde Umwelt auch Rückwirkungen auf die individuellen Präferenzen im Sinne von Anpassungsreaktionen oder Gewöhnungseffekten auslöst[334].

Auf der anderen Seite wird angeführt, daß die Ansetzung einer positiven Diskontrate für lange Zeithorizonte grundsätzlich problematisch sei, da durch die hieraus resultierende höhere Umweltnutzung in der Gegenwart nicht nur die Umweltnutzungsmöglichkeiten heute lebender Individuen in der Zukunft reduziert werden, sondern auch die zukünftiger Generationen, die heute noch keinen Einfluß auf die Entscheidungsprozesse haben können.

Vielleicht noch schwerer wiegt das Argument, daß eine positive Diskontrate zum schnellen Verbrauch vermutlich nicht substituierbarer Ressourcen[335] und damit zur Vernichtung der Lebensgrundlage zukünftiger Generationen führen kann[336]. In der Praxis besteht darüber hinaus regelmäßig die Gefahr, daß die einzelwirtschaftlichen Entscheidungsträger ihre private intertemporale Diskontrate zu hoch ansetzen, da das Wohlergehen zukünftiger Generationen den Charakter eines öffentlichen Gutes hat, dessen hinreichende Bereitstellung am Trittbrettfahrerproblem scheitert[337].

Nach Endres dürften „die Vertreter positiver Diskontraten ... unter den Ökonomen immer noch die Mehrheit besitzen.“[338] Er zeigt zudem die Möglichkeit auf, unterschiedliche Diskontraten anzusetzen[339], und sich außerdem mit Hilfe von Sensitivitätsanalysen ein Bild über die Konsequenzen einer abweichenden Annahme der intertemporalen Diskontrate zu verschaffen.

333 Zu den Konsequenzen einer Berücksichtigung des technischen Fortschritts vgl. weiter unten.

334 Ein Beispiel hierfür gibt Endres an: Da heute kaum noch jemand erwartet, im Rhein baden zu können, wird der entgangene Nutzen durch eine schlechte Qualität des Rheinwassers unter Umständen gar nicht mehr so hoch eingeschätzt wie es früher der Fall gewesen wäre. Vgl. Endres, Holm-Müller 1996/3, S. 105.

335 Ein Beispiel ist die Ozonschicht der Erde. Vgl. die Diskussion bei Althammer 1998, S. 14 ff.

336 Vgl. Endres, Holm-Müller 1996/3, S. 104 f.

337 Endres erwähnt dies im spezielleren Zusammenhang der Ökonomie erschöpflicher Ressourcen. Noch problematischer ist der Fall der Allmende-Ressource (common property ressources), der bei mehreren Ressourcen-Anbietern zu einem Abbauwettlauf und damit zum Ressourcenraubbau führt. Vgl. Endres, Holm-Müller 1996/1, S. 40 ff.

338 Endres, Holm-Müller 1996/3, S. 106.

339 „Je nach Bedeutung der Umweltressource und Langfristigkeit der zu beurteilenden Wirkungen“, vgl. Endres, Holm-Müller 1996/3, S. 106.

Schließlich muß noch darauf hingewiesen werden, daß bereits die Festsetzung des Diskontierungsfaktors ein Werturteil darstellt, das aber auf die aus einem solchen Modell abgeleiteten Ergebnisse, insbesondere auch auf die intertemporale und intergenerative Verteilungsgerechtigkeit, erheblichen Einfluß haben kann. Insbesondere kann eine bei einer bestimmten angenommenen sozialen Diskontrate optimal erscheinende Ressourcennutzung eine intergenerative Ressourcenverteilung zur Folge haben, die unter dem Blickwinkel anderer Werturteile unakzeptabel erscheint[340]. Dabei wird die Festsetzung des Diskontierungsfaktors zusätzlich dadurch erschwert, daß sowohl das Ausmaß des zu erwartenden technischen Fortschritts, als auch die Tendenz der intertemporalen Änderung der Präferenzen nur äußerst schwer zu prognostizieren sind[341].

5.2.2.3 Ordinales Nutzenkonzept

In der Wohlfahrtsökonomie ergibt sich die Allokation aller Güter aus den jeweiligen Konsumentennutzen. Ein Problem folgt nun aus der Tatsache, daß diese individuellen Nutzen weder meßbar, noch auf einer kardinalen Skala beschreibbar sind. Zwar sind die Konsumenten in der Regel in der Lage, die Nutzen verschiedener Zustände zu ordnen, nicht aber, sie einem objektiven Maßstab entsprechend quantitativ zu bewerten[342]. Ein Ausweg könnte die Verwendung von Zahlungsbereitschaften bzw. Vermeidungskosten sein. Beim Konzept der Zahlungsbereitschaft wird der Betrag ermittelt[343], den ein bestimmter Konsument zu zahlen bereit ist, um einen positiven Zustand[344] zu erreichen bzw. einen negativen[345] abzuwenden.

---

340 So beispielsweise hinsichtlich der intergenerativen Verteilungsgerechtigkeit. Vgl. Endres, Holm-Müller 1996/1, S. 38 f. Denkbar ist auch der Konflikt mit ***intra***generativen Werturteilen. So ist es z.B. vorstellbar, daß der ökonomisch optimale vollständige Verzehr einer bestimmten Ressource – z.B. der Erdölreserven – vor allem die Volkswirtschaften trifft, die sich Substitutionsprodukte oder -technologien – wie die Brennstoffzelle oder Wasserstoff als Antriebsmittel für den Individualverkehr – nicht leisten können, beispielsweise die Entwicklungsländer.

341 Sohmen führt weiter an, daß sich im Zeitablauf auch die politischen und rechtlichen Rahmenbedingungen von Volkswirtschaften ändern können oder außerökonomische Faktoren – zu denken ist etwa an Naturkatastrophen oder Kriege – zu erheblich veränderten Modellvoraussetzungen führen können. Vgl. Sohmen 1976, S. 168 f.

342 Vgl. Eidenmüller 1995, S. 45. Auch die von Morgenstern und von Neumann aus Entscheidungen unter Unsicherheit abgeleiteten kardinalen Nutzenfunktionen ermöglichen aufgrund des fehlenden einheitlichen Maßstabes keine interpersonalen Nutzenvergleiche. Vgl. Eidenmüller 1995, S. 46.

343 Beispielsweise durch Befragung der Konsumenten (der sogenannte ‚kontingente Bewertungsansatz'); vgl. Endres, Holm-Müller, 1996/1, 1996/2 und 1996/3.

344 Beispielsweise ein definiertes Umweltschutzniveau.

345 Z.B. die Emission eines umweltgefährdenden Stoffes.

Hierbei wird der Nutzen eines herbeizuführenden Zustands nicht nur kardinal bewertet sondern sogar in Geldwerten beschrieben.
Beim Vermeidungskostenansatz werden die Kosten einer Umweltbeeinträchtigung aus den Kosten abgeleitet, die zur Vermeidung der Umweltbeeinträchtigung[346] aufgewendet werden müßten. Da es bei beiden Ansätzen nicht auf die tatsächliche Realisierung der Zahlungsbereitschaften bzw. Vermeidungskosten ankommt, ist ihre Anwendung auch bei nicht marktfähigen Gütern denkbar. Trotzdem kann bei näherer Betrachtung von keinem der vorgestellten Ansätze in der praktischen Anwendung eine befriedigende Lösung des Monetarisierungsproblems erwartet werden. Ungelöst sind zahlreiche Teilaspekte, so z.B. die Bewertung von Risiken für ‚Leib und Leben', der Einfluß der Zahlungsfähigkeit (also des Wohlstands) auf die Zahlungsbereitschaft, die Ableitung einer gerechten intergenerativen Diskontrate, die Bewertung von nutzungsunabhängigen Nutzenkomponenten[347] und nicht zuletzt die Unsicherheit der nach heutigem Stand der Technik erhobenen Umweltdaten und abgeleiteten naturwissenschaftlichen Ursache-Wirkungs-Zusammenhängen.[348].

5.2.2.4 Das Aggregationsproblem

Untersucht man empirisch die Zahlungsbereitschaft von Individuen für die Vermeidung bestimmter Umweltbeeinträchtigungen, so stößt man auf ein weiteres Problem: Untersuchungen haben ergeben, daß die Zahlungsbereitschaft für die simultane Verringerung aller Umweltschäden geringer ist als die Summe der für jeden einzelnen Schaden erhobenen Zahlungsbereitschaften[349]. Dies zeigt, daß es gegenseitige Abhängigkeiten zwischen den Bewertungen verschiedener Umweltbeeinträchtigungen gibt.
Noch einmal sei darauf hingewiesen, daß das wohlfahrtsökonomische Kalkül der Pareto-Optimalität kein individuelles Konzept ist. Vielmehr aggregiert es Nutzen und Kosten regional und interpersonell[350].

---

346 Beispielsweise durch Einbau von Filteranlagen oder auch durch Verzicht auf einen Teil der Produktion.

347 Beispielsweise Existenzwert, Optionswert und Vermächtniswert, hierzu gehört auch der abstrakte Wert der biologischen Artenvielfalt.

348 Vgl. Endres, Holm-Müller 1996/3. Vgl. auch die Methoden zur Bewertung von Umweltschäden bei Heinz 1990, S. 15 ff.

349 Vgl. Endres, Holm-Müller 1996/3, S. 90 ff.

350 Und evt. auch intertemporal.

Bei näherer Betrachtung der naturwissenschaftlichen Wirkungszusammenhänge[351] zeigt sich aber, daß sowohl die Entstehung verschiedener einzelner Umweltbeeinträchtigungen, als auch die Auswirkungen derselben, wechselseitigen Abhängigkeiten unterworfen sind. Dies bedeutet in der Praxis, daß der monetäre Wert zweier Umweltbeeinträchtigungen in aller Regel nicht gleich der Summe der monetären Werte der einzelnen Umweltschäden sein wird. Weiterhin wird auch die interpersonelle Aggregation nicht additiv zu lösen sein: Da zwischen einzelnen Individuen wechselseitige Abhängigkeiten bestehen, ist der monetäre gesellschaftliche Wert einer Umweltbeeinträchtigung in aller Regel nicht gleichzusetzen mit der Summe der Werte aller individuellen Beeinträchtigungen für die einzelnen Individuen der Gruppe. Ein ähnliches Problem ergibt sich schließlich auch in intertemporaler Betrachtung: Die Umwelteinwirkungen verschiedener Betrachtungszeitpunkte werden sich in der Regel gegenseitig bedingen. Somit ist auch eine intertemporale Aggregation der einzelnen Umweltbeeinträchtigungen nicht ohne weiteres möglich[352]. Damit scheidet die Partialanalyse, ein analytisches Vorgehen, das jede Umweltbeeinträchtigung für sich behandelt, aus. Gleichzeitig ist derzeit aber auch eine Gesamtbetrachtung (Totalanalyse) wegen der aus der Größe des zu betrachtenden Systems resultierenden Datenfülle nicht möglich.

5.2.3 Das umweltpolitische Verursacherprinzip

„In der Umweltpolitik folgt die Bundesregierung dem Prinzip der Umweltvorsorge, dem Verursacherprinzip und dem Prinzip der Kooperation.“[353] „Mit der Durchsetzung des Verursacherprinzips in der Umweltpolitik strebt die Bundesregierung an, die Kosten zur Vermeidung, zur Beseitigung oder zum Ausgleich von Umweltbelastungen dem Verursacher zuzurechnen. ... Alle umweltpolitischen Maßnahmen (Instrumente), die sich an diesem Prinzip orientieren, haben die Aufgabe, die Umweltschäden als ‚externe Kosten' bzw. ‚soziale Zusatzkosten'[354] von Produktion und Konsum in möglichst großem Maße ... in das Nutzen-Kosten-Kalkül der Umweltbeeinträchtiger einzubeziehen, d.h. diese Kosten zu ‚internalisieren'.“[355]

---

351 Ein Beispiel gibt Wicke an; vgl. Wicke 1993, S. 153 ff.

352 Dies gilt unabhängig vom gewählten intergenerativen Diskontierungsfaktor.

353 Bundesumweltministerium (Hrsg.) 1995/2, S. 5.

354 Vgl. Endres 1995, S. 19 ff, Wicke 1993, S. 43 ff, Leining 1998, S. 10 ff, Frey 1992, S. 43 ff, Tischler 1994, S. 30 f und Sohmen 1976, S. 221 ff. Vgl. auch weiter unten.

355 Wicke 1993, S. 150 f, Hervorhebungen vom Verfasser.

Voraussetzung für die Anwendung des Verursacherprinzips ist natürlich die Zurechenbarkeit von speziellen Umweltbeeinträchtigungen zu konkreten Verursachern. Bereits die letzten Kapitel haben aber gezeigt, daß nach derzeitigem Stand von Wissenschaft und Technik weder die Ursache-Wirkungs-Beziehungen von Umweltbeeinträchtigungen in jedem Fall aufgedeckt werden können noch in der Regel eine Monetarisierung der Schäden möglich ist[356]. Insbesondere wenn eine Umweltbeeinträchtigung mehrere Ursachen und damit Verursacher haben kann[357], wird weder zu klären sein, inwieweit ein bestimmter Verursacher das Auftreten einer Umweltbeeinträchtigung bewirkt oder zumindest verstärkt hat (Kausalität) noch für welchen Anteil am entstandenen Schaden[358] er verantwortlich ist (zu verantwortende Schadenssumme)[359]. Deshalb haben neben dem Verursacherprinzip in der bundesdeutschen Umweltpolitik weitere Prinzipien eine große Bedeutung.

5.2.3.1 Abgrenzung zu anderen umweltpolitischen Prinzipien

In der Umweltpolitik sind neben dem Verursacherprinzip vor allem das Gemeinlast-, das Nutznießer-, das Geschädigten-, das Kooperations- und das Vorsorgeprinzip von Bedeutung. In Anwendung des **Gemeinlastprinzips** vermindert die öffentliche Hand oftmals Umweltbeeinträchtigungen unter Einsatz von öffentlichen Mitteln. Ein solches Vorgehen ist vom Markt und den Verursachern der Umweltbeeinträchtigungen unabhängig und kann daher in der Regel kaum einen Beitrag dazu leisten, Ressourcen in umweltpolitisch erwünschte Verwendungen umzuleiten[360]. Damit scheidet es als umweltpolitische Alleinstrategie aus, kann aber als flankierende Strategie und in Fällen, in denen ein sofortiges Eingreifen zur Verminderung von Umweltbeeinträchtigungen notwendig ist, eine wichtige Ergänzung des Verursacherprinzips sein. In der Praxis der deutschen Umweltpolitik beschränkt sich die Verwirklichung des Gemeinlastprinzips vor allem auf kurz- und mittelfristige Anpassungshilfen sowie auf Fälle, in denen eine Zurechnung von Umweltbeeinträchtigungen auf bestimmte Verursacher entweder nicht möglich ist oder durch bestehende Vollzugsdefizite[361] erschwert wird[362].

---

356 Vgl. Endres, Holm-Müller 1996/3 und Heinz 1990, S. 15 ff.

357 Dies ist in aller Regel der Fall.

358 Der seinerseits bereits schwer zu quantifizieren ist.

359 Vgl. Tischler 1994, S. 42. Vgl. auch Kap. 5.3.2.3.

360 Es hat daher kaum Steuerungswirkung. Vgl. Wicke 1993, S. 156 ff.

361 Zu den Vollzugsproblemen im Umweltrecht vgl. Bunde 1988, S. 30 ff.

Nach dem **Nutznießerprinzip** „zahlen die Nutznießer einer umweltpolitischen Maßnahme einen Beitrag, der denjenigen, die durch ihre umweltkonformere Tätigkeit Einkommenseinbußen erleiden, gegeben wird.“[363] In der Praxis zeigt sich eine hohe umweltpolitische Wirksamkeit des Nutznießerprinzips: Es erweist sich als leicht durchsetzbar und vermeidet die Schadensverursachung gezielt, indem die Verursacher einen monetären Anreiz bekommen, auf die Umweltbeeinträchtigung zu verzichten[364]. Problematisch erscheint aber der Umstand, daß das Nutznießerprinzip den ‚umweltökonomischen Besitzstand' gleichsam umkehrt: Die Umweltbeeinträchtigung wird als Normalfall hingenommen. Für ihre Reduzierung müssen die Nutzer der Umwelt und nicht die Verursacher von Umweltschäden zahlen[365]. Im Sinne einer optimalen Ressourcenallokation ist dies vermutlich weder ökonomisch noch ökologisch effizient und sicherlich ordnungs- und verteilungspolitisch inakzeptabel[366].

Anwendbar erscheint dieses Prinzip höchstens in Fällen, in denen eine verursachungsgerechte Kostenbelastung einen Verursacher von Umweltbeeinträchtigungen in seiner Existenz gefährden würde. Auf der Makro-Ebene ist dies beispielsweise für viele Volkswirtschaften der Dritten Welt und auch Osteuropas anzunehmen, so daß das Nutznießerprinzip hier tatsächlich praktisch angewendet wird[367].

---

362 Bundesumweltministerium (Hrsg.) 1990, S. 19: „Die öffentliche Hand soll grundsätzlich nur dann mit den Kosten für die Beseitigung von Umweltschäden belastet werden, wenn der Verursacher nicht oder nicht mehr festgestellt werden kann oder wenn akute Notstände beseitigt werden müssen und dies mit Instrumenten, die mit dem Verursacherprinzip in Einklang stehen, nicht rasch genug erreicht werden kann.“

363 Vgl. Meißner 1987, S. 199. Ein Beispiel für die Anwendung dieses Prinzips ist der baden-württembergische Wasserpfennig, bei dem aus Erlösen aufgrund eines erhöhten Frischwasserpreises Entschädigungen an diejenigen Landwirte gezahlt werden, die auf eine umweltbeeinträchtigende Düngung verzichten und damit Ertragsschmälerungen bei ihrer Ernte hinnehmen müssen.

364 Vgl. Tischler 1994, S. 47 und Wicke 1993, S. 160 f.

365 Vgl. Tischler 1994, S. 47.

366 Vgl. Wicke 1993, S. 160 f.

367 Der Nutzen für die wirtschaftlich stärkeren Geberländer könnte beispielsweise darin bestehen, daß die unterstützten schwächeren Volkswirtschaften ihre existenzbedrohenden Umweltprobleme mit der wirtschaftlichen Hilfe lösen können und in der Folge als stärkere Nachfrager von Gütern und Dienstleistungen aus den Geberländern auftreten könnten. Auch ist daran zu denken, daß die Globalität einiger Umweltprobleme sogar zu einem unmittelbaren Nutzen für die Geberländer führt. Ein Beispiel hierfür ist die internationale Hilfe zur Erhaltung der Regenwälder in Brasilien vor dem Hintergrund des globalen Klimaschutzproblems. Vgl. Tischler 1994, S. 47.

Das **Vorsorgeprinzip**[368] fordert, daß umweltpolitische Maßnahmen nicht nur zur Abwehr drohender und zur Beseitigung bereits bestehender Umweltbeeinträchtigungen getroffen werden müssen, sondern auch zur proaktiven Verhinderung von Entwicklungen, die zu künftigen Umweltbelastungen führen können[369]. Hierzu ist sowohl die Verringerung der bestehenden Umweltnutzung zu zählen (umweltpolitische Vorsorge), als auch die Reduktion von umweltpolitischen Störungs- bzw. Unfallrisiken (umweltpolitische Gefahrenabwehr und Risikovorsorge)[370]. Damit sollen Umweltbelastungen nicht erst nachträglich bekämpft, sondern unmittelbar an der Quelle ihrer Entstehung vermieden werden. Einer umfassenden und uneingeschränkten Anwendung des Vorsorgeprinzips steht allerdings das wirtschaftspolitische Globalziel der Wohlstandssicherung entgegen, da die Generierung von Wohlstand in der Regel mit der beeinträchtigenden Nutzung von Umwelt-Ressourcen verbunden ist.

Unter dem **Kooperationsprinzip** versteht man „die Mitverantwortlichkeit und Mitwirkung der Betroffenen von umweltbeeinträchtigenden wirtschaftlichen und sonstigen Aktivitäten und die Beteiligung bei geplanten oder durchzuführenden umweltschützenden Maßnahmen."[371] Es dient dazu, die umweltpolitischen Ziele möglichst einvernehmlich zu verwirklichen.[372]

Nach dem umweltpolitischen **Schwerpunktprinzip** soll schließlich „in begründeten Fällen von relativ unwichtigen Umweltverbesserungen abgesehen, bzw. bei vergleichsweise geringen Umweltbeeinträchtigungen im Vergleich zu alternativ realisierbaren zusätzlichen und wesentlich wichtigeren Umwelt- und Naturschutzverbesserungen"[373] diese hingenommen werden, um die vorhandenen Ressourcen für dringlichere umweltpolitische Eingriffe einzusetzen.

---

368 Vgl. Bundesumweltministerium (Hrsg.) 1995/2, S. 5: „Ziel der Umweltvorsorge ist es, die natürlichen Lebensgrundlagen zu schützen und zu entwickeln und auch in Verantwortung für künftige Generationen zu sichern bzw. neu zu schaffen." Vgl. auch die ausführliche Diskussion bei Bunde 1988, S. 135 ff.

369 Vgl. Tischler 1994, S. 38 ff und Wicke 1993, S. 161 f.

370 Vgl. Bundesumweltministerium (Hrsg.) 1990, S. 15: „Verantwortung für die Umwelt bedeutet – über die Sanierung von Schäden der Vergangenheit hinaus – Verpflichtung zu einer vorsorgenden Umweltpolitik. Dabei versteht die Bundesregierung Vorsorge in einem weiteren Sinn als: Gefahrenabwehr, Risikovorsorge und Zukunftsvorsorge."

371 Vgl. Wicke 1993, S. 166 f.

372 Vgl. Bundesumweltministerium (Hrsg.) 1995/2, S. 5: „Die Bundesregierung strebt eine möglichst weitgehende Beteiligung der gesellschaftlichen Gruppen bei der Konzeption und Durchsetzung umweltpolitischer Zielsetzungen und Maßnahmen an. Sie versteht Kooperation nicht zuletzt als Einforderung der Umweltverantwortung der Bürger, der Umweltorganisationen, der Wissenschaft, ganz besonders aber der Wirtschaft. Nachhaltige Erfolge im Umweltschutz können nur erzielt werden, wenn jeder in seinem Bereich einen Beitrag zum Umweltschutz leistet."

373 Vgl. Wicke 1993, S. 168 ff.

5.2.3.2 Dominanz des Verursacherprinzips

Für die Beurteilung des Umweltaudits nach EG-Verordnung 1836/93 ist das Verursacherprinzip ein wichtiges Leitbild. Konsequent angewandt, würde das Verursacherprinzip (theoretisch) die volkswirtschaftliche Effizienz der Leistungserstellung (und in einer ähnlichen Betrachtung auch die des Konsums) erhöhen[374]. Wenn es gelänge, alle Umweltbeeinträchtigungen (genauer: die Kosten ihrer Beseitigung bzw. Vermeidung) dem jeweiligen Verursacher anzurechnen – mithin auch alle externen Kosten zu internalisieren[375] –, würde dieser genau so lange Ressourcen in eine Reduktion der Umweltbelastung investieren, bis die Grenzkosten dieser Umweltschutzinvestitionen gleich den durch die Umweltbeeinträchtigung verursachten Grenzkosten sind. Weiter unten wird allerdings gezeigt, daß die theoretisch wünschenswerte konsequente Anwendung des Verursacherprinzips in der Praxis an Anwendungsproblemen scheitert[376].

5.2.3.3 Das Umweltaudit nach EG-Verordnung 1836/93 vor dem Maßstab der umweltpolitischen Prinzipien

Weiterhin wird sich zeigen, daß das umweltpolitische Instrument Umweltaudit in hohem Maße auf das Kooperationsprinzip setzt, aber durchaus auch den anderen vorgestellten Prinzipien nachkommt. Werden beispielsweise gestiegenen Produktionskosten aufgrund einer erhöhten Umweltgerechtigkeit der Produktion auf die Konsumenten umgewälzt[377], entspricht dies dem Nutznießerprinzip: Die Käufer des umweltgerechten Produkts tragen die Kosten der Vermeidung von Beeinträchtigungen ihrer Umwelt.

---

374 Tischler 1994, S. 41: „Das Verursacherprinzip gilt in der Marktwirtschaft als das wichtigste Prinzip einer effektiven Umweltpolitik". Bundesumweltministerium (Hrsg.) 1990, S. 19: „Das Verursacherprinzip im Umweltschutz ist Kostenzurechnungsprinzip und ökonomisches Effizienzkriterium. Danach müssen grundsätzlich demjenigen die Kosten einer Umweltbelastung angelastet werden, der für ihre Entstehung verantwortlich ist. Das Verursacherprinzip entspricht damit dem Grundgedanken der Marktwirtschaft." Bundesumweltministerium (Hrsg.) 1995/2, S. 5: „Das Verursacherprinzip im Umweltschutz ist Kostenzurechnungsprinzip und ökonomisches Effizienzkriterium: Derjenige muß die Kosten der Vermeidung oder Beseitigung einer Umweltbelastung tragen, der für ihre Entstehung verantwortlich ist."

375 Vgl. Endres 1995, S. 19 ff, Wicke 1993, S. 43 ff, Leining 1998, S. 10 ff, Frey 1992, S. 43 ff, Tischler 1994, S. 30 f und Sohmen 1976, S. 221 ff. Vgl. auch weiter unten.

376 Vgl. auch Tischler 1994, S. 42 f.

377 Vielleicht ist der Konsument gerade aufgrund des Umweltaudit-Zertifikats bereit, den erhöhten Preis für ein umweltgerecht hergestelltes Produkt zu akzeptieren.

Insbesondere mit Blick auf das im ersten Teil der vorliegenden Arbeit beschriebene Vollzugsproblem des Umweltrechts steht das Umweltaudit nach EG-Verordnung 1836/93 auch hervorragend in Einklang mit dem umweltpolitischen Schwerpunktprinzip: Indem die Verantwortlichkeit für eine umweltgerechte Produktion teilweise zurück zum Produzenten wechselt[378], werden vormals im aufwendigen Vollzug des Umweltrechts gebundene Ressourcen frei, die nun an anderer Stelle zur Vermeidung von Umweltbeeinträchtigungen eingesetzt werden können.

5.2.4 Das Leitbild einer Internalisierung externer Effekte

Bereits bei der Diskussion des Verursacherprinzips wurde deutlich, daß in der konsequenten Zurechnung der Kosten der Umweltnutzung auf die Nutzer der Umwelt-Ressourcen der Schlüssel zu einer rationalen Umweltpolitik und zu einer effizienten Ressourcenallokation liegt. Die folgenden Kapitel werden diesen Zusammenhang vertiefen.

5.2.4.1 Kalkül des (sozial) optimalen Marktgleichgewichts

In der Wohlfahrtstheorie strebt der Marktmechanismus einem Gleichgewichtszustand zu, in dem es nicht nur zur Produktion der volkswirtschaftlich optimalen (d.h. nach dem Pareto-Kriterium effizienten[379]) Gütermenge kommt, sondern diese auch optimal auf verschiedene Konsumenten verteilt und verschiedenen Produzenten zugeordnet wird[380].
Allerdings beruht dieses Modell darauf, daß sich für alle eingesetzten Ressourcen Marktpreise herausbilden, durch die jeder Ressourceneinsatz Allokationswirkungen entfalten kann. Ist dies nicht der Fall, muß es, wie die folgenden Abschnitte zeigen, zu Fehlallokationen kommen.

---

378 Dies entspricht im übrigen dem Verursacherprinzip.

379 Zur Definition der Pareto-Effizienz – synonym werden auch die Begriffe Pareto-Norm, Pareto-Maxime oder Pareto-Kriterium verwendet – vgl. Hennecke 1999, S. 10: „Nach dieser ist ein mögliches ökonomisches Arrangement B immer dann einem bestehenden Arrangement A vorzuziehen, wenn der (kostenlose) Übergang von A nach B es zuläßt, mindestens ein Individuum besser zu stellen, ohne irgendein anderes schlechter zu stellen.“ Die Kostenlosigkeit des Übergangs blendet die in der Praxis sehr wohl vorhandenen Transaktionskosten aus.

380 Effiziente Allokation in dreierlei Hinsicht. Vgl. beispielsweise Sohmen 1976, S. 73 ff.

5.2.4.2 Kollektivguteigenschaft und Ausschließungsmöglichkeit

Die Umweltnutzung ist in besonderem Maße von der Kollektivgut-Problematik betroffen. So weisen viele Umweltmedien bzw. Bereiche der schützenswerten Umwelt[381] Kollektivguteigenschaften auf. Entweder sie sind nicht aufteilbar oder ein Ausschluß von ihrer Nutzung ist nicht möglich[382]. Sie sind dadurch nicht marktfähig und die Bildung von Marktpreisen für das entsprechende Gut wird verhindert. Dadurch werden die Nutzer der entsprechenden Ressource zum Trittbrettfahrer-Verhalten angereizt. In der Regel wird niemand bereit sein, freiwillig zur Bereitstellung eines Kollektivgutes beizutragen. Als Resultat wird die Allokation von Kollektivgütern der pareto-optimalen Gleichgewichtsbildung auf Märkten entzogen. Es kommt zu einer suboptimalen Allokation[383].

5.2.4.3 Marktversagen durch externe Effekte

Ein externer Effekt besteht darin, daß die Nutzensituation eines Individuums unmittelbar und damit ohne Vermittlung über Märkte von einer Aktivität abhängt, die von einem anderen Individuum kontrolliert wird[384]. Da es für Umweltbeeinträchtigungen in der Regel keinen Markt gibt[385], sind sie als externer Effekt zu behandeln.

---

381 Hennecke weist darauf hin, daß für das Auftreten der Kollektivgutproblematik eine weitere Voraussetzung erfüllt sein muß: Es muß ein Bedarf nach dem jeweiligen Kollektivgut bestehen. Obwohl dieser in vielen Untersuchungen gar nicht bestimmt wird – als Beispiel nennt Hennecke die Arbeiten Samuelsons –, ist doch in aller Regel von der Existenz eines solchen auszugehen. So sind viele Umweltmedien Input-Faktoren von Produktionsprozessen. Darüber hinaus zeigt aber auch die in der öffentlichen Meinung zu Tage tretende Betroffenheit der Allgemeinheit von Umweltproblemen, daß von den entsprechenden Bedarfen in aller Regel ausgegangen werden kann. Vgl. auch Hennecke 1999, S. 14 f.

382 Vgl. Wicke 1993, S. 41, Frey 1992, S. 49 ff und Tischler 1994, S. 29. Einige Autoren behandeln die beiden genannten Kollektivgut-Eigenschaften getrennt voneinander. Die mangelnde Aufteilbarkeit und daraus resultierend eine Nichtrivalität im Konsum werden als ‚konstitutives Merkmal' eines Kollektivgutes bezeichnet. Unabhängig davon kann auch das Ausschließungsprinzip verletzt sein, was in der Praxis zu den gleichen Auswirkungen führt. Vgl. Sohmen 1976, S. 286 ff.

383 Vgl. Wicke 1993, S. 41 ff und Tischler 1994, S. 29: „Der individuelle Nutzenvorteil des umweltbelastenden Verhaltens wird hoch bewertet, der gesamtgesellschaftliche Nutzen einer freiwilligen Schadensbegrenzung wird dagegen niedrig bewertet."

384 Vgl. Endres 1995, S. 19 f. Eine ähnliche Definition und Beispiele externer Effekte bei Wicke 1993, S. 43 f, Leining 1998, S. 10 ff, Frey 1992, S. 43 ff und Tischler 1994, S. 30 f. Zu unterscheiden ist der hier verwendete Begriff – zur besseren Abgrenzung sprechen einige Autoren von ‚technischen externen Effekten' – von der Bezeichnung ‚pekuniärer externer Effekt' (Auswirkungen der Expansion eines Wirtschaftssektors auf andere Wirtschaftsbereiche). Vgl. die Abgrenzung bei Sohmen 1976, S. 221 f.

385 Eine Ausnahme sind durch Zertifikate regulierte Emissionsrechte.

Würde man sie monetär bewerten (was wie oben beschrieben nicht immer möglich ist[386]), gelangte man zu den sogenannten ‚externen' Kosten der Umweltbeeinträchtigungen. Die Summe aus den aus der Wohlfahrtstheorie bekannten zurechenbaren ‚internen' oder ‚privaten' Kosten und den beschriebenen externen Kosten[387] bezeichnet man als ‚soziale Kosten'. In der neoklassischen Wohlfahrtstheorie werden die externen Kosten meist nicht berücksichtigt[388]. Dies führt dazu, daß allen Aktivitäten, die mit externen Effekten verbunden sind, zu geringe Kosten zugeordnet werden. Im Allokationsmechanismus über Märkte führt dies zu erhöhten Produktionsmengen und in der Regel zu ineffizienten Verteilungen auf Konsumenten und Produzenten (sogenanntes Marktversagen)[389].

Diese Fehlallokationen sind nur vermeidbar, wenn es gelingt, die externen Kosten den Verursachern der jeweiligen externen Effekte anzulasten (Internalisierung)[390]. Auch wenn dies nicht gänzlich möglich ist[391], wird doch bereits eine Anlastung eines Teiles der externen Kosten (sogenannte Teil-Internalisierung) eine Effizienzsteigerung bewirken. Anders ausgedrückt, funktioniert der Allokationsmechanismus über Märkte um so effizienter, je besser es gelingt, einen möglichst großen Teil der externen Kosten dem jeweiligen Verursacher anzurechnen[392]. Welche Internalisierungsstrategien dies leisten können, wird weiter unten diskutiert[393].

---

386 Vgl. auch Wicke 1993, S. 60 ff und die ausführliche Diskussion bei Endres, Holm-Müller 1996/1, 1996/6 und 1996/7.

387 Zur Höhe dieser externen Kosten vgl. Steger 1992, S. 123 f.

388 Zur Allokationstheorie bei Vorliegen externer Effekte vgl. Baumol, Oates 1993, S. 7 ff.

389 Sohmen zeigt, daß die weiter oben geschilderte Kollektivgut-Problematik dem beschriebenen Marktversagen aufgrund von externen Effekten (in diesem Fall Konsumexternalitäten) allokationstheoretisch vollständig äquivalent ist, vgl. Sohmen 1976, S. 291. Vgl. auch Leining 1998, S. 30 und Frey 1992, S. 49. So läßt sich ein negativer (positiver) externer Effekt auch als Verschlechterung (Verbesserung) der Umweltqualität oder – präziser ausgedrückt – der Qualität eines oder mehrerer Umweltmedien erklären. Letztere unterliegen wie oben gezeigt der Kollektivgutproblematik. Vgl. Hennecke 1999, S. 3. Damit unterscheiden sich die Theorie der externen Effekte und die Theorie der öffentlichen Güter lediglich durch ihren Ansatzpunkt. Während erstere auf den ***Prozeß*** der Veränderung der Umweltqualität fokussiert, stellt die Theorie der öffentlichen Güter den jeweils bestehenden ***Zustand*** der Umwelt in den Mittelpunkt. Aufgrund dieser unterschiedlichen Sichtweise scheint es auch verständlich, daß verschiedene Quellen eher die Unterschiedlichkeit der beiden umweltökonomischen Ansätze betonen als ihre Gemeinsamkeiten. Vgl. Hennecke 1999, S. 7 ff.

390 Hierzu Tischler 1994, S. 31: „Externe Effekte sind volkswirtschaftlich unerwünscht und deshalb nach Möglichkeit zu vermeiden. Das kann nur geschehen, indem sämtliche mit Produktion, Verwendung und Entsorgung von Gütern entstehenden Kosten erfaßt und verursachungsgerecht zugeordnet werden. Dazu gehört auch die vollständige Erfassung und Monetarisierung der Belastungen und Schädigungen Dritter sowie der Natur."

391 Wie oben gezeigt wurde.

392 Dies unterstreicht noch einmal die überragende Bedeutung des umweltpolitischen Verursacherprinzips. Gleichzeitig wird deutlich, daß die Umweltpolitik vor der Unmöglichkeit der totalen Internalisierung aller

Interessant ist schließlich auch eine Abschätzung der Höhe der jährlich zu tragenden externen Kosten. Für Deutschland gibt es in der Literatur einige Schätzungen aus der Mitte der 80er bis zur Mitte der 90er Jahre. Sie beziffern die externen Kosten auf einen jährlichen Betrag zwischen 103 Milliarden DM (Wicke) und 203 Milliarden DM (Altmann)[394].

5.3 Umweltpolitische Instrumente

Umweltpolitische Instrumente sind „diejenigen Maßnahmen des Staates, mit denen dieser seine umweltpolitischen Zielvorstellungen durchsetzen will.“[395] Ein Ziel der vorliegenden Arbeit ist es, das Umweltaudit nach EG-Verordnung 1836/93 als umweltpolitisches Instrument zu beurteilen. Als relativ neuer Ansatz steht das Umweltauditsystem dabei in Konkurrenz zu traditionellen umweltpolitischen Instrumenten. Diese werden in der Folge kurz vorgestellt.

5.3.1 Gliederungsmöglichkeiten

Für die Flut der umweltpolitischen Instrumente sind eine ganze Reihe von Systematiken und Gliederungsmöglichkeiten denkbar[396]. Wicke unterscheidet beispielsweise einerseits danach, ob den Instrumenten das Verursacher- oder Gemeinlastprinzip[397] zugrunde liegt. Andererseits gliedert er nach dem Kriterium, ob es sich um nicht-fiskalische Instrumente handelt[398] oder um solche, die Umweltpolitik mit öffentlichen Ausgaben[399] oder Einnahmen betreiben[400].

---

externen Effekte nicht resignieren darf, sondern Schritt für Schritt nach der Internalisierung weiterer externer Effekte trachten sollte, um sich dem Pareto-Optimum anzunähern.

393 Vgl. Kap. 5.3.2.

394 Vgl. die Gegenüberstellung bei Steurer 1998, S. 62.

395 Wicke 1993, S. 193.

396 Zur Systematik umweltpolitischer Instrumente gibt Tischler nicht weniger als sieben unterschiedliche Gliederungskriterien an. Vgl. Tischler 1994, S. 158. Abweichend gliedert Brunetti nach dem Bezugsobjekt in produktbezogene, produktions- bzw. anlagenbezogene und genuin umweltbezogene Umweltmaßnahmen. Vgl. Brunetti, 1993, S. 14 f. Interessant ist auch die Gliederung nach der Art der Verhaltenssteuerung in informelle (sogenannte ‚moral suasion') sowie direkte formelle (Auflagen) und indirekte formelle (u.a. Abgaben, Subventionen, Zertifikate) umweltpolitische Instrumente. Vgl. Witt 1998, S. 22.

397 Vgl. Kap. 5.2.3.

398 Beispielsweise bei Umweltauflagen, Kooperationslösungen und umweltplanerischen Instrumenten.

399 Dies trifft zu auf den steuer-, gebühren- oder beitragsfinanzierten direkten öffentlichen Umweltschutz, auf die umweltbewußte staatliche Beschaffungspolitik, auf die (Mit-)Finanzierung von Umweltprojekten

Aus systematischen Gründen soll in dieser Arbeit in Anlehnung an Endres[401] allerdings ein anderes Gliederungskriterium in den Vordergrund treten. Da ein wesentliches Leitbild der Beurteilung des umweltpolitischen Instruments Umweltaudit dessen internalisierende Wirkung ist, sollen auch die traditionellen umweltpolitischen Instrumente danach unterteilt werden, ob es sich um Internalisierungsstrategien handelt oder keine vollständige Internalisierung externer Effekte angestrebt wird.

Außerdem erfordert die Aufgabenstellung dieser Arbeit folgende Eingrenzung. Weil das Umweltaudit nach EG-Verordnung 1836/93, das hinsichtlich seiner Zweckmäßigkeit als umweltpolitisches Instrument beurteilt werden soll, in erster Linie auf Produzenten von Gütern und Dienstleistungen zielt, steht es nicht in Konkurrenz zu allen bekannten umweltpolitischen Instrumenten. Die umweltpolitischen Maßnahmen, die ausschließlich auf die Konsumenten von Umweltgütern oder auf die öffentliche Hand selber zielen, können daher unberücksichtigt bleiben. So werden umweltplanerische Instrumente[402] und die umweltgerechte staatliche Beschaffungspolitik[403] ebensowenig diskutiert wie die Möglichkeit, das Umweltbewußtsein im Konsumverhalten durch öffentliche Informationspolitik zu beeinflussen[404].

5.3.2 Internalisierungsstrategien

Es sind verschiedene Verfahren denkbar, um die weiter oben beschriebenen externen Kosten in das Marktmodell zu integrieren (Internalisierung) und damit Fehlallokationen zu vermeiden. Die wichtigsten sind[405]

- die Pigou-Steuer,
- die Internalisierung durch Verhandlungen und
- die Internalisierung mittels Haftungsrecht.

---

privatwirtschaftlicher oder institutioneller Träger sowie auf die Förderung umweltrelevanter Forschungs- und Entwicklungsprojekte.

400 Hier sind vor allem Umweltlizenzen und Umweltabgaben zu nennen. Vgl. Wicke 1993, S. 194 und Tischler 1994, S. 156.

401 Vgl. Endres 1996/4, S. 1.

402 Eine ausführliche Diskussion bei Tischler 1994, S. 181 ff und Wicke 1993, S. 305 ff.

403 Vgl. Wicke 1993, S. 351 ff.

404 Vgl. Tischler 1994, S. 264 ff und Wicke 1993, S. 279 ff.

405 Vgl. Endres 1995/1, S, 27; zu einer ausführlichen Darstellung der Internalisierungsansätze vgl. Endres 1995/2.

5.3.2.1 Pigou-Steuer

Bei der Pigou-Steuer erhebt der Staat eine Steuer zum Ausgleich der Kosten von externen Effekten bzw. gewährt eine Subvention in Fällen, in denen ein externer Effekt positiv wirkt. In ihrer Höhe richtig bemessen, würde diese Steuer das Gut, das (bzw. die Aktivität, die) den externen Effekt verursacht, gerade soviel verteuern, daß es (sie) nur noch so viele Abnehmer fände, wie es im Falle einer Berücksichtigung der externen Effekte der Fall wäre[406]. Da allerdings in aller Regel weder die Höhe der externen Effekte, noch die Präferenzen von Konsumenten und Produzenten auch nur ansatzweise bekannt sein werden, scheitert die Internalisierung in der Praxis an der Unmöglichkeit, a priori den richtigen Steuersatz festzulegen[407].

5.3.2.2 Verhandlungen und Kompensationslösungen (Coase-Theorem)

Einen anderen Weg zur Internalisierung der externen Effekte schlug R. Coase 1960 vor. Zunächst ging er von der Tatsache aus, daß eine Fehlallokation eine nicht pareto-optimale Situation ist, in der ein Potential zur Wohlfahrtssteigerung und Besserstellung aller Beteiligten vorliegt[408]. Die Aussicht darauf, diese Besserstellung zu realisieren, sollte für alle Beteiligten ein Anreiz sein, durch Verhandlungen und entsprechende Arrangements einen Ausgleich des externen Effekts zu bewirken. Grundbedingung für das Funktionieren dieser Internalisierungsstrategie sind durch den Staat klar zugewiesene Eigentumsrechte an allen Umweltmedien[409]. Hierdurch werden alle Ressourcen zu marktfähigen Gütern gemacht, über deren entgeltliche Abtretung Verhandlungen möglich sind. Natürlich wird mit der Zuweisung der Eigentumsrechte ein verteilungswirksames Werturteil gefällt.
Denkbar sind in der Praxis alle eigentumsrechtlichen Verteilungsvarianten zwischen den beiden Extremen ‚Laissez-faire-Regel'[410] und ‚Verursacher-Regel'[411].

---

406 Vgl. Sohmen 1976, S. 231 ff und Leining 1998, S. 73 ff. Es läßt sich zeigen, daß aufgrund einer entsprechenden Überwälzung der Steuer auch in bezug auf die Verteilung der Marktgleichgewichtsmenge auf Konsumenten und Produzenten die Fehlallokationen aufgehoben wären.

407 Vgl. auch die Aufzählung der einzelnen Anwendungsprobleme bei Leining 1998, S. 82 f.

408 Dies ergibt sich aus der Definition des Pareto-Optimums; vgl. auch Endres1995/2, S. 52 ff. Ausgeschöpft ist dieses Optimierungspotential erst bei Erreichen des Pareto-Optimums, also genau dann, wenn die Fehlallokation behoben worden ist.

409 So beispielsweise auch an der Luft, am Meerwasser und ähnlichen Gütern.

410 Der Verursacher hat das Recht zu jeglicher unentgeltlichen Umweltnutzung.

In einem einfachen Modell, in dem der Verhandlungsprozeß nicht mit Transaktionskosten[412] verbunden ist, zeigt sich nun überraschenderweise das sogenannte ‚Coase-Theorem'[413]. Durch die Verhandlungslösungen stellt sich bei rationalem Verhalten aller Beteiligten nicht nur die pareto-optimale Allokation im Marktgleichgewicht wieder her, sondern darüber hinaus ist diese auch noch unabhängig von dem oben angesprochenen Werturteil, also der Vergabe der Eigentumsrechte[414].

5.3.2.2.1 Anwendungsprobleme des Coase-Theorems in der Praxis

In der Praxis liegen einige Voraussetzungen des Coase-Theorems im allgemeinen nicht vor[415]:

1. Die Zahlungsbereitschaft ist auch von der Zahlungsfähigkeit abhängig.
   Die Art der Vergabe der Eigentumsrechte hat im theoretischen Modell nach Coase zwar keine allokative Auswirkung, jedoch verteilungspolitische (distributive).

---

411 Der Verursacher muß die durch seine Umweltnutzung Beeinträchtigten in vollem Umfang entschädigen. Vgl. auch Kemper 1989, S. 20 ff.

412 Nach Coase gehören zu den Transaktionskosten u.a. Informationskosten (z.B. bereits die Identifikation der Beteiligten), Verhandlungskosten sowie Kosten der Dokumentation, Ausführung und Überwachung des Verhandlungsergebnisses; vgl. Endres 1995/2, S. 55. Vgl. auch Eidenmüller 1995, S. 93 ff. Zur Ökonomie der Transformationskosten vgl. Williamson 1996.

413 Der Ansatz von Coase wird heute auch in seiner Weiterentwicklung, dem ‚Property-rights-Ansatz' diskutiert: „Der auf Coase basierende Property-rights-Ansatz besagt im Grundsatz folgendes: Aufgabe des Staates ist der Aufbau und die Überwachung einer Rechtsordnung, die es ermöglicht, über die Nutzung der knappen Umweltressourcen den Markt entscheiden zu lassen. Hierfür sind Eigentumsrechte an diesen Ressourcen zu spezifizieren und zuzuweisen. Kann eine solche Rechtsordnung aufgebaut werden und gelingt es gleichzeitig, die Transaktionskosten beim Aushandeln der gewünschten Umweltnutzung zu begrenzen, so wird Art und Intensität der Umweltnutzung durch eine Vielzahl von Entscheidungen der privaten Wirtschaftssubjekte bestimmt, ohne daß der Staat hier weiter eingreifen müßte. Staatliche Umweltpolitik beschränkt sich in diesem Modell auf Ordnungspolitik. Diese ist eindeutig eine hoheitliche Aufgabe, an deren Erfüllung Private nur in geringem Umfang beteiligt werden können. Zu denken ist allenfalls an den Einsatz privater Unternehmen zu Kontrollaufgaben, die mit der Überwachung der Rechtsordnung verbunden sind." Hansmeyer 1992/1, S. 3 f.

414 Anschaulich liegt der Grund für das geschilderte Coase-Theorem in der Tatsache, daß die Schäden des externen Effektes (in der marginalen Betrachtung die sogenannten Grenzschäden) mit den Vermeidungskosten (in der marginalen Betrachtung die Grenzvermeidungskosten) durch die Verhandlungen einen Ausgleich erfahren, also allokationswirksam – und damit internalisiert – werden. Natürlich ist die Lage des Pareto-Optimums von der Vergabe der Eigentumsrechte unabhängig, letztere bestimmen lediglich, ob man sich durch die Verhandlungen dem Optimum ‚von rechts' oder ‚von links' nähert. Eine ausführliche Herleitung und Veranschaulichung bei Endres 1995/2, S. 55 ff, Sohmen 1976, S. 239 ff und Coase 1960. Auch unter Hinweis auf seine Arbeit von 1960 erhielt Coase 1991 den Nobelpreis für Ökonomie.

415 Vgl. Leining 1998, S. 34 ff und S. 82. Vgl. auch Gerhard 1997, S. 3 f.

Wird nach der ‚Laissez-faire-Regel' verfahren, haben die Geschädigten die Kompensationen zu tragen, während nach der ‚Verursacher-Regel' die Verursacher die Geschädigten für jede Umweltbeeinträchtigung kompensieren müssen. Bei Anwendung der ‚Laissez-faire-Regel' wird bereits anschaulich deutlich, daß die Fähigkeit zur Kompensation bei den Geschädigten durch ihr Vermögen begrenzt ist. Im allgemeinen kann (auch auf Seiten der Verursacher) nicht von einer vermögensunabhängigen Zahlungsbereitschaft ausgegangen werden[416]. Da nun aber mit der Vergabe der Eigentumsrechte das Vermögen beider Verhandlungspartner unmittelbar beeinflußt wird, werden sich als Folge der jeweiligen Budget-Restriktionen auch allokative Auswirkungen und damit suboptimale Allokationen ergeben.

2. Transaktionskosten werden systematisch vernachlässigt.

   Berücksichtigt man Transaktionskosten[417], kippt die ausgeglichene Situation weiter zugunsten der Partei, die die Eigentumsrechte zugewiesen bekommen hat. Nur die Gegenseite hat die Transaktionskosten zu tragen und wird damit bereit sein, zugunsten einer Ersparnis an Transaktionskosten auf einen Teil der Kompensationen zu verzichten. Dies wird im Ergebnis wiederum zu einer suboptimalen Allokation führen.

   Weiter zu beachten sind Konstellationen, bei denen die Transaktionskosten einen möglichen Verhandlungsgewinn übersteigen[418] oder zwischen den Parteien unterschiedlich hoch sind[419].

3. Der Informationsstand der Verhandlungspartner ist nicht ausreichend.

   Für eine internalisierende Verhandlungslösung müssen die Verhandlungspartner Art und Höhe der externen Effekte kennen und diese auch noch monetär bewerten können[420]. In der Praxis wird dies in aller Regel nicht der Fall sein[421].

---

416 Eidenmüller unterscheidet ‚Einkommenseffekte' und ‚Besitzeffekte'. Vgl. Eidenmüller 1995, S. 118 ff.

417 Zur Ökonomie der Transaktionskosten vgl. Williamson 1996, der Arrow zitiert: „So bemerkte Arrow, daß ‚Marktversagen nicht absolut ist; es ist besser, eine allgemeinere Kategorie zu betrachten, nämlich die Transaktionskosten, welche die Entstehung von Märkten im allgemeinen erschweren und in besonderen Fällen sogar verhindern."

418 Prohibitive Transaktionskosten.

419 Da die Transaktionskosten in aller Regel mit der Zahl der Beteiligten steigen, werden die Geschädigten oftmals gegenüber den (in der Praxis oft weniger zahlreichen) Verursachern einer Umweltbeeinträchtigung im Nachteil sein.

420 Vgl. Ring 1993, S. 94.

421 Vgl. auch die ausführliche Diskussion bei Leining 1998, S. 45 ff.

4. Die Gefahr ‚kämpferischer Verhaltensweisen'.

   Das Coase-Theorem birgt die Gefahr ‚kämpferischer Verhaltensweisen' der Betroffenen. Bei der ‚Laissez-faire-Regel' wäre es für einen Verursacher beispielsweise günstig, neue (entsprechend seinem Gewinnmaximierungsziel eigentlich nicht rationale) umweltbeeinträchtigende Aktivitäten aufzunehmen[422], um sich für deren Einstellung kompensieren zu lassen[423].

5. Das Trittbrettfahrer-Problem.

   Bei der ‚Laissez-faire-Regel' ergibt sich auch das Problem, daß durch die in der Regel hohe Zahl der Geschädigten[424] jede Umweltbeeinträchtigung den Charakter eines öffentlichen Gutes bekommt. Damit wird für den einzelnen Geschädigten eine Trittbrettfahrer-Position interessant[425]. Je mehr Geschädigte ihre Kompensationsforderung als Folge des Trittbrettfahrer-Gedankens unterschätzen, um so preiswerter wird den Verursachern die Umweltbeeinträchtigung ermöglicht und desto weiter wird damit die realisierte Allokation vom Pareto-Optimum abweichen[426].

5.3.2.2.2 Verteilungspolitische Wirkung einer tatsächlichen Kompensation aller Geschädigten

Die letzten Kapitel haben gezeigt, daß die tatsächliche Kompensation aller von externen Effekten betroffenen Individuen in der Praxis nicht möglich sein wird. Darüber hinaus stellt sich aber auch die Frage, ob sie überhaupt wünschenswert wäre.

Es muß darauf hingewiesen werden, daß unter verteilungspolitischen Gesichtspunkten eine vollständige Kompensation aller Geschädigten ein Einfrieren der bestehenden relativen Vermögensverteilung in der Gesellschaft zur Folge hätte. Auch die Forderung nach vollständiger Kompensation ist damit ein normatives Werturteil, setzt sie doch die Gerechtigkeit der bestehenden Vermögensverteilung voraus[427].

---

422 Bereits eine glaubhafte Ankündigung wäre in der Praxis ausreichend.

423 Vgl. Endres 1995/2, S. 68.

424 Ein ähnliches Problem tritt bei der ‚Verursacher-Regel' und der Existenz mehrerer Verursacher natürlich auch auf der Gegenseite auf.

425 Vgl. auch Leining 1998, S. 35.

426 Das durch die Vergabe von Eigentumsrechten scheinbar gelöste Allokations- und damit Internalisierungsproblem tritt als Interessenkonflikt der Geschädigten in der Gruppe wieder auf. Vgl. auch Endres 1995/2, S. 68 ff.

427 Vgl. Sohmen 1976, S. 308.

5.3.2.2.3 Hypothetische Kompensation nach dem Kaldor-Hicks-Kriterium

Akzeptiert man, daß die für das Erreichen des gesamtwirtschaftlichen Pareto-Optimums notwendige vollständige Kompensation aller durch externe Effekte benachteiligten Individuen in der Praxis nicht praktikabel und auch gar nicht wünschenswert ist, stellt sich die Frage nach anderen umweltpolitischen Optimalitätskriterien. Kaldor und Hicks schlugen Ende der 30er Jahre vor, man könnte „sich damit zufrieden geben, sicherzustellen, daß eine wirtschaftspolitische Maßnahme *die Möglichkeit* der Kompensation aller potentiellen Verlierer eröffnen sollte.“[428] Nach dem sogenannten Kaldor-Hicks-Kriterium „soll eine Situation 2 immer dann als Verbesserung gegenüber einer Situation 1 angesehen werden, wenn die Gewinner aus dem Übergang von 1 zu 2 in der Lage wären, die Verlierer für ihre Verluste voll zu kompensieren und trotzdem noch ein höheres Nutzenniveau zu erreichen als in Situation 1.“[429] Es ist offensichtlich, daß das Kaldor-Hicks-Kriterium das erreichte Wohlstandsniveau ausschließlich durch die Gesamtmenge der bereitgestellten Güter definiert und von Verteilungsfragen abstrahiert. Gerade hinsichtlich der Tatsache, daß eine Kompensation in der Praxis unmöglich ist, erscheint dies problematisch. Bestehen in der Gesellschaft Werturteile über die Verteilungsgerechtigkeit, können auch Optima nach dem Pareto- oder Kaldor-Hicks-Kriterium als unakzeptabel erscheinen[430]. Eine formale Analyse zeigt einen weiteren Mangel des Kaldor-Hicks-Kriteriums: Es ist nicht eindeutig. Weil die Konsumpräferenzen von Begünstigten und Verlierern voneinander abweichen können und sich die Einkommensverteilung zwischen zwei Situationen spürbar ändern kann, ist es möglich, daß das Kriterium sowohl für die Bewegung von Situation 1 zu Situation 2 erfüllt ist als auch für die Bewegung in die Gegenrichtung[431].

---

428 Sohmen 1976, S. 308 f.

429 Sohmen 1976, S. 308 f. Vgl. auch Eidenmüller 1995, S. 51 ff.

430 Vgl. Endres, Holm-Müller 1996/1, S. 38. Vgl. auch Frey 1992, S. 107. Frey argumentiert für eine Berücksichtigung der Verteilungsgerechtigkeit: „In der Wirtschaftstheorie wird üblicherweise angenommen, die Verteilungsgerechtigkeit könne über eine nachträgliche Einkommensumverteilung ... erreicht werden. Die Entscheidung über den Einsatz der Produktionsfaktoren (Allokation) solle so weitgehend wie möglich dem Kriterium der Effizienz genügen, denn diese ermöglicht eine nachträgliche Umverteilung eines höheren Sozialproduktes. Dieser Auffassung wird hier nicht gefolgt. Der Hauptgrund liegt in der Schwierigkeit, durch nachträgliche Transfers die Primärverteilung beeinflussen zu können. Schon bei der Allokation sollten vielmehr die Verteilungswirkungen beachtet werden. Gerade bei der Umwelt sind Allokation und Verteilung besonders eng miteinander verknüpft, denn jede politische Maßnahme impliziert eine bestimmte Zuteilung von Nutzungsrechten an der Umwelt.“ Vgl. hierzu auch Eidenmüller 1995, S. 286 ff.

431 Eine Veranschaulichung mit Hilfe von Scitovsky-Indifferenzkurven bei Sohmen 1976, S. 310 ff. Gorman fand darüber hinaus intransitive Reihen (A ist B vorzuziehen, B ist C vorzuziehen, aber C ist auch A vorzuziehen) für drei und mehr Zustände. Vgl. Eidenmüller 1995, S. 53.

5.3.2.2.4 Scitovsky-Kriterium

„Scitovsky knüpfte an diese Beobachtung die Schlußfolgerung, daß ein doppelter Kaldor-Hicks-Vergleich (in beide Richtungen) immer dieselbe Situation höher bewerten müßte, um sie als überlegen zu bezeichnen."[432] Dieser Scitovsky-Kompensationskriterium genannte doppelte Kaldor-Hicks-Vergleich ist zwar formal eindeutig, aber in bezug auf die Verteilungsgerechtigkeit ebenso wenig überzeugend wie das Kaldor-Hicks-Kriterium[433].

5.3.2.2.5 Samuelson-Kriterium

„Auch beim doppelten Scitovsky-Test geht man beim Vergleich zweier Situationen jeweils von der in jeder von ihnen tatsächlich bestehenden Einkommens- und Vermögensverteilung aus. ... Von einer allgemeineren Warte aus ist nicht einzusehen, warum man sich beim Vergleich auf diese beiden Verteilungsstrukturen beschränken sollte. Samuelson wies darauf hin, daß sich bei einem Vergleich aller in den beiden Situationen denkbaren Verteilungsstrukturen doch noch ein Widerspruch einstellen kann, auch wenn der doppelte Scitovsky-Test ein eindeutiges Ergebnis liefert."[434] Formal wäre auch dieser Mangel zu beseitigen. Eine Verallgemeinerung des Scitovsky-Vergleichs für beliebige Verteilungsstrukturen führt zu folgender von Sohmen ‚Samuelson-Kriterium' genannten Regel: „Eine Situation 2 bedeutet gegenüber einer Situation 1 eine potentielle Wohlstandssteigerung, wenn die durch 2 gegebenen Nutzenmöglichkeitskurven[435] überall rechts oberhalb der durch die Gütermengen der Situation 1 bestimmten Nutzenmöglichkeitskurve verläuft."[436]

Abgesehen von dem bereits weiter oben diskutierten Problem, daß sich auch dieses Kriterium mit potentiellen Wohlfahrtssteigerungen zufrieden gibt und nichts über deren tatsächliche Realisierung und damit über die Verteilungsgerechtigkeit der erreichten Situation aussagt, wird anhand der Komplexität der Formulierung bereits unmittelbar deutlich, daß eine Anwendung des Samuelson-Kriteriums auf konkrete Situationen in aller Regel unmöglich sein wird. Die Ursache hierfür ist der Umstand, daß in der Praxis

---

432 Sohmen 1976, S. 313.

433 Vgl. die Argumente im vorangegangenen Kapitel.

434 Sohmen 1976, S. 313. Dies läßt sich für den einfachen Fall von nur zwei Individuen und nur zwei Gütern anschaulich mit Hilfe von Nutzenmöglichkeitskurven und Edgeworth-Bowley-Boxdiagrammen zeigen. Vgl. Sohmen 1976, S. 313 ff.

435 Die Nutzenmöglichkeitskurve setzt sich aus Nutzenindikatoren zweier Individuen zusammen, die durch Umverteilung eines gegebenen Güterbündels realisierbar sind, vgl. Sohmen 1976, S. 335.

- die individuellen Präferenzen der beteiligten Individuen,
- deren Änderung in Abhängigkeit von der Vermögensverteilung und
- die hiervon abhängige Lage der Nutzenmöglichkeitskurven

in aller Regel nicht bekannt sein werden.[437] Daß das Samuelson-Kriterium in dieser Arbeit trotzdem vorgestellt wird, hat didaktische Gründe. Es veranschaulicht die Mangelhaftigkeit der weiter oben vorgestellten einfacheren Kompensationskriterien und kann so als Warnung verstanden werden, die Aussagekraft derselben zu überschätzen[438]. In der praktischen Umweltpolitik muß hiermit auch der Anspruch der vollständigen Internalisierung der externen Effekte und der Wiederherstellung des Pareto-Optimums aufgegeben werden. Man muß sich in der Praxis mit Teilinternalisierungs-Strategien zufrieden geben. Gerade für diese kann aber das Leitbild der vollständigen Internalisierung durchaus ein nützlicher Maßstab sein.

5.3.2.3 Internalisierung durch Haftungsrecht

Als weitere Internalisierungsstrategie kommt schließlich das Haftungsrecht in Betracht[439]. Es soll für den potentiellen Verursacher von Umweltbeeinträchtigungen einen Anreiz bieten, seine Sorgfalt zur Vermeidung von umweltgefährdenden Unfällen oder Störfällen soweit zu erhöhen, bis ein gesamtwirtschaftlich pareto-optimales Sorgfaltsniveau erreicht wird. Dabei minimiert der potentielle Verursacher die Summe aus dem Erwartungswert der Haftungskosten und den Kosten, die bei einem höheren Sorgfaltsniveau entstehen. Es zeigt sich zunächst, daß auch diese Internalisierungsstrategie in einem vereinfachten theoretischen Modell die Wiederherstellung der pareto-optimalen Allokation verspricht[440]. Bei genauerer Betrachtung scheitert allerdings auch dieser Internalisierungsansatz an der Tatsache, daß einige Voraussetzungen des Modells in der Praxis in aller Regel nicht zutreffen. Beispielsweise wird der zu erwartende Schaden sowohl hinsichtlich seiner Höhe, als auch in bezug auf seine Eintrittswahrscheinlichkeit nicht im voraus abschätzbar sein[441].

---

436 Sohmen 1976, S. 317.

437 Vgl. Sohmen 1976, S. 318.

438 Aus ähnlichen Gründen angreifbar sind auch weitere in der Literatur vorgestellte Ansätze, wie die Indexziffernvergleiche oder das Little-Kriterium, deren Erörterung den Rahmen dieser Arbeit sprengen würde. Vgl. die ausführliche Diskussion bei Sohmen 1976, S. 318 bis S. 335.

439 Vgl. beispielsweise Lusch 1996, S. 21 ff, Endres 1991, Döring 1999 und Becker 1999.

440 Vgl. Döring 1999, S. 44 ff und Endres 1991, S. 17 ff.

441 Das Problem der Monetarisierung von Umweltschäden wird u.a. bei Endres, Holm-Müller 1996/1, 1996/6 und 1996/7, Bartmann, Busch 1998, S. 21 ff und Heinz 1990, S. 15 ff ausführlich diskutiert.

Gleiches gilt auch für die einem Schaden entsprechende Schadenersatzsumme[442], die durch Probleme bei der Kausalitätsbestimmung, durch mangelnde personelle Zurechenbarkeit, durch die bereits weiter oben geschilderten Monetarisierungsprobleme und durch die Existenz von Haftungsobergrenzen von der Schadenshöhe abweichen kann[443]. Schließlich wirft auch diese Internalisierungsstrategie Fragen hinsichtlich der Verteilungsgerechtigkeit auf: Da jegliche wirtschaftliche Betätigung eine Gefährdung und einen Gebrauch bzw. Verbrauch von Umweltressourcen nach sich zieht, ist zu klären, welches Belastungsniveau quasi standardmäßig toleriert werden muß. Diese Definition wird dann aber auch das verteilungspolitische Werturteil beinhalten, für welche Schädigungen der Verursacher aufkommen muß, und für welche der Geschädigte keine Kompensation erwarten kann. Dieses Werturteil bekommt damit wiederum auch allokative Auswirkungen. Die Internalisierungswirkung entfaltet sich lediglich in den Fällen, in denen der Verursacher auch haftet[444].

Trotz der Existenz der geschilderten Wirkungsbrüche ist das Haftungsrecht als umweltpolitisches Instrument nicht unwirksam[445]. „Immerhin führt das Haftungsrecht zu Teilinternalisierungen und kann damit gegenüber den unkorrigierten Gleichgewichten zu wohltuenden Veränderungen des Verhaltens der potentiellen Verletzer (und auch Opfer) führen."[446] Becker stellt daneben die Funktion des Haftungsrechts als Vollzugshilfe für das Umweltrecht heraus[447]. In Deutschland wurde daher 1990 mit dem Umwelthaftungsgesetz eine Vorschrift erlassen, die eine strikte medienübergreifende, anlagenbezogene Haftpflicht einführt, die auch den Normalbetrieb mit einschließt[448].

---

442 Vgl. auch Döring 1999, S. 50 ff.

443 Vgl. Endres 1991, S. 51 ff. Haftungsobergrenzen finden sich beispielsweise im deutschen Umwelthaftungsrecht und im Gentechnikrecht.

444 Zur Stand-der-Technik-Problematik vgl. auch weiter unten.

445 Vgl. OECD (Hrsg.) 1993, S. 118: „Eine umfassende straf- und zivilrechtliche Haftpflicht und eine obligatorische zivile Haftpflichtversicherung sind wirtschaftlich wirksame Instrumente, die einen wichtigen Beitrag zur Verbesserung eines vorsorgenden Umweltschutzes leisten können." Vgl. auch Lusch 1996, S, 25f.

446 Endres 1991, S. 205. Zur Effizienzsteigerung der Umweltpolitik auf europäischer Ebene vgl. Becker 1999, S. 113 ff.

447 Vgl. Becker 1999, S. 55 ff.

448 Vgl. den Kommentar bei Döring 1999, S. 28 ff: „Das Umwelthaftungsgesetz, das alle Umweltmedien erfaßt und in seiner Haftungsschärfe und in seinem Umfang in Europa bislang einzigartig ist, weist konzeptionell neue Ansätze auf." Vgl. auch Sietz, Sodermann 1990, S. 28 ff.

5.3.3 Standardorientierte umweltpolitische Instrumente

Wie oben gezeigt wurde, ist die Wirkung der umweltpolitischen Instrumente, die auf einer Internalisierungsstrategie beruhen, beschränkt. Keines kann in der Praxis eine vollständige Internalisierung aller externen Effekte leisten. Aus diesem Grund setzt die praktische Umweltpolitik neben den vorgestellten Instrumenten weitere ein, die nicht auf eine vollständige Internalisierung zielen. Methodisch wird hierbei der Anspruch, das optimale Umweltschutzniveau (also die optimale Allokation umweltrelevanter Ressourcen) im Marktmodell automatisch zu finden, fallengelassen. Statt dessen wird ein plausibler Umweltstandard exogen vorgegeben[449]. Aufgabe der Marktkräfte ist es nun lediglich noch, die möglichst effiziente Einhaltung dieses Umweltstandards zu bewirken[450].

Ist der Umweltstandard so gewählt, daß zu seiner Einhaltung die Umweltschutzanstrengungen der Verursacher von Umweltbeeinträchtigungen erhöht werden müssen, wirkt er quasi als Teil-Internalisierung der aus den Umweltbelastungen resultierenden externen Effekten[451]. So bedeutet eine Verschärfung eines Umweltstandards so lange eine Erhöhung der gesamtwirtschaftlichen Effizienz, bis das pareto-optimale Umweltschutzniveau[452] erreicht wird. Verschärft man den Umweltstandard von diesem Niveau ausgehend weiter, verringert sich die gesamtwirtschaftliche Effizienz wieder.

Der möglichst treffsicheren Wahl des entsprechenden Umweltstandards kommt so eine sehr hohe Bedeutung in der Praxis zu. Die wichtigsten standardorientierten umweltpolitischen Instrumente sind

- Umweltauflagen,
- Umweltabgaben und
- Zertifikatslösungen.

---

449 Zur Schwierigkeit, diesen Umweltstandard optimal zu wählen, vgl. Zimmermann 1993, S. 102 ff und Arbeitsgemeinschaft für Umweltfragen e.V. (Hrsg.) 1986, S. 4 ff.

450 Zur Theorie der standardorientierten Umweltpolitik vgl. Baumol, Oates 1993, S. 159 ff.

451 Sohmen zeigt beispielsweise, daß auch Verbote externe Kosten verhindern können, vgl. Sohmen 1976, S. 230 f.

452 Dieses ‚optimale Umweltschutzniveau' ist ein imaginärer Zielwert. In der Praxis ist er aufgrund der oben geschilderten Internalisierungsprobleme weder zu definieren, noch ist es möglich, ein erreichtes Umweltschutzniveau an ihm zu messen. Methodisch hat er aber für das umweltpolitische Ziel der Internalisierung aller externen Effekte eine hohe Bedeutung.

5.3.3.1 Umweltauflagen

„Umweltauflagen in Form von Ge- und Verboten sind direkte umweltbezogene Verhaltensvorschriften ... mit denen die umweltpolitischen Instanzen ihre Zielvorstellungen durchsetzen wollen. Sie können als klassische umweltpolitische Instrumente bezeichnet werden.“[453] Beispiele für umweltpolitische Auflagen sind Produktnormen, Ansiedlungseinschränkungen, Werkstoffverbote und -limitierungen, technologische Prozeßnormen, Emissionsnormen, Emissionsreduzierungsverpflichtungen, Recycling-Auflagen und Produktionsverbote[454]. Obwohl Umweltauflagen eine Reihe von Nachteilen aufweisen[455], spielen sie in der bundesdeutschen Umweltpolitik nach wie vor eine große Rolle[456].

5.3.3.2 Umweltabgaben

„Unter Umweltabgaben versteht man das umweltpolitische Instrument, bei dem mit Hilfe der Erhebung von Abgaben Anreize und/oder Finanzierungsmöglichkeiten geschaffen oder verbessert werden sollen, um bestimmte, von den umweltpolitischen Instanzen angestrebte umweltpolitische Ziele zu verwirklichen.“[457] Bei der Einführung einer Umweltabgabe kann die fiskalpolitische Finanzierungsfunktion oder die anreizpolitische Steuerungsfunktion im Vordergrund stehen.

So sind sowohl Umweltsteuern, Umweltgebühren und Umweltbeiträge zu den Umweltabgaben zu zählen, als auch Internalisierungsabgaben und Abgaben auf Rohstoffe und Produkte[458].

---

453 Wicke 1993, S. 195 ff.

454 Vgl. auch Tischler 1994, S. 160 ff.

455 Vgl. Kap. 5.4.7.

456 Vgl. das Beispiel der Gefahrenabwehr und Vorsorge im Rahmen der bundesdeutschen Luftreinhaltepolitik, beschrieben u.a. bei Bunde 1988, S. 6 ff, Wicke 1993, S. 206 ff und Endres 1996/4, S. 6 f. Vgl. auch Tischler 1994, S. 159. Vgl. auch OECD (Hrsg.) 1993, S. 115: „Das in Deutschland eingesetzte umweltpolitische Instrumentarium umfaßt Gebote und Verbote, wirtschaftliche Anreize sowie Selbstverpflichtungen und Zusagen. Am häufigsten wurde bislang jedoch das ordnungsrechtliche Instrumentarium der Ge- und Verbote genutzt.“

457 Wicke 1993, S. 395.

458 Vgl. Brunetti 1993, S. 112: „Beispiele für Umweltabgaben, bei denen die Finanzierungsfunktion im Vordergrund steht, wären Benutzungs- und Entsorgungsgebühren wie Wasser-, Entwässerungs- und Müllabfuhrgebühren oder Erschließungsbeiträge wie etwa Beiträge für den Bau kommunaler Kanalisationen. Vor allem der Verhaltenssteuerung dienen dagegen die sogenannten Lenkungsabgaben, die im Rahmen der Abgabendiskussion im Vordergrund stehen. Beispiele hierfür sind Abgaben auf Treibstoffe, Pflanzenschutzmittel, Heizöle, Abwässer, CO^2-Emissionen, SO^2-Emissionen etc.“

Entsprechend dieser Definition ist auch die Pigou-Steuer eine Umweltabgabe, allerdings in spezieller Ausprägung: Während die Pigou-Steuer durch ihre (theoretisch) exakt festgelegte Höhe genau eine Internalisierung aller externen Effekte bewirken kann, wird dies bei Abgaben im allgemeinen nicht der Fall sein. Zwar haben auch letztere die Aufgabe, eine Steuerungswirkung im Sinne einer Realisierung eines angestrebten Umweltstandards zu entfalten. Letzterer ist jedoch exogen vorgegeben und nicht wie bei der Pigou-Steuer definiert als das gesamtwirtschaftlich optimale Umweltnutzungsniveau. Somit leistet die Abgabenlösung auch lediglich eine Teilinternalisierung der externen Effekte.

In der praktischen deutschen Umweltpolitik kommen Umweltabgaben beispielsweise im Wasserrecht vor[459]. Außerdem haben viele Produktsteuern den Charakter von Umweltabgaben (z.B. Mineralölsteuer, Kfz-Steuer). Seit Beginn der 90er Jahre wird eine Ausweitung der Anwendung von Umweltsteuern diskutiert[460].

5.3.3.3 Umweltlizenzen und -zertifikate

„Unter Umweltlizenzen bzw. Umweltzertifikaten versteht man das umweltpolitische Instrument, mit dem der Staat durch die Ausgabe oder den Verkauf von Umweltverschmutzungsrechten seine umweltpolitischen Ziele durchsetzen will. Das Ziel dieses umweltpolitischen Instrumentes ist es, einen vorgegebenen, politisch fixierten Umweltstandard ... mit minimalen volkswirtschaftlichen Kosten zu erreichen.“[461] Dieses Ziel soll dadurch erreicht werden, daß einerseits mit der Gesamtsumme der ausgegebenen Umweltnutzungslizenzen eine Obergrenze für die tolerierte Umweltbeeinträchtigung festgesetzt und andererseits durch den freien Handel mit Zertifikaten die Aufteilung der Nutzungsrechte auf verschiedene Nutzer über einen Markt geregelt wird[462]. Letzteres stellt nicht nur einen Anreiz für jeden Nutzer von Umweltressourcen dar, die Umweltbeeinträchtigung zu minimieren[463].

---

459 Als Beispiel ist das Abwasserabgabengesetz zu nennen, vgl. Endres 1996/4, S. 8 f.

460 Vgl. die Konzepte zur Erhebung von Umweltabgaben von Hansmeyer, Schneider, vom Umwelt- und Prognoseinstitut Heidelberg (UPI) und von Müller-Witt, Springmann, beschrieben bei Tischler 1994, S. 214 ff.

461 Vgl. Wicke 1993, S. 383.

462 Vgl. auch Endres 1996/4, S. 9 f.

463 Dadurch überflüssig gewordene Zertifikate können ja am Markt verkauft werden.

Es wird in einer gesamtwirtschaftlichen Betrachtung auch dazu führen, daß umweltbeeinträchtigende Aktivitäten gerade von denjenigen Verursachern ausgeführt werden, die den größten Nutzen aus ihnen ziehen, also das Recht zur Umweltnutzung am effizientesten einsetzen. So ist also nicht der Wert der Gesamtnutzung Objekt marktlicher Optimierung, sondern lediglich die Aufteilung der Nutzungsrechte auf verschiedene Marktteilnehmer.
Praktisch umgesetzt werden kann die Erstausgabe der Zertifikate auf verschiedene Weise. Entscheidet man sich dafür, die Zertifikate meistbietend zu versteigern, ergibt sich bereits bei der Ausgabe ein Marktwert für die Umweltnutzungsrechte, von dem ähnliche Anreizwirkungen ausgehen wie bei Abgabenlösungen. Um die damit verbundenen wettbewerbsrechtlichen Probleme[464] zu umgehen, wurde eine freie Vergabe vorgeschlagen, bei der die derzeitigen Umweltnutzer Lizenzen für die Umweltnutzung im derzeitigen Umfang erhalten. Durch eine Abwertung dieser Zertifikate im Zeitverlauf oder durch Rückkauf und Nichtnutzung durch die öffentliche Hand wäre auch bei dieser Lösung eine allmähliche Verringerung der Gesamtumweltnutzung möglich. In jedem Fall bedeutet die Entscheidung für eines der beiden vorgestellten Vergabeverfahren ein verteilungspolitisch wirksames Werturteil der umweltpolitischen Entscheidungsträger. In der Praxis deutscher Umweltpolitik spielen Zertifikatslösungen bislang nur eine untergeordnete Rolle. Hierfür werden neben den später noch zu diskutierenden Nachteilen dieses Instruments[465] vor allem Gründe im emotionalen Bereich verantwortlich gemacht.
Gemäß dem Vorurteil einiger Kritiker stellen Umweltzertifikate einen „unverantwortlichen Ablaßhandel dar, bei dem das Recht zur Schädigung der Umwelt auch noch meistbietend versteigert werde."[466] Im Gegensatz hierzu steht die Umweltpolitik der USA, die vor allem in der Luftreinhaltepolitik auf Zertifikatslösungen setzt[467]. Und auch als Lösung von internationalen[468] oder sogar globalen Immissionsschutzproblemen[469], für die Allokation natürlicher Ressourcen[470] und sogar für die Verkehrspolitik[471] werden Zertifikatslösungen erwogen.

---

464 Problematisch ist vor allem die Tatsache, daß die derzeitigen Verursacher keinen Bestandschutz des status quo erhalten und die Gefahr, daß große Verursacher mit hoher Marktmacht eher die Zertifikate ersteigern können. Vgl. Kap. 5.4.5.4.

465 Vgl. auch Bonus, Häder 1998, S. 36 ff.

466 Bonus 1977, S. 252. Diese Ansicht steht im Widerspruch zur herrschenden Meinung der Umweltökonomen.

467 Beispiele sind der sogenannte kontrollierte Emissionshandel und das ‚acid rain program', vgl. Fromm, Hansjürgens 1998, S. 150 ff, Gick 1996, S. 12 ff und Endres 1996/4, S. 13 ff. Vgl. auch Tietenberg 1998, S. 11 ff.

468 Vgl. Schmidt 1999, S. 217 ff.

5.3.4 Marktorientierte Instrumente der Umweltpolitik

Seit den 70er Jahren wird intensiv diskutiert, ob und inwieweit die Umweltpolitik durch marktwirtschaftliche oder marktorientierte Instrumente[472] ergänzt werden kann[473]. Der damalige Bundesinnenminister Zimmermann formulierte 1984 „folgende Leitlinien marktwirtschaftlicher Umweltpolitik:

- Stärkung des Eigeninteresses der Wirtschaft an der Verminderung der Umweltbelastung und vermehrte Investitionsanreize durch mehr Marktwirtschaft im Umweltschutz,
- Erhöhung der Akzeptanz des Umweltschutzes durch eine stärkere Berücksichtigung der mittelständischen Wirtschaft und durch eine bessere Umweltinformation der Bürger,
- Beschleunigung des umweltfreundlichen Fortschritts durch marktwirtschaftliche Innovationsanreize."[474]

5.3.4.1 Charakteristika marktorientierter Umweltpolitik

„Das Hauptcharakteristikum einer marktorientierten Umweltpolitik besteht darin, daß für diejenigen, die sich umweltfreundlich verhalten, ohne direkten staatlichen Eingriff ein monetärer oder sonstiger Anreiz entsteht. Unternehmer, Privathaushalte und andere umweltbeeinflussende Subjekte sollen dabei die Möglichkeit erhalten, in den umweltpolitisch notwendigen Grenzen zu agieren und sich möglichst kostengünstig auf diese Umweltschutzerfordernisse einzustellen. Es soll der Eigennutz, d.h. das Streben nach möglichst hohem Gewinn oder Konsumentennutzen von Arbeitnehmern, Konsumenten und Unternehmen für den Umweltschutz mobilisiert werden."[475] Für eine solche marktorientierte Umweltpolitik sollten selbstverständlich auch marktorientierte umweltpolitische Instrumente eingesetzt werden.

---

469 Vgl. auch Endres, Schwarze 1998, S. 166 ff.

470 Vgl. Ströbele 1998, S. 182 ff.

471 Vgl. Bonus, Niebaum 1998, S. 225 ff.

472 Die Literatur kennt für die marktwirtschaftlichen Instrumente verschiedene Bezeichnungen. Vgl. Hansmeyer in Arbeitsgemeinschaft für Umweltfragen e.V. (Hrsg.) 1990, S. 5: „Im Thema geht es um ‚marktwirtschaftliche Instrumente'. Hier stocke ich schon bei dem Wort. Ich nenne sie lieber: marktsteuernde Instrumente, marktlenkende Instrumente ... ." In dieser Arbeit soll vorwiegend die Bezeichnung ‚marktorientierte Instrumente' zur Anwendung kommen.

473 Vgl. Wicke 1993, S. 421 und Schlecht 1993, S. 15: „Der Staat setzt rechtliche und ökonomische Rahmenbedingungen für den Umgang mit und die Benutzung der Natur. Innerhalb dieses Rahmens müssen Anreize für selbstverantwortliches und umweltschonendes individuelles Verhalten gegeben werden."

474 Zitiert bei Tischler 1994, S. 59.

475 Wicke 1993, S. 421 f.

Folgt man der Definition Wickes, kann man aus dem „Ordnungsrahmen für die marktwirtschaftliche Aktivität"[476] Unterkriterien für die Bewertung umweltpolitischer Instrumente[477] ableiten. Zimmermann und Hansjürgens nennen folgende Unterkriterien[478]:

- Stärkung des Preiszusammenhangs,
- Vermeidung von Wettbewerbsverzerrungen,
- Konstanz der Rahmenbedingungen für das einzelwirtschaftliche Handeln,
- Beachtung eines hohen Freiheitsgrades der individuellen Anpassung,
- Stärkung des Wachstums durch Wettbewerb und Innovation,
- Berücksichtigung von mangelndem Wissen und Unsicherheit,
- Minimierung des Staatseingriffs,
- Subsidiaritätsprinzip,
- Verhinderung von Mißbrauchsanfälligkeit.

In diesem Sinne weisen bereits einige der oben vorgestellten umweltpolitischen Instrumente Merkmale einer marktorientierten Umweltpolitik auf.

Insbesondere gilt dies für die Internalisierungsstrategien, aber auch für Abgaben- und Zertifikatslösungen. Es wird sich zeigen, daß das Umweltauditsystem nach EG-Verordnung 1836/93 in hohem Maße den Anforderungen an eine marktorientierte Umweltpolitik entspricht[479].

5.3.4.2 Vorstellung ausgewählter marktorientierter Instrumente

Marktorientierte umweltpolitische Instrumente[480] können oft auch flankierend zu bestehenden umweltpolitischen Regelungen zum Einsatz kommen. Ihre größte Wirkung erzielen sie wohl dann, wenn ein Bündel von aufeinander abgestimmten Einzelinstrumenten zum Einsatz kommt.

---

476 Zimmermann, Hansjürgens 1998, S. 48.

477 Die hier diskutierte Marktorientierung oder Marktkonformität ist ein wichtiges Kriterium für die Beurteilung der umweltpolitischen Instrumente. Vgl. Kap. 5.4.5.1.

478 Vgl. Zimmermann, Hansjürgens 1998, S. 49 ff. Zimmermann und Hansjürgens bündeln jeweils drei der genannten Unterkriterien zu den Oberbegriffen ‚Marktkonformität' (Kriterium 1 bis 3), ‚Anpassungsflexibilität' (Kriterium 4 bis 6) und ‚Rolle der staatlichen Akteure'(Kriterium 7 bis 9). In dieser Arbeit soll dieser Bündelung nicht gefolgt werden. Auch werden weiter unten die Unterkriterien ‚Vermeidung von Wettbewerbsverzerrungen' und ‚Stärkung des Wachstums' aufgrund ihrer hohen Bedeutung jeweils in einem eigenen Kapitel behandelt.

479 Vgl. Kap. 5.4.5.1.

480 Vgl. auch Zimmermann 1993, S. 75 ff.

Wicke unterscheidet vier mögliche Angriffspunkte marktorientierter Umweltpolitik[481], denen jeweils mehrere der zum Teil weiter oben bereits beschriebenen marktorientierten Instrumente zugeordnet werden können[482]:

- Steigerung des Umweltbewußtseins aller Marktteilnehmer,
- Umweltschutzvereinbarungen,
- Anreizorientierte Umweltpolitik und
- Verschärfte Umwelthaftung.

5.3.4.2.1 Steigerung des Umweltbewußtseins aller Marktteilnehmer

Diese umweltpolitische Strategie versucht, das freiwillige umweltfreundliche Verhalten aller Marktteilnehmer durch verbesserte Informationen und anreizorientierte Unterstützung zu verbessern. Dieser Strategie können die folgenden marktorientierten umweltpolitischen Instrumente zugeordnet werden[483]:

1. Steigerung des Umweltbewußtseins und -verhaltens der Konsumenten.
2. Umweltbewußte Unternehmensführung durch ein gewinnorientiertes offensives Umweltschutzmanagement[484].
3. Umweltfreundliche staatliche Beschaffungspolitik.
4. Schaffung von Vorteilen für Nutzer umweltgerechter Produkte und Verfahren.

5.3.4.2.2 Umweltschutzvereinbarungen

Hinsichtlich der umweltpolitischen Kooperationslösungen sind vor allem zwei Gruppen zu unterscheiden[485]:

1. Vereinbarungen zwischen der Wirtschaft (als Verursacher von Umweltbelastungen) und lokal von Schadstoffbelastungen Betroffenen.
2. Branchenabkommen und -vereinbarungen zwischen dem Staat und Wirtschaftsverbänden.

---

481 Wicke spricht auch von umweltpolitischen Strategien.

482 Vgl. Wicke 1993, S. 422 ff.

483 Vgl. Wicke 1993, S. 422 ff.

484 Vgl. Reichardt 1996, S. 50 f.

485 Vgl. Wicke 1993, S. 422 ff.

5.3.4.2.3 Anreizorientierte Umweltpolitik

Zur anreizorientierten Umweltpolitik gehören einige bereits weiter oben vorgestellte umweltpolitische Instrumente, die umweltgerechtes Verhalten mit der Gewährung von monetären Anreizen belohnen. Im einzelnen sind zu nennen[486]:

1. Umweltabgaben.
2. Umweltlizenzen.
3. Flexible nachträgliche Anordnungen[487].
4. Einführung einer risikogestaffelten Umwelthaftpflichtversicherung, deren Prämie durch umweltgerechtes Verhalten gesenkt werden kann.

5.3.4.2.4 Verschärfte Umwelthaftung

Schließlich erscheint es umweltpolitisch überlegenswert, das wirtschaftliche, haftungsrechtliche und strafrechtliche Risiko umweltgefährdender Produkte und Produktionsverfahren durch verschärfte Umwelthaftungsbestimmungen zu erhöhen[488]. Eine Voraussetzung hierfür wäre allerdings der in der Praxis sicherlich nicht unproblematische Einsatz einer funktionierenden Umweltüberwachung und -kontrolle[489].

5.3.4.3 Würdigung der marktorientierten Umweltpolitik

Für den Einsatz von marktorientierten Instrumenten in der Umweltpolitik gibt es eine ganze Reihe von Argumenten. Bereits im rechtswissenschaftlichen Teil dieser Arbeit ist das im deutschen Umweltrecht zu beklagende Vollzugsdefizit beschrieben worden, das die traditionelle Umweltpolitik mittels Auflagen, Kontroll- und Genehmigungsverfahren vor in der Praxis kaum überwindbare Umsetzungsprobleme stellt[490]. Marktorientierte umweltpolitische Instrumente kommen ohne direkten Eingriff der öffentlichen Hand aus, sind nicht vom Problem der Überlastung der Vollzugsbehörden betroffen und können daher sogar einen Beitrag zu deren Entlastung und so zu einem effizienteren Einsatz der Ressourcen im Vollzug leisten[491].

---

486 Vgl. Wicke 1993, S. 422 ff.

487 Beispielsweise Kompensationsklauseln.

488 Vgl. auch Kap. 5.3.2.3.

489 Vgl. die Diskussion des Vollzugsdefizits im deutschen Umweltrecht im rechtswissenschaftlichen Teil.

490 Vgl. Tischler 1994, S. 165 f. Vgl. auch weiter oben.

491 Vgl. auch Wicke 1993, S. 425 f.

Damit paßt der Einsatz der marktorientierten Umweltpolitik hervorragend in eine Zeit, in der die Bürokratisierung der Wirtschaft vielfach beklagt wird[492]. In diesem Zusammenhang sei auch darauf hingewiesen, daß marktorientierte Instrumente meist automatisch, unmittelbar und ohne Zeitverzug wirken. So sind sie auch hinsichtlich ihrer Durchsetzbarkeit und ihrer Wirkgeschwindigkeit ‚bürokratischen' Regelungen der traditionellen Umweltpolitik überlegen[493]. Auch ist es möglich, durch den Einsatz von marktorientierten umweltpolitischen Instrumenten über die Mobilisierung des Eigeninteresses das Umweltschutzniveau zu erhöhen. Dies wird in einem späteren Kapitel im Rahmen der vergleichenden Beurteilung verschiedener umweltpolitischer Instrumente deutlich werden[494]. Weiterhin ist zu erwarten, daß marktorientierte Umweltpolitik eine Teilinternalisierung externer Effekte bewirken kann und so zu einer effizienteren Ressourcenallokation führt[495]. Aus den genannten Gründen „setzen sich doch gerade in den letzten Jahren die von Umweltökonomen bereits seit langem empfohlenen ‚marktwirtschaftlichen Instrumente' auch in der Bundesrepublik zunehmend durch".[496]

5.3.5 Beschreibung des Umweltauditsystems als Bündel aufeinander abgestimmter marktorientierter umweltpolitischer Maßnahmen

Die Wirksamkeit des Umweltauditsystems nach EG-Verordnung 1836/93 beruht auf einer Reihe von Einzelelementen, die – jedes für sich betrachtet – bereits einen Anreiz für den Verursacher von Umweltbeeinträchtigungen auslösen, das Ausmaß seiner Nutzung von Umweltressourcen einzuschränken[497]:

- Das ‚Compliance-Audit' als Verpflichtung zur Einhaltung aller geltenden Bestimmungen.
- Die Implementierung eines Umweltmanagementsystems.
- Das ‚Performance-Audit' und die Verpflichtung zur kontinuierlichen Verbesserung des betrieblichen Umweltschutzes.
- Die Rechenschaftspflicht gegenüber der Öffentlichkeit.

Nachfolgend werden diese Wirkungselemente erläutert.

---

492 Vgl. auch Wicke 1993, S. 433 ff.

493 Vgl. Kap. 5.4.1.2 und Kap. 5.4.4.1.

494 Vgl. Kap. 5.4.2 und Wicke 1993, S. 427 ff.

495 Vgl. Arbeitsgemeinschaft für Umweltfragen e.V. (Hrsg.) 1990, S. 9. Vgl. auch Wicke 1993, S. 429 ff.

496 Hennecke 1999, S. 1, vgl. auch Zittel 1996, S. 146 f.

497 Vgl. EG (Hrsg.) 1993, Art. 1 Abs. 2. Vgl. auch Glatfeld 1998, S. 49 f.

5.3.5.1 Das ,Compliance-Audit' als Verpflichtung zur Einhaltung aller geltenden Umweltrechtsbestimmungen

Zunächst enthält das Umweltauditsystem nach EG-Verordnung 1836/93 die Verpflichtung, alle geltenden umweltrechtlichen Bestimmungen einzuhalten[498]. In der derzeit gültigen Vorschrift EG-Verordnung 1836/93 geht dies aus den Anforderungen in bezug auf die Umweltbetriebsprüfung hervor[499]. Die zur Zeit in Abstimmung befindliche novellierte Fassung (EMAS 2) betont das ,Compliance-Gebot' ebenfalls an verschiedenen Stellen[500]. Dabei ist die Sicherstellung der Erfüllung aller einschlägigen rechtlichen Normen nicht nur Bestandteil der internen Betriebsprüfung, sondern spielt auch bei der folgenden Validierung durch den Umweltgutachter eine große Rolle [501]. So soll dieser prüfen, ob das Umweltmanagement des validierten Standortes bzw. der validierten Organisation die Übereinstimmung aller umweltrelevanten Tätigkeiten mit den einschlägigen umweltrechtlichen Vorschriften sicherstellen kann[502]. Der Umweltgutachter darf keinen positiven Validierungsbescheid vergeben, wenn er Brüche einschlägiger Umweltnormen feststellt[503].

---

498 Der Umweltaudit-Ansatz nach ISO 14000 ff enthält dagegen kein Compliance-Gebot, so daß auf eine Zertifizierung nach ISO 14000 ff das im folgenden Beschriebene nur eingeschränkt übertragbar ist.

499 Vgl. EG (Hrsg.) 1993, Art. 1 Abs. 3, Art. 8 Abs. 4, Anhang 1 Abs. B 3 und Anhang 2 Abs. B 3. Vgl. auch die Diskussion des ,Compliance-Gebots' bei Nissen 1999, S. 98 ff, S. 148 ff und S. 164 ff.

500 Vgl. Art. 19-Kommission (Hrsg.) 1998, Art. 3 b) („An organisation must also address legal compliance, ... "); Art. 6 d) („ ... a breach at the organisation of relevant regulatory requirements regarding environmental protection ... ": Ein Bruch einschlägiger Umweltnormen führt zum Verlust bzw. zur Nichterteilung des Zertifikates); Anhang 1, A 2 c) („Environmental policy includes a commitment to comply with relevant environmental legislation and regulations ... "), Anhang 1, A 3.2 („Legal and other requirements"); Anhang I B 2 („Legal compliance") und Anhang II 2.2 („ ... the programme, which must include compliance with relevant environmental regulatory requirements").

501 Hieraus wiederum folgt die Notwendigkeit der sogenannten ,personalen Äquivalenz': Die zugelassenen Umweltgutachter müssen über eine hohe Qualifikation hinsichtlich ihrer Fachkunde, Unabhängigkeit, Zuverlässigkeit und Sorgfalt verfügen. Vgl. hierzu den kritischen Beitrag von van Bon und Müller (van Bon, Müller 1998, S. 85 ff).

502 "Presupposition for the substitution is that EMAS participation secures legal compliance, thus legal compliance should be checked – at least by random test – by the environmental verifiers. An only procedural control as assigned in former committee drafts will not be sufficient. By no means the environmental verifier should give a satisfactory report to the competent body, if there is evidence for non-compliance with legal requirements." Orthmann et alt. 1998, S. 6.

503 Vgl. Art. 19-Kommission (Hrsg.) 1998, Anhang V 5.4.3, in der neusten Fassung wurde die Einschränkung „ ... However, if the role of the verifier is not to perform legal compliance audit on the organisation, ... " gestrichen.

Mit dem ‚Compliance-Gebot' der Umweltauditverordnung wird natürlich noch kein neues Qualitätsniveau des betrieblichen Umweltschutzes initiiert. Vielmehr hat es die Funktion, einer Verlagerung der Prioritäten des betrieblichen Umweltschutzes zu anderen weniger regulierten Umweltauswirkungen vorzubeugen. Eine Mißachtung bestimmter Vorschriften des geltenden Umweltrechts ist für am Umweltauditsystem nach EG-Verordnung 1836/93 teilnehmende Betriebe auch dann nicht möglich, wenn sie in anderen Bereichen herausragende betriebliche Umweltschutzleistungen vorweisen können. Damit wird einerseits die Einhaltung der vom Gesetzgeber umweltpolitisch vorgegebenen sogenannten ‚materiellen Umweltstandards' sichergestellt. Andererseits eröffnet sich die Möglichkeit, die Eigeninitiative von am freiwilligen Umweltauditsystem teilnehmenden Betrieben zu belohnen und Erleichterungen im Vollzug in Aussicht zu stellen[504]. Einen weiteren Vorteil führt Reichardt an: „Das Verordnungsverfahren verlagert das Problem der Kenntnis aller einschlägigen Vorgaben geschickt in die Unternehmen zurück. Die Betriebe, die am EG-Umweltaudit teilnehmen wollen, müssen sich somit ausführlich mit den Anforderungen normativer Art auseinandersetzen.

Dies könnte einen positiven Anreiz zur systematischen Vermehrung dieses grundlegenden Wissens im Unternehmen darstellen."[505] Schließlich ist der Frage nachzugehen, ob gesamtwirtschaftliche Effizienzvorteile dadurch zu erwarten sind, daß einige vormals durch die öffentliche Hand wahrgenommene Aufgaben der umweltrechtlichen Genehmigung, Überwachung und Kontrolle nun von den Betrieben eigenverantwortlich zu organisieren sind[506]: „Bestimmte Aufgaben ... können aus dem öffentlichen Verwaltungsapparat ausgegliedert und privatisiert werden, so daß auf diese Weise Prinzipien, Mechanismen und Strukturen greifen, die sich in der privaten Wirtschaft bewährt haben. Mit dieser Reformstrategie werden wesentliche, gemeinhin als Ursachen der Unwirtschaftlichkeit in der öffentlichen Verwaltung identifizierte Probleme beseitigt bzw. umgangen: die Beamtenmentalität, die zu geringeren monetären und nichtmonetären Leistungsanreize sowie die streng hierarchischen Organisationsstrukturen.

---

504 Vgl. die ausführliche Darstellung im rechtswissenschaftlichen Teil der Arbeit.

505 Vgl. Reichardt 1996, S. 205.

506 Im Zusammenhang mit Möglichkeiten der Deregulierung und Substitution des Ordnungsrechts für an zertifizierbaren Umweltmanagementsystemen teilnehmenden Betrieben bzw. Standorten.

Der große Vorteil der Ausgliederung bzw. Privatisierung liegt in ihrer relativ zügigen Umsetzbarkeit. Das Instrument eröffnet ein großes, kurz- bis mittelfristig realisierbares Potential für Kostensteigerungen und volkswirtschaftliche Effizienzgewinne, sofern nicht lediglich öffentliche Monopole durch private Monopole ersetzt werden, weil Konkurrenzanbieter fehlen. Ohne Wettbewerb entstünden Monopolrenten und staatliche Regulierung würde erforderlich. Die vermeintlichen Vorteile würden zumindest geringer ausfallen oder könnten sich letzten Endes sogar als Nachteile herausstellen. Weitere gewichtige Argumente für Ausgliederungen bzw. Privatisierungen sind die flexiblen Gestaltungsmöglichkeiten aufgrund der zahlreichen zur Verfügung stehenden Privatisierungsvarianten sowie die langjährigen Erfahrungen im In- und Ausland."[507]

5.3.5.2 Die Implementierung eines Umweltmanagementsystems

Ein Kernbestandteil des Umweltauditsystems nach EG-Verordnung 1836/93[508] ist die Einrichtung eines betrieblichen Umweltmanagementsystems[509]. Dieses wird definiert als „der Teil des gesamten übergreifenden Managementsystems, der die Organisationsstruktur, Zuständigkeiten, Verhaltensweisen, förmlichen Verfahren, Abläufe und Mittel für die Festlegung und Durchführung der Umweltpolitik einschließt"[510]. Es ist unmittelbar einsichtig, daß die Einführung eines solchen Umweltmanagementsystems in aller Regel eine Ausrichtung der betrieblichen Aktivitäten auf die Umweltziele[511] zur Folge haben wird. Bereits bei der Anwendung anderer Management- und Führungssysteme[512] konnte man nun beobachten, daß diese Neuausrichtung auch zur Steigerung der betrieblichen Leistung führen wird[513].

---

507 Endres 1998, S. 166 ff.

508 Die offizielle Bezeichnung ist daher ja auch ‚Gemeinschaftssystem für das Umweltmanagement und die Umweltbetriebsprüfung'.

509 Vgl. Glatfeld 1998, S. 49.

510 Vgl. EG (Hrsg.) 1993, Art. 2 Abs. e).

511 Diese sind im Rahmen der betrieblichen Umweltpolitik und des Umweltprogramms neu in das betriebliche Zielsystem aufgenommenen worden.

512 Beispiele hierfür sind fast alle Controllingkonzepte, beispielsweise der Ansatz ‚Management by Objectives' oder das Konzept ‚Balanced Scorecard'. Ihre Funktion ist jeweils die eines Informations- und Führungsinstrumentes. Hierzu gehört es, den Informationsstand der Entscheidungsträger über betriebsinterne und externe Zusammenhänge zu verbessern und die ergebnisorientierte Planung, Steuerung und Überwachung der betrieblichen Abläufe zu ermöglichen. Vgl. auch Janzen 1998/2, S. 18 ff und Wöhe 1986, S. 174.

513 Meffert verbindet die Einführung eines Umweltmanagementsystems in einem Betrieb sogar mit einem umfassenden geplanten organisatorischen Wandel und stellt die Freisetzung eines hohen bisher

Auch bei der praktischen Anwendung von Umweltmanagementsystemen konnte diese Steigerung der betrieblichen Leistung festgestellt werden, festzumachen einerseits am verbesserten Zielerreichungsgrad ökologischer Ziele[514] und andererseits an der zu beobachtenden Realisierung von ökonomischen Vorteilen[515]. Diese Optimierung der Geschäftsabläufe ist möglich, weil die Umweltauditierung ein umfassendes Verständnis aller Abläufe und Prozesse sowie deren Wirkungszusammenhänge innerhalb des Betriebes erfordert. Mit diesen gewonnenen Erfahrungen können Planungs-, Kontroll- und Steuerungsaufgaben besser wahrgenommen und auftretende Probleme besser erkannt und gelöst werden[516].

5.3.5.3 Das ‚Performance-Audit' und die Verpflichtung zur kontinuierlichen Verbesserung des betrieblichen Umweltschutzes

Mit dem Werkzeug des betrieblichen Umweltmanagementsystems ausgestattet, ist es dem am Umweltauditsystem teilnehmenden Betrieb nun auch möglich, eine essentielle Forderung der EG-Verordnung 1836/93, die Verpflichtung zur kontinuierlichen Verbesserung des betrieblichen Umweltschutzes[517], zu erfüllen[518]. Allerdings ist der kontinuierliche Verbesserungsanspruch in der EG-Verordnung 1836/93 lediglich sehr allgemein formuliert worden[519]. Es lassen sich aus ihm zunächst keine quantitativen Verpflichtungen ableiten[520].

---

ungenutzten Motivations- und Kreativitätspotentials bei den Mitarbeitern in Aussicht. Vgl. Meffert 1993, S. 154 ff.

514 Vgl. Wätzold, Bültmann 2000, S. 48.

515 „Practice undoubtedly shows, that the proper use of environmental performance indicators, especially in the operative sector, directly leads to economic saving potentials. Realising these potentials almost automatically results in reduction of the organisations' impact on the environment." Orthmann et alt. 1998, S. 4. Vgl. auch Janzen 1998/1, S. 72: „Zu reflektieren ist dabei ... auf mögliche Aufdeckungen von Kostensenkungspotentialen, etwa durch Abfallvermeidung, Reststoffverwertung oder Energieeinsparung. Praxisberichte über die Anwendung unterschiedlichster Audit-Konzepte bestätigen die Berechtigung dieser Erwartung." Vgl. auch die empirisch erhobenen Daten bei Poltermann 1998/1, S. 301 ff.

516 Hierbei können die Planungsinstrumente des Umweltinformationssystems Unterstützung leisten.

517 Vgl. EG (Hrsg.) 1993, Art. 3 Abs. c) und e) sowie Anhang I A 4.

518 Auch Nissen beschreibt die enge Verknüpfung zwischen betrieblichen Umweltzielen und deren Überprüfung auf der einen Seite und der Verpflichtung zur kontinuierlichen Verbesserung der betrieblichen Umweltschutzleistung auf der anderen Seite. Vgl. Nissen 1999, S. 110 ff: „Dieser fortlaufende Anpassungsprozeß des Umweltzielekatalogs zieht regelmäßig Umweltschutzmaßnahmen nach sich und führt infolgedessen zu einer kontinuierlichen Verbesserung des betrieblichen Umweltschutzes. ... Die ‚kontinuierliche Verbesserung' ist systemimmanent."

519 Vgl. Reichardt 1996, S. 203: „In der Verordnung fehlen exakte inhaltliche Vorgaben, so daß die teilnehmenden Unternehmen große Interpretationsspielräume für ihre Ermittlungstiefe zur Verfügung haben."

In der Praxis bedeutet dies, daß am Umweltauditsystem nach EG-Verordnung 1836/93 teilnehmende Betriebe in ihrer Umwelterklärung bereits marginale Fortschritte des betrieblichen Umweltschutzes als großen Erfolg herausstellen können. Außerdem legen die verantwortlichen Entscheidungsträger im Unternehmen das Umweltprogramm und damit den Maßstab der später durchgeführten Umweltprüfung selbst fest. Zwar gibt die EG-Verordnung 1836/93 deutliche Hinweise, welche Umweltauswirkungen im Umweltprogramm Berücksichtigung finden sollen[521]. Der Betrieb hat dabei aber die Möglichkeit, die jeweilige Gewichtung dieser Aspekte im Umweltprogramm selbst zu bestimmen und kann im Umweltbericht sowie in der Umwelterklärung daher durchaus seine betriebliche Umweltschutzleistung in bezug auf bestimmte Umweltauswirkungen besonders herausstellen und dafür andere Aspekte eher vernachlässigen.

5.3.5.4 Die Rechenschaftspflicht gegenüber der Öffentlichkeit

Allerdings steht der am Umweltauditsystem nach EG-Verordnung 1836/93 teilnehmende Betrieb auch unter der Kontrolle der interessierten Öffentlichkeit[522]. Schließlich ist die „Bereitstellung von Informationen über den betrieblichen Umweltschutz für die Öffentlichkeit“[523] ein ausdrückliches Ziel des Umweltauditsystems. Im Rahmen des Umweltmanagementsystems sind daher Kommunikationsstrukturen einzurichten und eine Reihe von Veröffentlichungen zu tätigen. Diese betreffen die betriebliche Umweltpolitik, die zur Information der Öffentlichkeit jährlich zu verfassende Umwelterklärung und bei erfolgreicher Teilnahme die Ergebnisse der das Verfahren abschließenden Schritte Validierung und Zertifizierung sowie die Eintragung in das Standortregister[524].

---

520 Es werden keine quantitativ spezifizierten jährlichen Reduktionen der betrieblichen Umweltbeeinträchtigungen vorgeschrieben. Vgl. EG (Hrsg.) 1993, Art. 3 Abs. c). Vgl. auch Reichardt 1996, S. 206: „Für eine darüber hinausgehende, angemessene kontinuierliche Verbesserung des betrieblichen Umweltschutzes wirkt sich aber die Tatsache innovationshemmend aus, daß nicht die absolute Verbesserungsleistung den Prüfungsmaßstab darstellt, sondern lediglich der Grad der Übereinstimmung mit selbst gesetzten Zielvorgaben. Dabei wirkt sich besonders verzerrend aus, daß die Zielvorgaben nicht über die Verbesserungsleistungen hinausgehen müssen, die sich aus Produktivitätssteigerungen von selbst ergeben.“ Vgl. auch Janzen 1998/1, S. 72: „Leistungsmessung und Leistungsbeurteilung erfolgen in externen Umweltaudits eben nicht anhand allgemeinverbindlicher Standards, sondern durch Konfrontation der Handlungsergebnisse mit den Handlungszielen ein und desselben Unternehmens.“

521 Vgl. EG (Hrsg.) 1993, Anhang I Absatz B. 3.

522 Vgl. Glatfeld 1998, S. 50.

523 Vgl. EG (Hrsg.) 1993, Art. 1 Abs. 2 c).

524 Vgl. EG (Hrsg.) 1993, Anhang I A 2., Art. 5 Abs. 2, Art. 9 und Art. 10.

Aus der beschriebenen Öffentlichkeitswirkung entsteht für den Betrieb ein Anreiz, eine gute betriebliche Umweltschutzleistung zu erzielen, um diese dann auch kommunizieren und einen Imagegewinn verbuchen zu können. Eine solche ökologisch und umweltökonomisch wünschenswerte Wirkung ist aber nur möglich, wenn sich die Öffentlichkeit und die Verbraucher für die Umweltschutzleistungen der Betriebe interessieren[525].

5.4 Entwicklung von Kriterien für die Bewertung von umweltpolitischen Instrumenten und Anwendung derselben auf ausgewählte Instrumente und auf das Umweltauditsystem nach EG-Verordnung 1836/93

Um das Umweltaudit nach EG-Verordnung 1836/93 als umweltpolitisches Instrument beurteilen und bewerten zu können, muß zunächst geklärt werden, nach welchen Kriterien eine solche Bewertung durchgeführt werden kann. Neben der ökologischen Wirksamkeit (die sogenannte ökologische Effektivität) des Instruments ist als Bewertungsmaßstab die ökonomische Effizienz[526] zu berücksichtigen[527].

Zu beachten sind darüber hinaus die administrativ-rechtliche und politische Praktikabilität in der Anwendung des Instruments und die Frage, in welchem Maße es in das herrschende Wirtschaftssystem paßt. Beim Umweltaudit nach EG-Verordnung 1836/93 kommt schließlich noch ein weiterer Aspekt hinzu: Da die Teilnahme am Umweltauditsystem freiwillig ist, muß sie hinreichend attraktiv für potentielle Teilnehmer sein; ansonsten würde das neue umweltpolitische Instrument mangels Teilnehmern in der Bedeutungslosigkeit verschwinden.

---

525 Vgl. auch Kap. 5.6.3.2.

526 Zur Abgrenzung von Effizienz und Effektivität vgl. Müller 1995, S. 64 ff: „Die Begriffe der Effektivität und Effizienz gehen auf einen gemeinsamen lateinischen Begriffsursprung zurück, der grob mit ‚Wirksamkeit' übersetzt werden kann. In den Wirtschaftswissenschaften gibt es zahlreiche Interpretationen dieser Begriffe, wobei ein einheitlicher wissenschaftlicher Sprachgebrauch allerdings noch nicht gefunden wurde. ... Effektivität und Effizienz werden oft als Maßstab der Funktionserfüllung bzw. Zielerreichung herangezogen. Damit ist Effektivität eine outputorientierte Größe, wohingegen Effizienz eine Output-/Input-Relation beschreibt. ... Effektivität und Effizienz sind immer als Begriffspaar zu verstehen. ... Damit bedeutet Effektivität, ‚die richtigen Dinge zu tun' und Effizienz, ‚die Dinge richtig zu tun'." Vgl. auch Bunde 1988, S. 100 ff. Für den Kontext des Umweltrechts definieren Hoffmann-Riem und Schmidt-Aßmann: „Effektivität des Rechts meint dessen Wirkungs- bzw. Steuerungskraft und damit seine Wirksamkeit als Grad der Verwirklichung des normativen Programms. ... Effizienz kennzeichnet eine Zweck-Mittel-Relation und zielt auf ein optimales Zweck-Mittel-Verhältnis. Es geht um die Erreichung eines Zieles bei einem bestimmten Wirksamkeitsgrad mit dem dafür geringst möglichen Ressourceneinsatz. Effizienz zielt also auf eine ressourcenschonende Ziel-Mittel-Relation." Hoffmann-Riem, Schmidt-Aßmann (Hrsg.) 1998, S. 17 ff.

Nachfolgend werden die genannten Bewertungskriterien entwickelt und diskutiert und schließlich ausgewählte traditionelle umweltpolitische Instrumente sowie im Vergleich dazu das Umweltauditsystem nach EG-Verordnung 1836/93 vor dem Maßstab dieser Kriterien beurteilt. Weil die Bandbreite der in der Praxis eingesetzten umweltpolitischen Instrumente äußerst vielfältig ist, war es notwendig, sich auf die Analyse einiger weniger Instrumente zu beschränken. Als Vergleichsmaßstab für das neue Instrument Umweltaudit nach EG-Verordnung 1836/93 wurden die umweltpolitische Auflage, die Abgabenlösung und das Zertifikatssystem gewählt. Diese zeichnen sich auch dadurch aus, daß mit ihrer Anwendung in der praktischen Umweltpolitik bereits recht viel Erfahrung gesammelt worden ist[528] und ihre Eignung als umweltpolitisches Instrument in der Literatur bereits diskutiert worden ist[529]. Schließlich muß noch darauf hingewiesen werden, daß die genannten umweltpolitischen Instrumente in der Praxis nicht immer in Reinform, sondern häufig kombiniert mit anderen Maßnahmen zur Anwendung kommen. Eine Analyse der zahlreichen möglichen Zwischenlösungen und Kombinationsmöglichkeiten würde den Rahmen dieser Arbeit sprengen. Weiterhin gilt, daß „praktisch jedes Umweltproblem ... einer spezifischen umweltinstrumentellen Lösung“ bedarf. „Dies liegt insbesondere an den ökologischen Gegebenheiten, den technisch-naturwissenschaftlichen Lösungsalternativen, den wirtschaftlichen Auswirkungen der verschiedenen Lösungen, dem rechtlich-administrativen Hintergrund sowie an dem politisch-sozialen Umfeld der jeweiligen Umweltprobleme.“[530] Im folgenden soll dennoch von spezifischen Umweltproblemen abstrahiert werden, um allgemeingültige Aussagen über die Eignung der untersuchten umweltpolitischen Instrumente zu ermöglichen. Mit diesen ist dann eine Empfehlung möglich, welche Instrumente sich im spezifischen Anwendungsfall als vielversprechend erweisen und welche dagegen erst gar nicht in die Überlegung mit einbezogen werden müssen[531].

---

527 Diese Bewertungskategorien gelten in der Literatur als die wichtigsten. Vgl. Michaelis 1996, S. 35.

528 Vgl. Michaelis 1996, S. 59 ff.

529 Vgl. Wicke 1993, S. 201 ff, S. 385 ff, S. 406 ff und S. 436 ff; Endres 1996/4, S. 23 ff; Endres 1994, S. 118 ff; Michaelis 1996, S. 34 ff; Tischler 1994, S. 171 ff, S. 232 ff, S. 234 ff und S. 244 ff; Cansier 1993, S. 155 ff; Stengel, Wüstner 1997, S. 61 ff sowie Sandhövel 1994, S. 142 ff, S. 158 ff und S. 169 ff.

530 Wicke 1993, S. 437.

531 Im Sinne der politikberatenden Funktion der Umweltökonomie; vgl. Kap. 5.1.3.

5.4.1 Ökologische Treffsicherheit

Wie bereits weiter oben diskutiert wurde, ist die vollständige Internalisierung aller externen Effekte, die zu einer optimalen Allokation aller Ressourcen[532] führen würde, in der Praxis nicht möglich. Daher müssen die jeweils noch zu tolerierenden Grenzwerte der Umweltbelastung exogen vorgegeben werden[533]. Maßstab der Bewertung der umweltpolitischen Instrumente kann daher in der Praxis niemals ausschließlich ihre (wenigstens teilweise) internalisierende Wirkung sein, sondern die Frage, in welchem Maße sie die Einhaltung des exogen vorgegebenen Grenzwertes sicherstellen. Es zeigt sich, daß bei der Beantwortung dieser Frage allerdings mehrere Aspekte zu berücksichtigen sind.

5.4.1.1 Einhaltung des exogen vorgegebenen Emissionsgrenzwertes

Am einfachsten erscheint die Analyse, ob ein bestimmtes umweltpolitisches Instrument die Einhaltung eines vorgegebenen Grenzwertes der tolerierten Umweltbeeinträchtigung in einer definierten Region sicherstellt.Da eben dieses Emissionsniveau[534] bei der umweltpolitischen Auflage Ziel- und Angriffspunkt ist, ist dieses Instrument in bezug auf dieses Kriterium positiv zu beurteilen[535]. Weniger treffsicher ist dagegen die umweltpolitische Abgabenlösung. Soll mit ihrer Hilfe eine Steuerungswirkung[536] entfaltet werden, kommt es auf die richtige Bemessung der Abgabenhöhe an. Hierfür wäre wiederum die Kenntnis des Anpassungsverhaltens und damit der Grenzvermeidungskosten aller Emittenten notwendig. In der Praxis werden diese Informationen in aller Regel nicht vorliegen, so daß der öffentlichen Hand nichts anderes übrigbleibt, als sich in einem unter Umständen langwierigen ‚Trial-and-error-Prozeß' an die der gewünschten Emissionsgrenze entsprechende Abgabenhöhe heranzutasten[537].

---

532 Bzw. Nutzungsgrade von Umweltressourcen.

533 Diese Vorgabe erfolgt in der Regel durch die umweltpolitischen Entscheidungsträger.

534 Aus Gründen der Einfachheit ist hier und in den folgenden Kapiteln zuweilen beispielhaft von Emissionen und Immissionen, also von der umweltpolitischen Sphäre Luftreinhaltung, die Rede. Weil die diskutierten Zusammenhänge aber jeweils unschwer auf andere Umweltmedien übertragbar sind, gelten sie entsprechend für alle Umweltein- bzw. -auswirkungen, also für jeglichen Ge- und Verbrauch von knappen Umweltressourcen.

535 Vgl. Wicke 1993, S.201 und 438 f.

536 In Richtung auf den exogen vorgegebenen Grenzwert hin.

537 Ein solcher Prozeß des Herantastens wird vielfach als politisch nicht akzeptabel beurteilt. Vgl. Tischler 1994, S. 235.

Dabei kommt erschwerend hinzu, daß ein eventuelles Wachstum von Verursachern ebenso zu berücksichtigen wäre wie der Auftritt neuer Verursacher, Änderungen in der Produktions- und Umwelttechnik und auch die ständige Geldentwertung[538]. Bei der Zertifikatslösung sind diese ökologischen Unsicherheiten durch die Definition der Gesamtmenge der ausgegebenen Zertifikate wirkungsvoll zu vermeiden[539]. Hinzu kommt, daß die öffentliche Hand durch das Betreiben einer Art Offenmarktpolitik in bezug auf den Zertifikatshandel[540] die Knappheit der Zertifikate und damit die Höhe des Emissionsgrenzwerts wirksam beeinflussen kann, ohne auf die Änderung von Gesetzen oder Verwaltungsvorschriften angewiesen zu sein. Hinsichtlich der Umsetzbarkeit von Grenzwertänderungen ist sie damit der Auflagenlösung überlegen.

Das Umweltauditsystem nach EG-Verordnung 1836/93 setzt zunächst gar nicht an der Vorgabe bestimmter Grenzwerte der Umweltbeeinträchtigung an. Es enthält jedoch zwei Elemente, die in diesem Zusammenhang beachtenswert sind[541]. Die Verordnung fordert erstens eine kontinuierliche Verbesserung des betrieblichen Umweltschutzes und die Ausrichtung des Umweltprogramms an dieser Verpflichtung[542]. Da das Basisniveau, von dem die Verbesserung auszugehen hat, durch die Werte der letzten Umweltbetriebsprüfung beschrieben wird, erwächst für den Gesetzgeber hieraus noch kein Steuerungspotential in Richtung auf eine Einhaltung vorgegebener Grenzwerte. Allerdings gilt daneben auch das sogenannte ‚Compliance-Gebot': Wie im Anhang II der Umweltauditverordnung festgehalten, gehört das Thema ‚Einhaltung aller zu berücksichtigenden Umweltstandards' sehr wohl zu den Zielen der Betriebsprüfung[543], zum Prüfungsumfang[544] und zu den Betriebsprüfungstätigkeiten[545] im Rahmen des Umweltauditsystems.

---

538 Vgl. Endres 1996/4, S. 54 ff. In der Praxis wird die häufige Veränderung des Abgabensatzes zudem Verwaltungsaufwand auf der Seite der Umweltbehörden und produktionstechnischen Anpassungsaufwand auf der Seite der Verursacher nach sich ziehen. Es wäre mit großen Umsetzungs-Widerständen zu rechnen.

539 Vgl. Wicke 1993, S. 385.

540 Also durch den Verkauf weiterer Zertifikate oder den Ankauf bereits ausgegebener Scheine.

541 Vgl. auch Kap. 5.3.5.

542 Vgl. EG (Hrsg.) 1993, Art. 3 Abs. c).

543 Vgl. EG (Hrsg.) 1993, Anhang II Abs. A: „In den Umweltbetriebsprüfungsprogrammen für den Standort werden in schriftlicher Form die Ziele jeder Betriebsprüfung oder jedes Betriebsprüfungszyklus einschließlich der Häufigkeit der Betriebsprüfung für jede Tätigkeit festgelegt. Zu diesen Zielen gehören namentlich die Bewertung der bestehenden Managementsysteme und die Feststellung der Übereinstimmung mit der Unternehmenspolitik und dem Programm für den Standort, *was auch eine Übereinstimmung mit den einschlägigen Umweltvorschriften einschließt.*"

544 Vgl. EG (Hrsg.) 1993, Anhang II Abs. B Satz 2: „Der Umfang der einzelnen Betriebsprüfungen sowie gegebenenfalls der eines jeden Abschnitts eines Prüfungszyklus muß eindeutig festgelegt sein und ausdrücklich folgendes aufweisen: ... 3. die zu berücksichtigenden Umweltstandards ..."

Einige Beiträge in der Literatur[546] sehen gerade hierin einen Verstoß gegen den Gleichbehandlungsgrundsatz, da das Umweltrecht in den verschiedenen Staaten der EU noch lange nicht harmonisiert ist[547]. Weil die Umweltauditverordnung aber die Einhaltung des jeweils national bzw. sogar regional gültigen Umweltrechts zwingend vorschreibt, könnte hieraus Unternehmen, die Standorte in EU-Staaten bzw. -Regionen mit einer vergleichsweise weniger harten Umweltgesetzgebung unterhalten, ein Wettbewerbsvorteil erwachsen. Die herrschende Meinung und auch der Gesetzgeber sehen diesen Aspekt dagegen nicht problematisch. Als Beleg hierfür sei auch angeführt, daß die in Abstimmung befindliche Novellierung des Umweltauditsystems das ‚Compliance-Prinzip' noch einmal stärken wird[548]. Außerdem basiert auch der in Deutschland von Bundesregierung und Ländervertretern eingeschlagene Kurs, Möglichkeiten der Deregulierung und Substitution im Zusammenhang mit einer Teilnahme am Umweltauditsystem nach EG-Verordnung 1836/93 vorzusehen, auf der Voraussetzung der sogenannten ‚funktionalen Äquivalenz' und damit auf der Einhaltung des ‚Legal-compliance-Gebots'.[549] Nun ist die Steuerungswirksamkeit einer umweltpolitischen Maßnahme nicht nur von theoretischen Überlegungen abhängig, sondern auch von den Vollzugsbedingungen in der Praxis[550]. Man geht bei Bund und Ländern in diesem Zusammenhang ausdrücklich davon aus, daß das Umweltauditsystem nach EG-Verordnung 1836/93 in seiner Steuerungswirksamkeit und Steuerungstiefe dem bestehenden ordnungsrechtlichen Auflagensystem[551] zumindest nicht unterlegen ist[552].

---

545 Vgl. EG (Hrsg.) 1993, Anhang II Abs. E Satz 1: „... im Hinblick auf die Umweltschutzqualität des Standorts; dabei wird ermittelt, *ob der Standort den geltenden Normen entspricht* und ob das bestehende Managementsystem zur Bewältigung der umweltorientierten Aufgaben wirksam und geeignet ist."

546 Vgl. Reichardt 1996, S. 205 und Nissen 199, S. 164 ff.

547 Vgl. auch Kaupe 1998, S. 199 ff.

548 Vgl. Art. 19-Kommission (Hrsg.) 1998, Art. 3 b) („An organisation must also address legal compliance, ... "); Art. 6 d) („ ... a breach at the organisation of relevant regulatory requirements regarding environmental protection ... ": Ein Bruch einschlägiger Umweltnormen führt zum Verlust bzw. zur Nichterteilung des Zertifikates); Anhang 1, A 2 c) („Environmental policy includes a commitment to comply with relevant environmental legislation and regulations ... "), Anhang 1, A 3.2 („Legal and other requirements"); Anhang I B 2 („Legal compliance") und Anhang II 2.2 („ ... the programme, which must include compliance with relevant environmental regulatory requirements").

549 Vgl. Weigand 1997, S. 5 und Goppel, Simson 1996. Zur Problematik des ‚Legal-compliance-Gebots' vgl. auch die ausführliche Diskussion im rechtswissenschaftlichen Teil dieser Arbeit. Vgl. auch Nissen 1999, S. 98 ff, S. 148 ff und S. 164 ff.

550 Diese sind ein Bewertungskriterium für sich, haben aber auch im Zusammenhang mit der ökologischen Treffsicherheit eine hohe Bedeutung. Vgl. auch Kap. 5.4.4.2.

551 Auf dieses greift es durch das ‚Legal-compliance-Gebot' ja zurück.

Das heißt, daß die Einhaltung umweltpolitisch vorgegebener Grenzwerte in der Praxis mit dem Umweltauditsystem ähnlich gut sicherzustellen ist wie mit Auflagensystemen. Da diese Aussage allerdings auch mit dem derzeit zu beklagenden Vollzugsdefizit im deutschen Umweltrecht[553] begründet wird, gilt sie nicht allgemein, sondern nur in bezug auf bundesdeutsche oder vergleichbare Verhältnisse[554].

5.4.1.2 Zeitbedarf der Anpassung

Unabhängig von den bereits oben angedeuteten und weiter unten im Zusammenhang mit der administrativ-rechtlichen Praktikabilität eines umweltpolitischen Instruments diskutierten zeitraubenden Umsetzungsschwierigkeiten[555] weisen die verschiedenen Instrumente auch systemimmanente Unterschiede in bezug auf ihre Wirkgeschwindigkeit auf. Auf den ersten Blick muß der vorgegebene Grenzwert bei Zertifikats- und Auflagenlösungen in der Regel unmittelbar erreicht werden, während bei umweltpolitischen Abgaben eine Verzögerung zwar für die Verursacher sehr teuer werden kann, aber immerhin möglich ist[556]. Bezieht man allerdings die Stand-der-Technik-Problematik[557] in die Überlegungen mit ein, zeigt sich ein anderes Bild. Aus Gründen des rechtlichen Bestandsschutzes erwartet man von Altanlagen oft nur eine technologisch weniger anspruchsvolle Vermeidungstechnik und gesteht ihnen daher höhere Emissionsgrenzwerte zu. In diesem Fall muß beachtet werden, daß gerade die Auflage keinerlei Anreiz bietet, weniger umweltgerecht arbeitende Altanlagen zu ersetzen[558]. Der Zeitbedarf der Anpassung ist nun unter Umständen noch größer als bei Abgabenlösungen.[559]

---

552 Zu den Vollzugsproblemen im Umweltrecht vgl. Bunde 1988, S. 6 ff. Vgl. auch Feldhaus 1994, S. 97: „... lassen einen dem staatlichen Vollzug auf Dauer überlegenen effizienten Selbstvollzug erwarten." Vgl. auch Mann, Müller 1994, S. 56. Vgl. weiterhin Mittelstaedt 1996, S. 244: „In bezug auf die Überwachung der Einhaltung gesetzlicher Anforderungen führt die Umweltauditverordnung zu einer Stärkung der betreibereigenen Überwachung und rechtfertigt insoweit die Forderung nach einer Substitution behördlicher Überwachung bzw. der Überwachung durch Externe."

553 Vgl. auch Kap. 2.

554 Eine Analyse der jeweiligen Vollzugsdefizite in den anderen EU-Staaten würde den Rahmen dieser Arbeit sprengen. Es drängt sich aber zumindest der Verdacht auf, daß sich die Vollzugs-Situation in der Regel ähnlich mangelhaft darstellt, wie es in Deutschland der Fall ist.

555 Vgl. Kap. 5.4.4.

556 Vgl. Wicke 1993, S. 201.

557 Vgl. auch Kap. 5.4.3.

558 Sogar das Gegenteil ist der Fall, wenn der Verursacher die Investition in neue Umweltschutztechnik vermeiden möchte.

559 Vgl. Endres 1996/4, S. 59 f.

Dieser Aspekt gehört methodisch allerdings nicht zum Beurteilungskriterium ‚Zeitbedarf der Anpassung'. Er wird weiter unten im Zusammenhang mit dem Kriterium ‚Wirkung über den (veralteten) Grenzwert hinaus' ausführlich diskutiert[560].

Die Ausgestaltung des Umweltauditsystems nach EG-Verordnung 1836/93 ist hinsichtlich des Zeitbedarfes der Anpassung grundsätzlich positiv zu werten: Einerseits greifen Grenzwertverschärfungen durch das ‚Legal-compliance-Gebot'[561] ebenso unmittelbar und ohne Zeitverzug, wie es bei Auflagenlösungen der Fall ist. Andererseits wird die Stand-der-Technik-Problematik durch den Anspruch der kontinuierlichen Verbesserung mit jedem Auditierungszyklus[562] zumindest gemildert.

5.4.1.3 Wirkung über den Grenzwert hinaus

Im Zusammenhang mit der ökologischen Beurteilung der umweltpolitischen Instrumente ist noch ein weiterer Aspekt von Relevanz, der später im Rahmen der Beurteilung der dynamischen Anreizwirkung nochmals zu diskutieren sein wird[563]. Es zeigt sich, daß insbesondere Auflagenlösungen ihre Steuerungswirkung nur so lange entfalten, bis der vorgegebene Grenzwert gerade erfüllt ist[564]. Demgegenüber bieten Abgabenlösungen und Zertifikate den Verursachern auch dann noch einen Anreiz, die Umweltbeeinträchtigungen zu reduzieren, wenn der Zielwert bereits erreicht ist[565]. Es liegt unmittelbar auf der Hand, daß gerade dies volkswirtschaftlich zu geringeren Gesamtumweltbelastungen führen kann, also ökologisch wünschenswert ist.

Bei der Beurteilung des Umweltauditsystems nach EG-Verordnung 1836/93 sind in diesem Zusammenhang wiederum die beiden Elemente ‚legal compliance' und ‚kontinuierliche Verbesserung' zu berücksichtigen[566].

---

560 Vgl. Kap. 5.4.1.3.

561 Vgl. Kap. 5.3.5.1 und die ausführliche Diskussion im rechtswissenschaftlichen Teil dieser Arbeit.

562 Vgl. EG (Hrsg.) 1993, Art. 3 Abs. c). Vgl. auch Kap. 5.3.5.3.

563 Später wird es dann auf Effizienzgesichtspunkte, also eine Wertung im Hinblick auf wirtschaftliche Kategorien, ankommen (vgl. auch Kap. 5.4.3). Hier geht es zunächst nur um die ökologischen Auswirkungen des gleichen Zusammenhanges.

564 Vgl. Tischler 1994, S. 164.

565 Vgl. Wicke 1993, S. 406.

566 Vgl. Kap. 5.3.5.

Während das ‚Legal-compliance-Gebot' lediglich die bestehenden Umweltauflagen in das Umweltauditsystem nach EG-Verordnung 1836/93 implementiert, erwächst aus der Verpflichtung zur kontinuierlichen Verbesserung des betrieblichen Umweltschutzes durchaus ein Anreiz, die betriebliche Umweltbeeinträchtigung über das durch diese Grenzwerte vorgeschriebene Niveau hinaus zu verringern.[567]

Allerdings muß auch darauf hingewiesen werden, daß der kontinuierliche Verbesserungsanspruch in der EG-Verordnung 1836/93 lediglich sehr allgemein formuliert wurde und sich aus ihm keine quantitativen Verpflichtungen ableiten lassen[568]. In der praktischen Anwendung bedeutet dies, daß am Umweltauditsystem nach EG-Verordnung 1836/93 teilnehmende Betriebe in ihrer Umwelterklärung bereits marginale Fortschritte des betrieblichen Umweltschutzes als großen Erfolg herausstellen könnten[569]. Hinzu kommt, daß die für das betriebliche Umweltmanagement verantwortlichen Entscheidungsträger im Unternehmen das Umweltprogramm, und damit den Maßstab der später durchgeführten Umweltprüfung, selbst festlegen. Zwar gibt die EG-Verordnung 1836/93 deutliche Hinweise, welche Umweltauswirkungen im Umweltprogramm Berücksichtigung finden sollen[570]. Die jeweilige Gewichtung der Bedeutung dieser Aspekte im Umweltprogramm bleibt aber selbstverständlich ebenso in der Hand des betriebsinternen Umweltmanagements wie die Möglichkeit, im Umweltbericht und in der Umwelterklärung die betriebliche Umweltschutzleistung in bezug auf bestimmte Umweltauswirkungen besonders herauszustellen und dafür andere Aspekte eher zu vernachlässigen.

567 "One strength of EMAS – particularly in comparison to the ISO 14000 series – is its commitment to the continuous improvement of environmental performance. From both, the economical and the ecological point of view the setting of regulatory requirements as well as the definition of industry standards have the considerable disadvantage that there is no incentive to increase environmental performance for an organisation/a site that already meets all legal/standard requirements." Orthmann et alt. 1998, S. 5.

568 Es werden keine quantitativ spezifizierten jährlichen Reduktionen der betrieblichen Umweltbeeinträchtigung vorgeschrieben. Vgl. EG (Hrsg.) 1993, Art. 3 Abs. c). Vgl. auch Janzen 1998/1, S. 72: „Leistungsmessung und Leistungsbeurteilung erfolgen in externen Umweltaudits eben nicht anhand allgemeinverbindlicher Standards, sondern durch Konfrontation der Handlungsergebnisse mit den Handlungszielen ein und desselben Unternehmens."

569 Vgl. auch Reichardt 1996, S. 206: „Für eine darüber hinausgehende, angemessene kontinuierliche Verbesserung des betrieblichen Umweltschutzes wirkt sich aber die Tatsache innovationshemmend aus, daß nicht die absolute Verbesserungsleistung den Prüfungsmaßstab darstellt, sondern lediglich der Grad der Übereinstimmung mit selbst gesetzten Zielvorgaben. Dabei wirkt sich besonders verzerrend aus, daß die Zielvorgaben nicht über die Verbesserungsleistungen hinausgehen müssen, die sich aus Produktivitätssteigerungen von selbst ergeben."

570 Vgl. EG (Hrsg.) 1993, Anhang I Absatz B. 3.

Insgesamt muß daher davon ausgegangen werden, daß von der Verpflichtung zur kontinuierlichen Verbesserung des betrieblichen Umweltschutzes zwar ein Anreiz ausgeht, die betrieblichen Umweltschutzanstrengungen über das durch das ordnungsrechtliche Auflagensystem vorgeschriebene Maß hinaus zu erhöhen. In aller Regel wird dieser Anreiz aber weniger stark ausfallen als bei umweltpolitischen Abgabenlösungen, bei denen jeder Verzicht auf die Nutzung von Umweltressourcen unmittelbare finanzielle Vorteile zur Folge hat.

5.4.1.4 Verhalten bei natürlichen Reduktionen

Unterschiede zwischen den umweltpolitischen Instrumenten zeigen sich auch in dem Fall, in dem das Emissionsniveau einzelner Anlagen, Betriebe oder ganzer Regionen zurückgeht, weil umweltbelastende Anlagen bzw. Betriebe aus anderen Gründen[571] stillgelegt oder heruntergefahren werden oder in andere Regionen umziehen. Anlagenspezifische Auflagen und Abgaben würden diese ‚natürlichen Emissionsreduktionen' unmittelbar wirksam werden lassen, während sich bei Zertifikaten ein starker Anreiz ergeben würde, die nun ungenutzt gebliebenen Emissionsrechte am Markt zu verkaufen und so einem anderen Verursacher die Umweltbelastung zu ermöglichen. Ginge die wirtschaftliche Aktivität in einer bestimmten Region insgesamt zurück, würde dies im Fall von Zertifikatslösungen und bei rationalem Handeln aller Beteiligten sogar zu einer Intensivierung der relativen Umweltnutzung führen[572]. Zu beachten ist allerdings, daß die öffentliche Hand dieser negativen Entwicklung durch Abwerten oder Aufkaufen von Zertifikaten wirksam entgegenwirken kann[573]. Bei den Abgaben- und Auflagenlösungen muß sie dies nicht, da die natürlichen Emissionsreduktionen automatisch wirksam werden. Dies gilt auch für das Umweltauditsystem nach EG-Verordnung 1836/93. Aus der Verpflichtung zur kontinuierlichen Verbesserung des betrieblichen Umweltschutzes[574] und auch aus der Öffentlichkeitswirkung des Umweltauditsystems ergibt sich sogar ein Anreiz, die natürlichen Reduktionen der betrieblichen Umweltbeeinträchtigung besonders herauszustellen[575].

---

571 Beispielsweise zur Modernisierung der Produktion.

572 Vgl. Endres 1996/4, S. 62 f.

573 Vgl. auch Wicke 1993, S. 385. Es ist im übrigen auch denkbar, daß private Institutionen (z.B. Bürgerinitiativen) und Umweltverbände Zertifikate aufkaufen.

574 Vgl. EG (Hrsg.) 1993, Art. 3 Abs. c).

575 Gerade dies wird in Umwelterklärungen und -berichten häufig getan. Vgl. auch Kap. 5.6.3.2.

Auf der anderen Seite könnte gerade dies dazu führen, daß die Aufmerksamkeit der Öffentlichkeit und auch der prüfenden Umweltgutachter durch das positive Bild der ‚natürlichen Reduktionen' von anderen Umweltaspekten abgelenkt wird. Anders ausgedrückt, vermindert das Vorliegen von natürlichen Reduktionen der betrieblichen Umweltbeeinträchtigung den oben beschriebenen Anreiz[576], die betriebliche Umweltschutzleistung auch in bezug auf andere Umweltaspekte zu erhöhen[577].

5.4.1.5 Schadstoff- und medienübergreifende Betrachtung

Wünschenswert wäre, wenn ein umweltpolitisches Instrument schadstoff- und medienübergreifend wirksam würde. Ist dies nicht der Fall, ergibt sich für die Verursacher von Umweltbeeinträchtigungen die Möglichkeit der unerwünschten Medien- oder Schadstoffsubstitution[578]. In der Praxis ist daher für eine wirksame schadstoff- und medienübergreifende Umweltpolitik ein aufeinander abgestimmtes System einer Vielzahl von Einzelmaßnahmen notwendig. Problematisch ist hierbei, daß die intermedialen Wirkungszusammenhänge und stofflichen Synergismen naturwissenschaftlich bisher nur ansatzweise erforscht sind. Es kann im Einzelfall in der Regel keine Aussage darüber gemacht werden, wie verschiedene Schadstoffe zusammenwirken und sich in verschiedenen Umweltmedien ausbreiten[579]. Die geforderte medien- und schadstoffübergreifende Umweltpolitik kann keinesfalls von einzelnen umweltpolitischen Instrumenten dargestellt werden. Deshalb ist dieses Bewertungskriterium auch kaum auf einzelne Instrumente anwendbar, es muß vielmehr die Gesamtheit aller eingesetzten umweltpolitischen Maßnahmen in die Analyse mit einbezogen werden. Es muß aber auch erwähnt werden, daß sich das Umweltauditsystem von den anderen vorgestellten umweltpolitischen Instrumenten vor allem auch durch das Konzept der Selbstanalyse der betrieblichen Umweltauswirkungen[580] unterscheidet.

---

576 Aus der Öffentlichkeitswirkung und der Verpflichtung zur kontinuierlichen Verbesserung im Rahmen des Umweltauditsystems. Vgl. auch Kap. 5.3.5.

577 Man hat ja für diesen Prüfungszyklus bereits die gewünschte Erfolgsgeschichte für die Umwelterklärung, den Umweltbericht, die Öffentlichkeit und den Umweltgutachter.

578 Ein Beispiel hierfür gibt Endres an: „So richteten sich z.B. die zu Beginn der siebziger Jahre erlassenen Vorschriften für Kfz-Abgase insbesondere auf Kohlenmonoxid und Kohlenwasserstoffe. Die Kfz-Industrie paßte sich an diese Regulierung mit der Entwicklung von Motoren an, die zwar geringere Mengen der genannten Stoffe, dafür aber mehr Stickoxide ausstoßen." Vgl. Endres 1996/4, S. 64.

579 Vgl. Tischler 1994, S. 164.

580 Vgl. EG (Hrsg.) 1993, Anhang I Abs. B. 3.

Im Rahmen dieser besteht selbstverständlich die Möglichkeit, im ordnungspolitischen Auflagen- und Abgabensystem verborgene Schlupflöcher[581] durch Eigeninitiative zu schließen. Allerdings werden die Entscheidungsträger des betrieblichen Umweltmanagements diesen Weg nur beschreiten, wenn sie sich von einer derart offensiven Umweltschutzstrategie Vorteile erhoffen. Diese könnten beispielsweise in einer Verbesserung des eigenen Umweltschutz-Images in der Öffentlichkeit liegen. Es ist sogar denkbar, daß durch die Offensive des betreffenden Betriebes ein gewisser öffentlicher Druck auf seine Konkurrenten ausgelöst wird, die entsprechenden Schlupflöcher ebenfalls zu schließen.

Das Einsetzen einer solchen ökologisch wünschenswerten Wirkung ist aber nur möglich, wenn sich die Öffentlichkeit und die Verbraucher in hinreichendem Maße für die Umweltschutzleistungen der Betriebe interessieren[582].

5.4.1.6 Regionale Umweltpolitik und Immissionsorientierung

Auf ähnlichen Schwierigkeiten wie der medien- und schadstoffübergreifende Ansatz der Umweltpolitik trifft auch die umweltpolitisch eigentlich wünschenswerte Immissionsorientierung der umweltpolitischen Maßnahmen. Es fehlen in aller Regel verläßliche Angaben über die Diffusion von emittierten Schadstoffen. Liegen diese Diffusionskoeffizienten im Einzelfall vor, muß beachtet werden, daß sie nicht konstant sind, sondern Abhängigkeiten von vielen schwankenden Determinanten aufweisen. Im Sinne einer Reduktion der Gesamtimmissionen einer Region und auch aus Effizienzgründen wäre eigentlich wünschenswert, daß Standorten mit geringerer Immissionsintensität der Emissionen im Vergleich zu anderen Standorten Vorteile eingeräumt würden. Möglich wäre dies sogar bei allen umweltpolitischen Instrumenten, etwa durch das Aussprechen weniger strenger regionaler Auflagen, durch den Ansatz geringerer regionaler Abgabensätze oder durch eine Aufwertung der (nun regional spezifischen) Zertifikate in Abhängigkeit vom jeweils ermittelten Diffusionskoeffizienten[583]. Gelingt dies nur ansatzweise[584], wird „den weiter oben besprochenen Quellen der Ineffizienz eine weitere hinzugefügt“[585].

---

581 Diese Schlupflöcher bestehen in einer Substitution zu weniger stark regulierten Umweltauswirkungen hin.

582 Vgl. auch Kap. 5.6.3.2.

583 Wicke stellt letzteren Aspekt sogar als einen Vorteil der Zertifikatslösung heraus, vgl. Wicke 1993, S. 385. Karl diskutiert auch *immissionsorientierte* Zertifikate und stellt in diesem Zusammenhang eine ganze Reihe von Umsetzungsschwierigkeiten heraus, vgl. Karl 1998, S. 82 ff. Klepper sieht dagegen in

Diese Vorbehalte gelten selbstverständlich auch für das Umweltauditsystem nach EG-Verordnung 1836/93, das ja durch das ‚Legal-compliance-Gebot' auf das ordnungsrechtliche Auflagen- und Abgabensystem zurückgreift. Wenn allerdings ein nennenswerter Druck der interessierten Öffentlichkeit besteht, ist es in Einzelfällen durchaus vorstellbar, daß das betriebliche Umweltmanagement von am Umweltauditsystem teilnehmenden Betrieben auf bekannte regional spezifische Zusammenhänge aus Imagegründen besonders Rücksicht nimmt. Da dieser besondere Öffentlichkeitsdruck – wenn überhaupt – nur in bezug auf wenige im Fokus des öffentlichen Interesses stehende Umweltaspekte zu erwarten ist[586], wird sich dieser Vorteil des Umweltauditsystems wohl auf einige Ausnahmesituationen beschränken. Denkbar ist solch eine erhöhte Betroffenheit der interessierten Öffentlichkeit beispielsweise als Reaktion auf größere Störfälle oder Umweltkatastrophen.

5.4.2 Ökonomische Effizienz

Daß eine effiziente Ausgestaltung der Umweltpolitik zu den wichtigsten Leitbildern dieser Arbeit gehört, ist bereits an anderer Stelle angeklungen, unter anderem bei der Diskussion der Internalisierungsstrategien[587]. Ein wichtiges Ergebnis der entsprechenden Kapitel war die Unmöglichkeit der Anwendung des Pareto-Kriteriums[588] in der Praxis. Als Ausweg scheint die exogene Vorgabe eines Umweltstandards eine befriedigende ‚Second-best-Lösung' zu sein: „Entscheidend ist, welches Instrument, bzw. welcher Mix von Instrumenten, führt zu der zweitbesten Allokation, wenn die ‚erstbeste' Allokation nicht erreichbar ist. Mit anderen Worten, welches Instrument unter den heute verfügbaren und bekannten führt in einer bestimmten Situation zu einer kostenminimalen Erreichung eines ökologischen Ziels.“ [589] Wenn nun die Forderung nach Pareto-optimaler Allokation in der Praxis nicht mehr aufrecht zu halten ist, müssen andere Kriterien zur Beurteilung der ökonomischen Effizienz einer umweltpolitischen Maßnahme gefunden oder definiert werden.

---

von der (als Verursacher von Umweltbeeinträchtigungen auftretenden) Industrie selbstverwalteten immissionsorientierten Zertifikaten eine Chance für Zertifikatslösungen. Vgl. Klepper 1998, S. 145 ff.

584 Wie es in der Praxis der Regelfall sein wird.

585 Endres 1996/4, S. 64 f.

586 Vgl. Kap. 5.6.3.2.

587 Vgl. Kap. 5.2.4 und Kap. 5.3.2.

588 Und gleiches gilt für daraus abgeleitete ähnliche Effizienzkriterien.

589 Karl 1998, S. 145. Vgl. auch Wicke 1993, S. 443.

Unabhängig vom gewählten Kriterium soll noch einmal auf die Wichtigkeit der ökonomischen Effizienz der praktischen Umweltpolitik hingewiesen werden: Sie ist „bei der Auswahl der umweltpolitischen Instrumente als dominierend anzusehen, da nur durch den Einsatz solcher ökologisch-ökonomisch effizienter umweltpolitischer Instrumente eine Verschwendung von knappen volkswirtschaftlichen Ressourcen zur Erreichung wirtschafts-, umweltpolitischer und sonstiger gesellschaftspolitischer Ziele vermieden werden kann und damit der Raum für sonstige wohlfahrtssteigernde Aktivitäten erweitert werden kann."[590]

5.4.2.1 Allgemeine Definition der Effizienz

„Unter der Effizienz eines umweltpolitischen Instruments ist im folgenden seine Eignung zu verstehen, die Verursacher von Emissionen zur Einhaltung eines beliebig vorgegebenen Emissionszielwertes[591] mit geringstmöglichen Kosten zu veranlassen."[592] Es soll noch einmal unterstrichen werden, daß ein derart formuliertes Effizienzziel keinesfalls in Konkurrenz zu den weiter oben unter dem Stichwort ökologische Treffsicherheit[593] formulierten Zielen steht. Gerade das Gegenteil ist der Fall: „Bei geschickter Verteilung des Effizienzgewinns auf die von der Regulierung betroffenen Wirtschaftssubjekte verbessert ein effizientes Instrumentarium überdies die Aussichten, anspruchsvolle ökologische Ziele zu erreichen."[594]

5.4.2.2 Einzelwirtschaftliche Effizienz

Bei der Beurteilung der einzelwirtschaftlichen Effizienz einer umweltpolitischen Maßnahme kommt es darauf an, daß die einzelnen Verursacher von Umweltbeeinträchtigungen einem Anreiz ausgesetzt sind, den geforderten Zielwert mit für sie geringstmöglichen Kosten und somit mit minimalem Ressourcenverbrauch zu erreichen. Zunächst kann dies nur für Verursacher zutreffen, deren rationales Handeln von wirtschaftlichen Zielen geleitet ist.

---

590 Wicke 1993, S. 440.

591 In der zitierten Quelle wird die Thematik exemplarisch am Beispiel der Luftreinhaltung diskutiert. Das Gesagte läßt sich aber leicht auf entsprechende Zielwerte der jeweils tolerierten Umweltbeeinträchtigung von anderen Umweltsphären (u.a. Gewässerschutz, Naturschutz, Abfallwirtschaft) übertragen.

592 Endres 1996/4, S. 23.

593 Vgl. Kap. 5.4.1.

Obwohl dies in aller Regel der Fall sein wird, muß auf Ausnahmen hingewiesen werden: Umweltbeeinträchtigungen können beispielsweise auch von Betrieben, öffentlichen Haushalten und sonstigen Wirtschaftssubjekten ohne Gewinnziel ausgehen[595]; oder auch von privaten Konsumenten, die nicht selbst für ihren Lebensunterhalt aufkommen müssen[596].

Im Regelfall von Betrieben mit Gewinnmaximierungsziel bzw. Haushalten mit begrenztem Budget aber unbegrenzten Konsumbedürfnissen sind die bekannten umweltpolitischen Maßnahmen hinsichtlich ihrer einzelwirtschaftlichen Effizienz wie folgt zu bewerten: Sowohl von der umweltpolitischen Auflage als auch von Abgaben- und Zertifikatslösungen geht ein Anreiz aus, zur Realisierung des Emissions- oder sonstigen Grenzwerts die Emissionen bzw. sonstigen Umweltbeeinträchtigungen mit möglichst geringem Ressourceneinsatz zu erreichen[597]. Dabei ist aber darauf zu achten, daß dem jeweiligen Verursacher auch die Methode freigestellt wird, mit der er die Umweltbeeinträchtigung reduzieren kann[598]. Daher sind Auflagen, die auf ein bestimmtes Produktionsverfahren oder eine konkrete Vermeidungstechnologie zielen, ebenso ineffizient wie Abgaben- oder Zertifikatslösungen, die ein spezifisches Produkt betreffen[599]. Anknüpfungspunkt einer einzelwirtschaftlich effizienten umweltpolitischen Maßnahme muß immer das Ausmaß der Umweltbeeinträchtigung selbst sein.

Bei der Beurteilung der einzelwirtschaftlichen Effizienz des Umweltauditsystems nach EG-Verordnung 1836/93 ist zu beachten, daß am Umweltaudit teilnehmende Betriebe verschiedenen Anreizen ausgesetzt sind, ihre Umweltanstrengungen zu erhöhen. Im einzelnen lassen sich unterscheiden:

1. Umweltmaßnahmen zur Erfüllung der unabdingbaren ordnungsrechtlichen Bestimmungen aufgrund des ‚Legal-compliance-Gebots'.

---

594 Endres 1996/4, S. 23.

595 Beispielsweise Kirchen, Tendenzbetriebe, viele Vereine, öffentliche Betriebe und Haushalte ohne Gewinnziel. Meist besteht mindestens ein Streben nach einem ‚angemessenen Gewinn' bzw. nach Kostendeckung. Da diese Ziele aber auch durch Erhöhung von Gebühren und Beiträgen erreicht werden können, besteht der Anreiz nach kosteneffizientem Ressourceneinsatz in geringerem Maße, als dies bei Wirtschaftssubjekten, die einem Gewinnziel unterliegen, der Fall ist. Dieser Anreiz fällt zudem weg, wenn der ‚angemessene Gewinn' bzw. die Kostendeckung bereits erreicht sind. Vgl. auch Wöhe 1986, S. 9.

596 Z.B. Kinder.

597 Vgl. Tischler 1994, S. 233 und Wicke 1993, S. 385 und S. 406.

598 In Frage kommen in der Praxis u.a. die Substitution von Inputfaktoren, die Anwendung höherer Recyclingraten, der Einsatz von Filteranlagen, die Verwendung von umwelttechnisch günstigeren Produktionsverfahren, Anpassungen der Produktpalette und die Verminderung der Produktion.

599 Vgl. Endres 1996/4, S. 24 f.

2. Umweltmaßnahmen, die sich aufgrund von geltenden umweltrechtlichen Abgaben- und Zertifikatslösungen oder zur Abwehr von haftungsrechtlichen Störfall-Risiken betriebswirtschaftlich begründen lassen.
3. Umweltmaßnahmen, die Marketingvorteile nach sich ziehen und sich so durch höhere Produktpreise refinanzieren lassen.
4. Darüber hinaus gehende Umweltmaßnahmen, die aus verschiedenen Gründen unternommen werden, beispielsweise um der Verpflichtung zur kontinuierlichen Verbesserung des betrieblichen Umweltschutzes nachzukommen, um evt. später einmal strategische Vorteile nutzen zu können oder um einen Imagegewinn für das Unternehmen zu erzielen[600].

Was die Umweltmaßnahmen aufgrund des ‚Legal-compliance-Gebots' betrifft, ist das Umweltauditsystem nach EG-Verordnung 1836/93 hinsichtlich seiner einzelwirtschaftlichen Effizienz grundsätzlich ebenso zu beurteilen, wie das jeweils geltende ordnungsrechtliche Auflagen- und Abgabensystem, das über das ‚Legal-compliance-Gebot' auch Bestandteil der Anforderungen an den zertifizierten Betrieb ist. Damit besteht für die Entscheidungsträger im betrieblichen Umweltmanagement keine Dispositionsfreiheit, eine umweltrelevante Maßnahme durchzuführen oder nicht. In bezug auf die betriebswirtschaftlich begründeten, die durch Marketingüberlegungen initiierten und die sonstigen Umweltmaßnahmen ist dagegen folgender Zusammenhang zu beachten: Eine betriebliche umweltrelevante Entscheidung ist genau dann einzelwirtschaftlich effizient, wenn sie geeignet ist, einen umweltpolitischen Standard mit geringst möglichem Ressourceneinsatz zu erreichen. Daß diese einzelwirtschaftlich optimale Entscheidung auch getroffen wird, hängt nicht nur von der Rationalität der Entscheidungsträger im betrieblichen Umweltmanagement ab, sondern auch von deren Informationsstand. Empirische Analysen haben ergeben[601], daß die Teilnahme am Umweltauditsystem nach EG-Verordnung 1836/93 in der Praxis oftmals dazu führt, daß die innerbetrieblichen Abläufe und damit auch deren umweltrelevante Aspekte besser verstanden werden und damit auch effizienter gestaltet werden können[602]. Erst die Beschäftigung mit den eigenen Prozessen als Folge der Teilnahme am Umweltauditsystem deckt häufig Optimierungspotential auf.

---

600 Dieser rechtfertigt zunächst noch keine höheren Produktpreise.

601 Vgl. Kap. 5.4.6.

602 Dies gilt vor allem für größere Betriebe, die über komplexe Wertschöpfungsprozesse verfügen.

In diesem Sinne ist das umweltpolitische Instrument Umweltaudit sehr wohl geeignet, die einzelwirtschaftliche Effizienz der betrieblichen Entscheidungen des Umweltmanagements zu erhöhen[603].

5.4.2.3 Gesamtwirtschaftliche Effizienz

In der Praxis der Umweltpolitik kommt es darauf an, die Einhaltung vorgegebener Grenzwerte für bestimmte Umweltbeeinträchtigungen in einer definierten Region sicherzustellen. Auch bei diesem allgemeineren Ansatz ist die Einhaltung der Effizienzbedingung zu fordern. Da innerhalb der betrachteten Region in aller Regel viele Verursacher für die jeweils betrachtete Umweltbeeinträchtigung verantwortlich sind, sind für eine Umsetzung der umweltpolitischen Maßnahme mit minimalem Ressourceneinsatz zwei Effizienzbedingungen einzuhalten.

Erstens muß jeder Verursacher das Ausmaß seiner Umweltbeeinträchtigung mit minimalem Ressourceneinsatz verringern[604]. Zweitens ist zu fordern, daß gerade diejenigen Verursacher ihre Umweltbeeinträchtigung verringern, die dies mit geringstem Ressourceneinsatz und damit zu geringstmöglichen Kosten tun können[605]. Nur dann wird die durch den vorgegebenen Grenzwert notwendige Reduktion der Umweltbeeinträchtigungen in der gesamten Region mit (über die gesamte Region aggregiert) minimalem Ressourceneinsatz realisiert. Im Marktmodell bedeutet dies, daß eine umweltpolitische Maßnahme Umweltbeeinträchtigungsreduktionen nach Maßgabe der je nach Verursacher individuellen Vermeidungskosten anreizen soll. In diesem Fall stellt sich ein Gleichgewichtszustand ein, bei dem der geforderte Umweltstandard erreicht wird und die Grenzvermeidungskosten aller Verursacher gleich sind.

Eine Auflagenpolitik könnte dieser Forderung nur gerecht werden, indem für jeden Verursacher nach Maßgabe der jeweiligen Grenzvermeidungskosten individuelle Auflagen verhängt würden[606].

---

603 Vgl. auch Kap. 5.3.5.2.

604 Einzelwirtschaftliche Effizienzbedingung, vgl. letztes Kapitel.

605 In empirischen Untersuchungen wurde nachgewiesen, daß die Grenzvermeidungskosten zwischen verschiedenen Verursachern von Umweltbeeinträchtigungen in der Praxis erheblich differieren können: um den Faktor 40 bei Kohlenwasserstoffemissionen und sogar um den Faktor 80 bei Staubemissionen, vgl. Müller-Witt 1980, S. 357 ff.

606 Vgl. die graphische Veranschaulichung bei Wicke 1993, S. 202 f und die zusammenfassende Wertung bei Wicke 1993, S. 205.

Abgesehen davon, daß dies mit sehr hohem Regelungs- und Kontrollaufwand verbunden wäre, scheitert ein solches Vorgehen in der Praxis daran, daß die individuellen Grenzvermeidungskosten der Regelungsbehörde in aller Regel nicht bekannt sind[607]. Bei einer Umweltpolitik mit Abgaben und Zertifikaten stellt sich dieses Problem nicht[608]. Die einzelnen Verursacher unterliegen solange einem Anreiz zur Reduktion ihrer Umweltbeeinträchtigungen, bis ihre (mit zunehmender Reduktion steigenden) Grenzvermeidungskosten die jeweilige Abgabenhöhe bzw. den momentanen Zertifikatskurs erreichen. So ist es für die Verursacher rational, nach Maßgabe ihrer speziellen Grenzvermeidungskosten individuell unterschiedliche Anstrengungen zur Verringerung ihrer Umweltbeeinträchtigungen durchzuführen[609]. Dadurch wird die geforderte ‚gesamtwirtschaftliche Effizienz' durch die Auflagen- und Zertifikatslösungen automatisch realisiert[610]. Bei der Beurteilung des Umweltauditsystems nach EG-Verordnung 1836/93 sind die gleichen Aspekte zu berücksichtigen, die bereits im Zusammenhang mit der einzelwirtschaftlichen Effizienz diskutiert wurden. Einerseits fordert die interne Umweltbetriebsprüfung die Einhaltung der einschlägigen Umweltvorschriften, so daß die gesamtwirtschaftliche Effizienz des Umweltauditsystems auch davon abhängen wird, in welchem Maße das geltende Umweltrecht ineffiziente Auflagen und gesamtwirtschaftlich effiziente marktorientierte Instrumente[611] vorsieht. Schwieriger zu beurteilen ist ein weiterer Aspekt der gesamtwirtschaftlichen Effizienz des Umweltauditsystems. Bei diesem Kriterium kommt es darauf an, daß – vereinfacht ausgedrückt – ‚die richtigen' Betriebe[612] Maßnahmen zur Verringerung ihrer Umweltbeeinträchtigung durchführen. Während Umweltmaßnahmen im Zusammenhang mit dem ‚Legal-compliance-Gebot' nicht zur Disposition stehen, hängt in der Praxis die Tatsache, ob eine *darüber hinausgehende* Umweltmaßnahme[613] tatsächlich durchgeführt wird, auch davon ab, daß man die Effizienz dieser Maßnahme überhaupt erkennt.

---

607 Es besteht sogar ein Anreiz für den einzelnen Verursacher, seine Vermeidungskosten bewußt zu hoch darzustellen, was zur Verhängung einer weniger restriktiven individuellen Auflage führen würde. Vgl. Endres 1996/4, S. 26 f.

608 Vgl. Tischler 1994, S. 232.

609 Die Anstrengungen zur Verminderung der Umweltbeeinträchtigung werden um so größer sein, je geringer die spezifischen Grenzvermeidungskosten ausfallen. Wie umweltökonomisch wünschenswert, wird der Umwelt also dort am meisten geholfen, wo es mit dem geringsten Ressourceneinsatz möglich ist.

610 Vgl. auch die graphische Veranschaulichung bei Endres 1996/4, S. 28 ff.

611 Beispielsweise Abgaben- und Zertifikatslösungen. Vgl. oben.

612 Nach Maßgabe der betriebsspezifischen Grenzvermeidungskosten. Vgl. oben.

613 Dazu gehören die betriebswirtschaftlich begründeten, die durch Marketingüberlegungen initiierten und die sonstigen Umweltmaßnahmen (zur kontinuierlichen Verbesserung der betrieblichen Umweltleistung oder aus Image- oder strategischen Gründen). Vgl. Kap. 5.4.2.2.

Wiederum ist also die Wirksamkeit eines umweltpolitischen Instruments in der Praxis auch vom Informationsstand der Entscheidungsträger des betrieblichen Umweltmanagements abhängig. Geht man nun davon aus, daß ein Umweltmanagementsystem diesen Informationsstand tendenziell verbessert[614], kann hierdurch auch die gesamtwirtschaftliche Effizienz des betrieblichen Umweltmanagements steigen[615].

Interessant ist auch der Blick auf Umweltmaßnahmen, die Marketingvorteile nach sich ziehen und deren Kosten sich so durch höhere Produktpreise auf den Abnehmer der Produkte überwälzen lassen und auf solche, die im Sinne der kontinuierlichen Verbesserung des betrieblichen Umweltschutzes oder aus Image- bzw. strategischen Gründen durchgeführt werden. Sie steigern das Umweltschutzniveau über die Vorgaben des Umweltrechts hinaus. Geht man nun davon aus, daß die bestehenden Grenzwerte in der Praxis in aller Regel unter dem durch das theoretische Leitbild einer vollständigen Internalisierung vorgegebenen optimalen Standard liegen werden[616], würden diese zusätzlichen Umweltmaßnahmen eine umweltökonomisch günstige Teilinternalisierung zur Folge haben, die die gesamtwirtschaftliche Effizienz (der Nutzung von Umweltressourcen) in Richtung zum theoretischen Optimum hin verbessert.

614 Hiervon ist auch deswegen in aller Regel auszugehen, weil die Grenzvermeidungskosten einer Umweltmaßnahme vielfach schwer abzuschätzen sind. Es ist daher ein klarer Vorteil, wenn den Entscheidungsträger im betrieblichen Umweltmanagement die Ergebnisse der im Zuge der Umweltprüfung erfolgten Analyse vorliegen. Vgl. Kap. 5.3.5.2.

615 Zur Verdeutlichung seien hier die beiden Effizienzkriterien – einzelwirtschaftliche und gesamtwirtschaftliche Effizienz – noch einmal voneinander abgegrenzt: Bei der einzelwirt-schaftlichen Effizienz kommt es darauf an, daß ein Verursacher diejenige Umweltmaßnahme ergreift, die das Erreichen seiner (extern durch Auflagen oder auch intern durch sein Umweltprogramm vorgegebenen) Umweltziele mit dem geringsten Ressourceneinsatz ermöglicht. Die gesamtwirtschaftliche Effizienz zielt dagegen darauf ab, daß von mehreren Verursachern zunächst derjenige Maßnahmen ergreift, dem dies mit dem geringsten Ressourceneinsatz möglich ist. Denkbar wäre nun noch ein dritter – und weiter oben bereits diskutierter – Aspekt: Die Frage, bis zu welchem Maße insgesamt Umweltmaßnahmen durchgeführt werden sollen, also welcher Umweltstandard mit Blick auf das Effizienzkriterium einer vollständigen Internalisierung aller externen Effekte am besten vorgegeben werden sollte. Wie bereits oben gezeigt wurde, ist diese Frage in der Praxis in aller Regel nicht zu beantworten. Vgl. Kap. 5.2.4.

616 Die Indizien hierfür sind zahlreich: Das ‚Stand-der-Technik-Problem', die Vollzugsprobleme im Umweltrecht, die Widerstände gegen und die zeitlichen Verzögerungen im Gesetzgebungsverfahren (sogenannte Informations-, Entscheidungs-, Kodifizierungs- und Novellierungs-Lags. Vgl. Endres 1996/4, S. 38.). Vgl. auch weiter unten.

5.4.3 Dynamische Anreizwirkung

Bei der bisherigen Diskussion wurde davon ausgegangen, daß Grenzwerte der tolerierten Umweltbeeinträchtigung von den Trägern der Umweltpolitik exogen vorgegeben worden sind. Ein solches Vorgehen ist als eine praktikable ‚Second-best-Lösung' zu verstehen, von der ein genaues Treffen der umweltökonomisch pareto-effizienten Grenzwerte[617] nicht erwartet werden darf. In der Praxis ist regelmäßig davon auszugehen, daß die umweltpolitisch festgesetzten Grenzwerte entsprechend einer Teilinternalisierung der bekannten externen Effekte weniger restriktiv ausfallen als die theoretischen, pareto-effizienten Zielwerte. Dies läßt sich wie folgt begründen:

1. Nach derzeitigem Stand von Wissenschaft und Technik sind die einzelnen externen Effekte erst ansatzweise erforscht, so daß davon auszugehen ist, daß längst nicht alle in wirtschaftspolitischen Kalkülen Berücksichtigung finden können[618].
2. Der theoretische pareto-effiziente Zielwert der tolerierten Umweltbeeinträchtigungen ist von anderen Determinanten[619] abhängig und variiert daher im Zeitablauf. Geht man beispielsweise von einem Fortschritt der umweltrelevanten Produktions- und Vermeidungstechnik aus, würde dies eine sukzessive Verschärfung des Zielwertes erfordern[620]. Da jede Regulierung aber selbst Zeit und Ressourcen in Anspruch nimmt (im Vergleich zur ständigen automatischen Einstellung des pareto-optimalen Zielwerts im theoretischen Modell)[621], ist in der Regel von einem ‚Nachhinken' der exogen vorgegebenen Grenzwerte auszugehen[622].

---

617 Wie sie im theoretischen Modell der vollständigen Internalisierung der externen Effekte automatisch realisiert werden, vgl. Kap. 5.2.4.

618 Vgl. die ausführliche Diskussion bei Endres, Holm-Müller 1996/3, S. 88 ff. Vgl. auch Wicke 1993, S. 44.

619 Beispielsweise vom Wirtschaftswachstum und von der Inflation in der betreffenden Region sowie insbesondere vom jeweiligen Stand der (Produktions- und Vermeidungs-)Technik.

620 Zunehmende Inflation und steigendes Wirtschaftswachstum haben die umgekehrte Wirkung.

621 Zu beachten sind u.a. Informations-, Entscheidungs-, Kodifizierungs- und Novellierungs-Lags. Vgl. Endres 1996/4, S. 38.

622 Dieser Umstand ist vielfach unter dem Begriff ‚Stand-der-Technik-Problem' diskutiert worden. Vgl. Endres 1996/4, S. 35 ff und Wicke 1993, S. 204. Eine Definition des Begriffs ‚Stand der Technik' enthält das Bundesimmissionsschutzgesetz. Danach ist der Stand der Technik „... der Entwicklungsstand fortschrittlicher Verfahren, Einrichtungen oder Betriebsweisen, der die praktische Eignung einer Maßnahme zur Begrenzung von Emissionen gesichert erscheinen läßt. Bei der Bestimmung des Standes der Technik sind insbesondere vergleichbare Verfahren, Einrichtungen oder Betriebsweisen heranzuziehen, die mit Erfolg im Betrieb erprobt worden sind." § 3 Abs. 6 BImSchG.

3. Jeder Regulierung steht ein gewisser umweltpolitischer Widerstand der Verursacher von Umweltbeeinträchtigungen gegenüber, der tendenziell zu weniger restriktiven Grenzwerten führt.
4. Aus Gründen der Verhältnismäßigkeit und zum Schutz der Verursacher von Umweltbeeinträchtigungen läßt sich sicherlich auch die Notwendigkeit eines gewissen Bestandsschutzes für Altanlagen und überholte Grenzwerte rechtfertigen.

Im Regelfall einer Unterschätzung der entsprechenden optimalen Zielwerte tritt ein weiteres Beurteilungskriterium für umweltpolitische Instrumente in den Vordergrund. Es ist die dynamische Anreizwirkung, also die Frage, inwieweit eine umweltpolitische Maßnahme in der Lage ist, für die Verursacher von Umweltbeeinträchtigungen einen Anreiz auszulösen, selbst Forschungs- und Entwicklungsanstrengungen zu unternehmen, um den Stand der Technik der Umwelttechnologie[623] voranzutreiben.
Die Analyse ergibt, daß diese dynamische Anreizwirkung bereits von einer Auflagenlösung ausgeht, wenn die Auflage restriktiv ist und momentan von einem Verursacher noch nicht erfüllt werden kann. Für diesen Verursacher ist es dann sinnvoll, in Forschungs- und Entwicklungsaktivitäten zu investieren und nach dem produktions- oder vermeidungstechnischen Verfahren zu suchen, mit dem der Grenzwert zu geringstmöglichen Kosten einzuhalten ist. Wird allerdings der vorgegebene Grenzwert bereits eingehalten[624], geht von dieser Auflage keinerlei dynamische Anreizwirkung mehr aus. Diese Situation wird in der Praxis durch das sogenannte ‚Stand-der-Technik-Problem'[625] weiter verschärft: Da sich insbesondere in der Immissionsschutzpolitik die geltenden Auflagen oftmals aus dem ‚Stand der Technik' ableiten und sich dieser wiederum an der bereits in Betrieb befindlichen Umwelttechnologie orientiert[626], haben die Verursacher von Umweltbeeinträchtigungen ein starkes Motiv, sich gegen den technischen Fortschritt zu sträuben, statt ihn zu fördern. Bei einer am ‚Stand der Technik' orientierten Auflagenpolitik kann es für die Verursacher rational sein, Vermeidungstechnologie nicht zu nutzen und die Substitution von umweltintensiven Anlagen und Produktionsverfahren zu verzögern.

---

623 Vermeidungs- und umweltrelevante Produktionstechnologie.

624 Dies wird ja bei einem den einschlägigen Vorschriften entsprechend produzierendem Verursacher-Betrieb in der Regel der Fall sein.

625 Eine ausführliche Diskussion bei Tischler 1994, S. 168 ff.

626 Vgl. die Definition des ‚Stand der Technik' in § 3 Abs. 6 BImschG.

Hiermit würde vermieden, daß der Einsatz der neuen Technik über eine Neudefinition des ‚Standes der Technik' zu einer Verschärfung des umweltpolitischen Grenzwertes führt[627]. „Eine Politik, die Firmen die Einhaltung des Standes der Technik vorschreibt, wirkt ihrem Ziel, ein dynamisches Element in die Grenzwertbestimmung einzubringen, ... entgegen."[628]

Im Gegensatz zu den Auflagenlösungen besteht der Druck in Richtung einer Senkung der Umweltbeeinträchtigungen und somit die dynamische Anreizwirkung zum technologischen Fortschritt bei der Umweltpolitik mit Abgaben und Zertifikaten auch über die Realisierung des exogenen Grenzwertes hinaus[629]. Bei der Zertifikatslösung ist allerdings zu beachten, daß dieser Innovationsdruck zunächst mit zunehmendem Fortschritt der Umwelttechnologie abnimmt[630], da mit einer Entspannung der Knappheit der Zertifikate und damit mit einem Kursverfall zu rechnen sein wird. Diesem Mechanismus kann wiederum die öffentliche Hand durch den Rückkauf oder die Abwertung der Zertifikate entgegenwirken[631]. Da hierzu jeweils ein konkreter und richtig dimensionierter umweltpolitischer Eingriff erforderlich ist, muß man – wenn auch in deutlich abgeschwächter Form – abermals mit Friktionen rechnen[632], wie sie bereits im Zusammenhang mit dem ‚Stand-der-Technik-Problem' erörtert worden sind. Auch könnte die für die Verursacher unangenehme Rückkopplung zwischen eigenen Vermeidungsaktivitäten, Kursverfall der Zertifikate und Verknappung durch die öffentliche Hand (mittels Rückkauf bzw. Abwertung) von den Verursachern antizipiert werden und strategisches Verhalten auslösen[633].

---

627 Endres verwendet in diesem Zusammenhang die plakativen Ausdrücke ‚Schweigekartell der Oberingenieure' und ‚umwelttechnisches Stagnationskartell'. Vgl. Endres 1996/4, S. 36 und S. 37. Auch Wicke und Tischler erwähnen den Begriff ‚Schweigekartell der Oberingenieure', vgl. Wicke 1993, S. 204 und Tischler 1994, S. 169: „Danach ist vorstellbar und wird von Kritikern zum Teil auch belegt, daß die im Umweltschutz engagierten Großunternehmen aus einzelwirtschaftlichen Gründen an einer möglichen Weiterentwicklung emissionsmindernder Anlagen zu einem bestimmten Zeitpunkt kein Interesse haben und mögliche Umweltschutzverbesserungen damit verzögern oder verhindern können. Man spricht in diesem Zusammenhang allgemein vom sogenannten ‚Schweigekartell der Oberingenieure'."

628 Vgl. Endres 1996/4, S. 36. Wicke betont dagegen gerade diese dynamische Komponente, führt als Beispiel aber vor allem das restriktivere Konzept des ‚Standes der Wissenschaft und Forschung' an. Für Konzepte nach dem ‚Stand der Technik' räumt er „erhebliche Zeitverzögerungen, bis der Stand der Technik ... konkretisiert ist", ein und betont noch einmal den häufig verspäteten Vollzug von Umrüstungen nach dem ‚Stand der Technik' bei Altanlagen. Vgl. Wicke 1993, S. 204 f.

629 Vgl. Rahmeyer 1997, S. 39 ff. Zur Abgabenpolitik vgl. Tischler 1994, S. 233.

630 Auf der anderen Seite nimmt er aber mit zunehmendem Wirtschaftswachstum, steigender Inflation oder beim Zuzug neuer Verursacher zu.

631 Dieser Zusammenhang wurde bereits oben erläutert. Vgl. weiter oben.

632 V.a. Informations-, Entscheidungs-, Kodifizierungs- und Novellierungs-Lags.

633 Beispielsweise einen Verzicht auf Innovationen. Vgl. Endres 1996/4, S. 41 ff.

Die Beurteilung des Umweltauditsystems nach EG-Verordnung 1836/93 bezüglich der dynamischen Anreizwirkung muß an die Aspekte anknüpfen, die bereits im Zusammenhang mit dem Beurteilungskriterium ‚Wirkung über den Grenzwert hinaus' diskutiert worden sind[634]. Entsprechend sind in diesem Zusammenhang wiederum die beiden Elemente ‚legal compliance' und ‚kontinuierliche Verbesserung' zu berücksichtigen. Während das ‚Legal-compliance-Gebot' lediglich die bestehenden Umweltauflagen in das Umweltauditsystem nach EG-Verordnung 1836/93 implementiert, erwächst aus der Verpflichtung zur kontinuierlichen Verbesserung des betrieblichen Umweltschutzes durchaus ein Anreiz zu einer Senkung der Umweltbeeinträchtigungen und somit die dynamische Anreizwirkung zum technologischen Fortschritt[635]. Wie bereits oben diskutiert, wird dieser Anreiz aber in aller Regel weniger stark ausfallen als bei umweltpolitischen Abgabenlösungen, bei denen jeder Verzicht auf die Nutzung von Umweltressourcen unmittelbare finanzielle Vorteile zur Folge hat.

5.4.4 Administrativ-rechtliche Praktikabilität

Wenn auch die ökologische Wirksamkeit und die ökonomische Effizienz die dominierenden Beurteilungskriterien für die Auswahl geeigneter umweltpolitischer Instrumente sind, kommt der administrativ-rechtlichen Praktikabilität ebenfalls eine große Bedeutung zu. Sie beurteilt, inwieweit das jeweilige Instrument in das herrschende Rechtssystem paßt, inwieweit es in der Praxis auch politisch durchsetzbar ist und in welcher Weise es sich – auch unter ökonomischen Kriterien – für den Vollzug eignet[636].

5.4.4.1 Politische Durchsetzbarkeit in der Praxis

In der Praxis kann die Umsetzung des umweltpolitischen Instruments in geltendes Recht zuweilen problematisch sein. Dabei ist es ein Vorteil, wenn das geplante Instrument in seinen Auswirkungen relativ neutral ist und nicht bestimmte gesellschaftliche Gruppen bevorzugt oder benachteiligt.

---

634 Schließlich haben beide Zusammenhänge die gleiche Ursache. Was die Wirkung betrifft, ist es aber ratsam zwei Aspekte der gleichen Ursache zu unterscheiden: Weiter oben den ökologischen und hier den ökonomischen Aspekt eines Anreizes, zusätzliche Umweltmaßnahmen durchzuführen.

635 Zum ‚Stand-der-Technik-Problem' im Zusammenhang mit dem Umweltauditsystem nach EG-Verordnung 1836/93 vgl. auch Nissen 1999, S. 112 ff.

636 Vgl. Wicke 1993, S. 441ff.

Auch sollte seine Eingriffs- und Regelungsintensität in einem vernünftigen Verhältnis zum umweltpolitischen Problemdruck stehen, durch den es im Einzelfall begründet wird. Zu beachten sind darüber hinaus die umweltpolitischen und im Falle von fiskalischen umweltpolitischen Instrumenten auch finanzpolitische Interessenlagen[637] der verschiedenen Träger der Umweltpolitik[638] und natürlich auch der politischen Parteien und betroffenen umweltpolitischen Lobbyisten. Dabei kann die Erfolgschance des Umsetzungsvorhabens mitunter auch von positiven oder negativen Erfahrungen abhängen, die alle Betroffenen mit den jeweils zur Disposition stehenden Instrumenten in einer anderen Region oder in einem anderen Land bzw. mit ähnlichen Instrumenten in der gleichen Region gemacht haben. In der Phase der politischen Willensbildung werden auch Fragen des gegenseitigen Vertrauens der Akteure auf öffentlicher bzw. Verursacherebene eine Rolle spielen. Manchmal ist es auch möglich, dieses durch eine offene Informationspolitik zu steigern.

In der Praxis kann das komplexe Kriterium der politischen Durchsetzbarkeit nur für den Einzelfall einer konkreten Regelung beurteilt werden. Anders als bei den anderen Beurteilungskriterien ist an dieser Stelle keine allgemeine Beurteilung der umweltpolitischen Instrumente möglich. Es soll aber dennoch auf folgenden in der Praxis häufig anzutreffenden Umstand hingewiesen werden: Abgaben- und in noch stärkerem Maße Zertifikatslösungen stoßen vor allem bei Umweltverbänden und Teilen der umweltpolitisch interessierten Öffentlichkeit häufig auf starke Kritik[639] auf moralisch-psychologischer Ebene[640]. Dabei wird unter anderem die ,Vermarktlichung' der Umwelt angeprangert, die ja gerade umweltökonomisch positiv zu bewerten ist. Weitere Kritikpunkte gegen Zertifikatslösungen zählt Cansier auf: „Das erforderliche völlige Umdenken in der vom Ordnungsrecht geprägten Umweltpolitik, das mangelnde Vertrautsein der Politiker und Beamten mit der ökonomischen Denkweise, das Mißtrauen in das Funktionieren der Zertifikatemärkte, ethische Bedenken gegen die ,Vermarktung der Umwelt', fehlende Kontrollmöglichkeiten für Politiker und Bürokraten und die Ungeeignetheit für öffentlichkeitswirksame symbolische Politik (Erlaß scharfer Gesetze bei laxer Durchführung).“[641]

---

637 Vgl. Frey 1992, S. 108.

638 Hierzu gehören Bund, Länder, Gemeinden, Umweltverbände und sonstige Umweltinstitutionen.

639 Wie die Beurteilung der Abgaben und Zertifikate zeigt, ist diese aus dem umweltökonomischen Blickwinkel nicht berechtigt. Vgl. auch Kap. 5.4.7.

640 Vgl. Gawel 1998, S. 113 ff, John 1988, S. 8, Cansier 1998, S. 97 ff, Wicke 1993, S. 442, S. 388 und Endres 1996/4, S. 66 f.

641 Cansier 1998, S. 97.

Wohl aufgrund der klar vorgegebenen Ge- und Verbotstatbestände und der somit voraussehbaren Auswirkungen erweisen sich Auflagenlösungen in der Praxis oft als politisch leichter durchsetzbar als Zertifikats- und Abgabenlösungen[642]. Bei Abgaben- und Zertifikatslösungen sind auf der anderen Seite positive Auswirkungen auf die Akzeptanz der politischen Entscheidungsträger aufgrund der Tatsache zu erwarten, daß Umweltabgaben eine zusätzliche Finanzierungsquelle für die öffentliche Hand sind[643]. Auch aus ökologischen Gesichtspunkten ist dies positiv zu bewerten, besteht doch die Möglichkeit, die zusätzlichen Einnahmen zur Finanzierung des öffentlichen Umweltschutzes zu verwenden[644].

Das Umweltauditsystem hatte zumindest in den ersten Jahren nach Inkrafttreten der EG-Verordnung 1836/93 mit großen Widerständen zu kämpfen[645]. Diese gingen einerseits auf fundamental eingestellte Umweltverbände und -organisationen sowie auch auf politische Gruppierungen zurück, die Kritik an den Freiheiten übten, die jeder am Umweltaudit teilnehmende Standort bei der Ausgestaltung seines Umweltmanagementsystems hat. Die Skepsis in diesem Punkt war nur selten wissenschaftlich begründet, aber ähnlich deutlich wie das bereits oben erwähnte Mißtrauen gegenüber anderen neuen marktorientierten Instrumenten der Umweltpolitik. Andererseits kritisierten die Industrieverbände einzelne Elemente des Umweltauditsystems nach EG-Verordnung 1836/93, insbesondere die hohe Öffentlichkeitsbeteiligung und Transparenz des betrieblichen Umweltmanagements.

Vielleicht zeigt gerade die Tatsache, daß dieses neue Instrument von beiden Seiten[646] scharfe Kritik erntete, daß es unter dem Strich recht gut in ein neues Verständnis der nationalen und EU-weiten Umweltpolitik paßt[647].

---

642 Vgl. Tischler 1994, S. 235 und Wicke 1993, S. 201: „Für Auflagen besteht deshalb in der interessierten Öffentlichkeit häufig ein wesentlich größerer ‚good will' als für marktorientierte Instrumente."

643 Vgl. Brunetti 1993, S. 112. Allerdings ist diese Finanzierungsquelle vergleichsweise ungewiß, so daß auch eine Erschwerung der öffentlichen Finanzplanung zu befürchten ist. Vgl. Tischler 1994, S. 234.

644 Vgl. Tischler 1994, S. 233.

645 Vgl. Müller 1996, S. 1. Glatfeld 1998, S. 22: „So bezeichnete etwa der Bundesverband der Deutschen Industrie e. V. (BDI) das System als überbürokratisiert und im Ergebnis kontraproduktiv ... . Darüber hinaus passe das System nicht in den insbesondere in Deutschland ausgeprägten ordnungspolitischen Rahmen und das damit verbundene Überwachungssystem."

646 Von der Industrie und von den Umweltverbänden.

647 Vgl. auch die Diskussion im rechtswissenschaftlichen Teil der Arbeit.

5.4.4.2 Vollzugseignung und Vollzugskosten

Die Einhaltung der Regulierungen umweltpolitischer Instrumente durch die Verursacher von Umweltbeeinträchtigungen muß in der Praxis kontrolliert werden. Dabei zeigt sich, daß sich die verschiedenen umweltpolitischen Instrumente hinsichtlich ihrer Kontrollnotwendigkeit und -eignung sehr unterscheiden. Ein Grund hierfür liegt in der Asymmetrie des Informationsstands zwischen den Verursachern der Umweltbeeinträchtigungen und den kontrollierenden Instanzen der öffentlichen Hand. „Die Anwendung der einzelnen Instrumente der Umweltpolitik setzen einen sehr unterschiedlichen Umfang an Informationen voraus. Je stärker das Preissystem imitiert wird, desto geringer, und je mehr auf administrative Regelungen abgestellt wird, desto größer ist das Informationsbedürfnis des Staates.“[648] Damit ist auch der jeweils erforderliche Aufwand an Sachmitteln, Kontroll- und Überwachungspersonal und auch Expertenwissen unterschiedlich. Im allgemeinen können die marktorientierten Instrumente hinsichtlich der Vollzugskosten daher günstiger beurteilt werden. Vielfach gelten Zertifikatslösungen als „administrativ relativ einfach, da sich der Staat praktisch auf die Vorgabe der maximalen Emission und deren Kontrolle beschränken kann.“[649] Erfassungsprobleme der Umweltbeeinträchtigungen, die Tatsache, daß die deutschen Vollzugsbehörden bereits deutlich überlastet sind sowie ein hoher Verwaltungs- und Kontrollaufwand lassen die Vollzugseignung der meist anlagenspezifischen Auflagen- und Abgabenpolitik schlechter erscheinen als die der Zertifikatspolitik[650]. Im Umweltauditsystem nach EG-Verordnung 1836/93 ist vorgesehen, daß sowohl die interne Umweltprüfung als auch das folgende Gutachten zur Validierung von privatwirtschaftlichen Prüfern[651] durchgeführt wird. Damit belastet es die öffentlichen Vollzugsbehörden nicht zusätzlich. Trotzdem werden die meisten Vollzugsaufgaben bei der Anlagengenehmigung sowie bei den Kontroll- und Überwachungsverfahren weiterhin wahrzunehmen sein[652]. Eine Ausnahme sind lediglich die Möglichkeiten zur Deregulierung und Substitution, die im Fall einer Doppelprüfung des gleichen Sachverhalts die Übernahme der Ergebnisse der Betriebsprüfung nach Umweltauditverordnung in engen Grenzen gestattet[653].

---

648 Frey 1992, S. 109.

649 Vgl. Wicke 1993, S. 385.

650 Vgl. Wicke 1993, S. 385 und 408.

651 Die Gutachter sind allerdings öffentlich bestellt.

652 Das Umweltauditsystem nach EG-Verordnung 1836/93 ist in diesem Punkt nicht unbedingt mit dem umweltpolitischen Instrument der freiwilligen Selbsterklärungen vergleichbar, für die man von sehr günstigen Kontrollkosten ausgeht. Vgl. Voigt 1999, S. 14.

653 Vgl. die Darstellung im rechtswissenschaftlichen Teil der Arbeit.

5.4.4.3 Einordnung in das Rechtssystem

Weiterhin ist zu beachten, inwieweit das zur Diskussion stehende umweltpolitische Instrument in das bestehende Rechtssystem paßt. So ist es von Vorteil, wenn bei der rechtlichen Umsetzung keine Konflikte mit bestehenden Verwaltungsvorschriften, Gesetzen oder gar Grundrechten entstehen und daher eine Änderung derselben erforderlich ist. Zu untersuchen ist dabei sowohl die Verträglichkeit eines umweltpolitischen Instruments mit nationalem als auch mit supranationalem, insbesondere mit EU-Recht.

5.4.4.3.1 Beurteilung der Konformität mit dem nationalen Rechtsystem

Da das deutsche Umweltrecht in der Vergangenheit vor allem durch ordnungsrechtliche Bestimmungen geprägt war[654], werden Auflagenlösungen aus rechtssystematischer Sicht meist als unproblematisch eingeschätzt. Mehr juristischen Widerstand lösen in der Regel Abgabenlösungen und vor allem auch Zertifikate aus[655].

Die Verträglichkeit des Umweltauditsystems nach EG-Verordnung 1836/93 mit deutschem Recht wurde bereits im rechtswissenschaftlichen Teil dieser Arbeit diskutiert[656]. Bedenken werden vor allem im Zusammenhang mit den Deregulierungs- und Substitutionsmöglichkeiten für die am Umweltauditsystem teilnehmenden Betriebe geäußert. Fraglich ist im einzelnen:

1. Die Gewährleistung der Einhaltung der materiellen Umweltstandards,
2. die Berücksichtigung verfassungsrechtlicher Schranken,
3. die Berücksichtigung der Schranken supranationalen Rechts,
4. die Gewährleistung funktionaler Äquivalenz, einer dem Ordnungsrecht vergleichbaren Zielrichtung und Steuerungswirksamkeit und
5. die Gleichwertigkeit der Selbstprüfung im Zusammenhang mit einer Teilnahme am Umweltauditsystem in der Vollzugspraxis.

Nach der zur Zeit überwiegend herrschenden Meinung lassen sich die meisten Bedenken entkräften[657].

---

654 Vgl. Rehbinder 1998, S. 70: „Das Ordnungsrecht stand lange Zeit im Mittelpunkt der juristischen Diskussion zur Umweltpolitik."

655 Vgl. die ausführliche Diskussion bei Rehbinder 1998, S. 70 ff.

656 Vgl. Kap. 4.2.

657 Vgl. die ausführliche Schilderung im rechtswissenschaftlichen Teil. Zum Konflikt mit supranationalem Recht vgl. auch das nächste Kapitel.

Allerdings erfordern die im Rahmen der Substitution gewährten Vollzugserleichterungen die Anpassung zahlreicher Verwaltungsvorschriften. Sollen darüber hinaus Öffnungsklauseln für am Umweltauditsystem nach EG-Verordnung 1836/93 teilnehmende Betriebe vorgesehen werden, sind auch bestehende Umweltgesetze zu revidieren. Dies kann selbstverständlich einen langwierigen Gang durch das Gesetzgebungsverfahren zur Folge haben, der bei zustimmungspflichtigen Gesetzen auch die Beteiligung des Bundesrats erfordert.

5.4.4.3.2 Exkurs: Beurteilung der Konformität mit supranationalem Recht

Einen guten Überblick über die EU-Rechtsverträglichkeit der umweltpolitischen Instrumente gibt Brunetti[658]. Danach sind ordnungsrechtliche Umweltmaßnahmen[659] einerseits sogenannten primärrechtlichen Beschränkungen[660] unterworfen, die sich aus den Regeln über den freien Warenverkehr ergeben. Dies liegt daran, daß auch Umweltauflagen der öffentlichen Hand die Wirkung eines nichttarifären Handelshemmnisses entfalten können. Kritisch ist dabei vor allem ein Teilsatz in Art. 30 EWG-Vertrag: „Gemäß Art. 30 sind mengenmäßige Einfuhrbeschränkungen ***sowie alle Maßnahmen gleicher Wirkung*** zwischen den Mitgliedstaaten verboten.“[661] Was sich unter diesen Maßnahmen gleicher Wirkung verbirgt, wurde in den 70er Jahren durch die Rechtsprechung des Europäischen Gerichtshofs präzisiert[662]. Unter den Umweltauflagen können vor allem Produktnormen zu Konflikten mit dieser Vorschrift führen.

Weiterhin ist denkbar, daß produktions- und anlagenbezogene Normen derart streng formuliert werden, daß sie nur unter Einsatz von bestimmten handelbaren Produktionsmitteln[663] zu erfüllen sind. Auch für diesen Fall könnte unter Umständen ein verstecktes nichttarifäres Handelshemmnis vorliegen, doch „grundsätzlich gibt erst eine Prüfung im Einzelfall Aufschluß darüber“[664]. Dies trifft auch auf die Konflikte von Umweltauflagen mit EU-Sekundärrecht zu:

---

658 Vgl. Brunetti 1993, S. 11 ff.

659 Z.B. Umweltauflagen.

660 Hierunter sind alle Beschränkungen zu zählen, deren Grundlage der EWG-Vertrag ist.

661 Brunetti 1993, S. 16.

662 Eine ausführliche Wiedergabe der einschlägigen Urteile würde den Rahmen der vorliegenden Arbeit sprengen. Vgl. die Diskussion bei Brunetti 1993, S. 17 ff.

663 Wie z.B. Filteranlagen.

664 Brunetti 1993, S. 20. Dabei ist insbesondere auch die Rechtfertigungsmöglichkeit für handelshemmende Maßnahmen gemäß EuGH-Rechtsprechung und Art. 36 EWG-Vertrag zu beachten: Danach sind handelshemmende Umweltmaßnahmen im Rahmen des Grundsatzes der Verhältnismäßigkeit – zu diesem vgl. Brunetti 1993, S. 26 ff – in aller Regel zu rechtfertigen, wenn sie nicht diskriminierend

„Diese Bestimmungen harmonisieren in ihrem Bereich das Umweltschutzniveau gemeinschaftsweit und nehmen damit den Mitgliedsstaaten grundsätzlich die Möglichkeit, ... eigene Umweltschutzstandards festzulegen.“[665] Eine Reihe von praktischen Beispielen nennt Brunetti[666]. Da Abgabenlösungen zu den fiskalischen Instrumenten gehören, sind hier die Art. 9 ff und Art. 95 ff EWG-Vertrag, die sich mit Zöllen und steuerlichen Abgaben auseinandersetzen, einschlägig. Dabei ist die Vereinbarkeit von nur auf eingeführte Waren erhobene Produktabgaben mit Art. 9, Art. 12 und Art. 30 EWG-Vertrag zu prüfen. Wenn im Inland gleichartige Waren hergestellt werden, wäre eine solche Abgabe unzulässig. Wird die Umweltabgabe gleichermaßen auf importierte und im Inland hergestellte Waren erhoben, könnte sie dennoch unvereinbar mit Art. 95 EWG-Vertrag sein. Auf sekundärrechtlicher Ebene ist im Einzelfall wiederum denkbar, daß der Abgabenlösung inhaltlich übereinstimmende steuerrechtliche Regelungen entgegenstehen oder die von der Umweltabgabe ausgehenden wirtschaftlichen Anreize den Zielen allgemeiner Sekundärrechtsbestimmungen zuwiderlaufen. In beiden Fällen wäre sie mit EU-Sekundärrecht unvereinbar[667].

Für die Zertifikatspolitik gelten hinsichtlich ihrer Vereinbarkeit mit EU-Recht die gleichen Einschränkungen, wie im Zusammenhang mit Auflagen und Abgaben erläutert. Dabei sind die Festlegung der regionalen Gesamtumweltnutzungsrechte und die Einführung einer Zertifikatspflicht wie Auflagenlösungen zu behandeln, während die Erhebung des Zertifikatspreises durch die öffentliche Hand bei Ausgabe der Umweltnutzungsrechte hinsichtlich ihrer EU-Rechtsverträglichkeit einer Abgabenlösung entspricht[668].

Die nationale Umsetzung des Umweltauditsystems nach EG-Verordnung 1836/93 kann allerdings auch zu Konflikten mit EU-Recht führen.

---

wirken. Selbst dann sind sie nach Art. 36 EWG-Vertrag zu rechtfertigen, wenn sie „aus Gründen der öffentlichen Sittlichkeit, Ordnung und Sicherheit, zum Schutz der Gesundheit und des Lebens von Menschen, Tieren und Pflanzen, des nationalen Kulturguts von künstlerischem, geschichtlichem oder archäologischem Wert oder des gewerblichen und kommerziellen Eigentums gerechtfertigt sind.“ Obwohl der Europäische Gerichtshof einer extensiven Auslegung und Erweiterung des Schutzbereiches auf das nicht genannte Schutzgut der Umwelt widerspricht, sind dennoch Fälle denkbar, in denen Umweltmaßnahmen zur Abwehr von Gefahren für Gesundheit oder Leben von Menschen, Tieren und Pflanzen nach Art. 36 zu rechtfertigen sind. Vgl. Brunetti 1993, S. 22 ff.

665 Brunetti 1993, S. 43. Dies entspricht auch dem rechtssystematischen Grundsatz, nach dem spezielle Normen allgemeineren Vorschriften vorgehen.

666 Vgl. Brunetti 1993, S. 49 ff.

667 Vgl. Brunetti 1993, S. 148 ff.

668 Vgl. Brunetti 1993, S. 156 ff.

Wie bereits im rechtswissenschaftlichen Teil der Arbeit diskutiert wurde, gelten insbesondere die in Deutschland in Aussicht gestellten Möglichkeiten der Deregulierung und Substitution im Vollzug aufgrund einer Teilnahme am Umweltauditsystem als kritisch. So schreibt beispielsweise die EG-Richtlinie 96/61 (IVU-Richtlinie) für bestimmte Anlagen ein Genehmigungsverfahren vor, das in Deutschland gewährten Erleichterungen im Vollzug entgegensteht[669]. Neben diesen Bedenken wird in der Literatur zuweilen die Ansicht vertreten, daß sich im ‚Legal-compliance-Gebot' des Umweltauditsystems nach EG-Verordnung 1836/93 ein Verstoß des Gleichbehandlungsgrundsatzes auf europäischer Ebene verbirgt. Es wird argumentiert, daß der Stand des Umweltrechts europaweit (noch) nicht harmonisiert ist, so daß die Betriebe national sehr unterschiedliche Umweltstandards erfüllen müssen. Damit würden diejenigen Unternehmen benachteiligt, die Standorte in Staaten mit besonders harter Umweltgesetzgebung betreiben[670]. Diesem Argument wird meist nicht gefolgt. Einerseits kann eine unterschiedliche Grenzwertsetzung sehr wohl zur Effizienzsteigerung der Umweltpolitik führen und sogar aufgrund von unterschiedlichen regionalen oder nationalen Voraussetzungen notwendig sein[671]. Andererseits zeigt auch der vom europäischen Gesetzgeber eingeschlagene Weg bei der Novellierung der Umweltauditverordnung[672] und auch die Diskussion um die ohne das ‚Legal-compliance-Gebot' gar nicht denkbaren Deregulierungs- und Substitutions-

---

669 Vgl. Fedmann 1997, S. 10 und Ernst 1997, S. 3 f. Vgl. auch Kap. 4.2.4.

670 Vgl. Reichardt 1996, S. 205 und Nissen 1999, S. 164. Dieses Argument gegen das Umweltauditsystem nach EG-Verordnung 1836/93 wird seit dessen Einführung vorgebracht, vgl. beispielsweise bei Glatfeld 1998, S. 22: „Des weiteren machte er (der Bundesverband der Deutschen Industrie e. V. – Anmerkung des Verfassers) Bedenken hinsichtlich der bestehenden qualitativen Unterschiede im Umweltschutz innerhalb der Europäischen Gemeinschaft geltend." Dagegen ist die OECD der Auffassung, daß im internationalen Vergleich strenge Umweltschutzbestimmungen durch die gestiegene Nachfrage an Umweltschutztechnologien auf mittlere Sicht zu *positiven* Beschäftigungseffekten führen, die die negativen Effekte durch die höheren Kosten zur Erfüllung höherer Umweltschutzanforderungen überwiegen. Vgl. OECD (Hrsg.) 1993, S. 113.

671 So sind in einem Staat mit besonders hoher Bevölkerungsdichte und vergleichsweise starker Industrialisierung sicher restriktivere Umweltstandards notwendig als anderswo. Außerdem können auch regional oder national auftretende Spezifika im Umweltbereich, beispielsweise ein großes Naturschutzgebiet oder eine bereits sehr hohe Vorbelastung bestimmter Umweltressourcen (etwa aufgrund der Smog-Problematik in großen Wirtschaftsräumen), eine besondere Behandlung der betroffenen Regionen rechtfertigen.

672 Vgl. Art. 19-Kommission (Hrsg.) 1998, Art. 3 b) („An organisation must also address legal compliance, ... "); Art. 6 d) („ ... a breach at the organisation of relevant regulatory requirements regarding environmental protection ... ": Ein Bruch einschlägiger Umweltnormen führt zum Verlust bzw. zur Nichterteilung des Zertifikates); Anhang 1, A 2 c) („Environmental policy includes a commitment to comply with relevant environmental legislation and regulations ... "), Anhang 1, A 3.2 („Legal and other

maßnahmen in Deutschland und in anderen EU-Staaten, daß von diesem wichtigen Prinzip des Umweltauditsystems nach EG-Verordnung 1836/93 auf keinen Fall abgerückt werden sollte.

5.4.5 Wirtschaftspolitische Verträglichkeit

Auch bei der Analyse der wirtschaftspolitischen Verträglichkeit sind eine Reihe von Unterkriterien zu berücksichtigen.

5.4.5.1 Marktorientierung

Als marktorientiert oder marktkonform[673] ist ein umweltpolitisches Instrument zu bezeichnen, wenn es sich „nahtlos in ein System der sozialen Marktwirtschaft einpaßt ... ohne störend in die Marktapparatur einzugreifen."[674] Bereits weiter oben wurden die Vorteile marktkonformer umweltpolitischer Instrumente diskutiert. Obwohl sie sich nicht für jede umweltpolitische Ausgangslage in gleichem Maße eignen, gibt es eine Reihe von Gründen, aus denen man bei vergleichbarer ökologischer Wirksamkeit und ökonomischer Effizienz im Zweifel eher auf marktkonforme Lösungen zurückgreifen sollte[675]. Als marktkonform können im Vergleich zu Auflagenlösungen[676] vor allem die Abgaben- und Zertifikatspolitik[677] gelten, „da diese trotz Senkung von restriktiven umweltpolitischen Rahmenbedingungen einen Beitrag zur Selbststeuerung des Marktes leisten und damit das marktwirtschaftliche Prinzip der Eigenverantwortung und Wahlfreiheit unterstützen."[678]

---

requirements"); Anhang I B 2 („Legal compliance") und Anhang II 2.2 („ ... the programme, which must include compliance with relevant environmental regulatory requirements").

673 Die Begriffe Marktorientierung und Marktkonformität werden in dieser Arbeit synonym benutzt.

674 Wicke 1993, S. 439. Vgl. auch Zimmermann, Hansjürgens 1998, S. 49. In ihrem Vergleich umweltpolitischer Instrumente aus ordnungspolitischer Sicht nennen Zimmermann und Hansjürgens mehrere Elemente einer marktwirtschaftlichen Umweltpolitik. Vgl. auch Kap. 5.3.4.

675 Vgl. auch die ausführliche Darstellung bei Wicke 1993, S. 421 ff.

676 Zur mangelnden Marktgerechtigkeit von Auflagen vgl. Tischler 1994, S. 172.

677 Vgl. Zimmermann, Hansjürgens 1998, S. 59 f: „ ... so fällt das Urteil über Zertifikate ... überwiegend positiv aus ... : Als ökonomisches Anreizinstrument stärken Zertifikate den Preiszusammenhang, sie führen zu einer Konstanz der Rahmenbedingungen, sie belassen hohe Flexibilität bei der individuellen Anpassung, sie stärken Wachstum und Innovationen, der Staatseingriff ist gering ... ".

678 Vgl. Wicke 1993, S. 406, S. 439 und S. 205: „Außerdem sind Auflagen gegenüber Abgaben weniger marktkonform. ... Betriebs- und auch volkswirtschaftlich günstige Lösungsmöglichkeiten werden bei generellen Auflagen behindert."

Dem Beurteilungskriterium der Marktkonformität entspricht das Umweltauditsystem nach EG-Verordnung 1836/93 in ganz besonderer Weise: Es beruht ja gerade darauf, daß Marktkräfte freigesetzt werden, um für die am Umweltauditsystem teilnehmenden Betriebe einen Anreiz zu geben, ihre betrieblichen Umweltleistungen zu steigern[679]. Zu diesen Anreizen gehören nicht nur die unter einer Abgaben- und Zertifikatspolitik ebenfalls zu erwartenden Kosteneinsparungen, sondern darüber hinaus Marketingvorteile, Imagevorteile bei Geschäftspartnern sowie strategische Vorteile im Sinne eines wirksamen Chancen/Risiken-Managements[680]. Im Sinne einer Effizienzsteigerung der Umweltpolitik sollen in Zukunft Eigeninitiative und Kooperationsbereitschaft der Verursacher der Umweltbelastung zunehmend honoriert werden[681].

Dies geht auch aus dem 5. Umweltaktionsprogramm der Europäischen Gemeinschaft (5. UAP) hervor, das sich im Hinblick auf Methodik und Instrumente fundamental von seinen Vorläufern unterscheidet und an Stelle des alten hierarchischen Konzeptes[682] zunehmend auf Kooperation und marktorientierte Instrumente setzt[683]. Damit ist das Umweltauditsystem nicht nur in der Lage, die derzeit zu beklagende Überlastung der Vollzugsbehörden zu reduzieren, sondern kann auch einen Beitrag dazu liefern, die derzeit im umweltpolitischen Trend liegende allgemeine Deregulierungsbewegung flankierend zu unterstützen. Der rechtswissenschaftliche Teil dieser Arbeit hat gezeigt, daß das Umweltauditsystem nicht nur Elemente der Deregulierung und Substitution im engeren Sinne enthält, sondern auch zur materiellen und funktionalen Verfahrensprivatisierung, zur substitutiven Eigenvornahme und Umregulierung beitragen kann[684]. Man hofft, daß sich durch die Einbeziehung kooperativer Elemente die Vollzugsprobleme im Umweltrecht entschärfen lassen und die Vollzugslücke kleiner wird.

---

679 Vgl. Nissen 1999, S. 44 f: „Die EG-Öko-Audit-Verordnung ist ein *marktorientiertes* (Hervorhebung vom Verfasser) Umweltpolitikinstrument, das den Aufbau und die regelmäßige Überprüfung von Umweltmanagementsystemen in Unternehmen forcieren soll. Ihre Anwendung erfolgt auf freiwilliger Basis. Sie sieht daher einen Anreizmechanismus vor, durch den die Unternehmen veranlaßt werden sollen, sich den Anforderungen zu unterwerfen."

680 Vgl. die ausführliche Diskussion in Kap. 5.4.6.

681 Vgl. Wagner 1994, S. 173: „In der Praxis der Bundesrepublik Deutschland zeigt sich ein deutliches Übergewicht des Ordnungsrechts; Instrumente indirekter Verhaltenssteuerung zugunsten des Umweltschutzes kommen zu kurz."

682 Mit den Komponenten ordnungspolitische Regulierung, Genehmigung und Kontrolle.

683 Vgl. Weigand 1997, S. 1 ff und Kloepfer 1996.

684 Vgl. Kap. 4.2.5.

5.4.5.2 Gesamtwirtschaftliches Kosten/Nutzen-Verhältnis

Ein wichtiges Beurteilungskriterium für umweltpolitische Instrumente ist es auch, ob der erforderliche volkswirtschaftliche Aufwand zur Lösung eines umweltpolitischen Problems in einem angemessenen Verhältnis zur eintretenden Umweltverbesserung steht. Insbesondere soll darauf geachtet werden, daß immer, wenn mehrere verschiedene Instrumente einsetzbar sind, dasjenige ausgewählt wird, das die gewünschte Wirkung mit dem geringsten Aufwand erreichen kann[685]. Dabei sind allerdings auch eine Reihe von Nebenwirkungen zu berücksichtigen. So ist von umweltpolitischen Instrumenten mit hoher dynamischer Anreizwirkung eine Stimulierung der Investitionen in Umwelttechnologien und auch in Forschung- und Entwicklungsvorhaben im Umweltbereich zu erwarten. Beides wird tendenziell Impulse für ein höheres Wirtschaftswachstum und positive Beschäftigungseffekte nach sich ziehen[686]. Diese Wirkung wird bei Abgaben- und Zertifikatslösungen noch einmal verstärkt, weil auch der Staat mit den zusätzlichen Einnahmen aus den Umweltsteuern oder dem Zertifikatsverkauf Umwelt- oder sonstige Investitionen tätigen kann[687].

Auf der anderen Seite resultieren aus Umweltsteuern unter Umständen auch Inflationsgefahren, insbesondere dann, wenn eine Überwälzung des Abgabensatzes auf den Endverbraucherpreis gelingt[688]. Eine weitere Bedrohung für Wirtschaftswachstum und Beschäftigung geht von nationalen umweltpolitischen Alleingängen aus, die die Wettbewerbschancen einheimischer Unternehmen gegenüber ausländischen Anbietern, die nicht von der restriktiven Umweltpolitik betroffen sind, verschlechtern[689].

Eine allgemeine Beurteilung der traditionellen umweltpolitischen Instrumente hinsichtlich des Kriteriums des gesamtwirtschaftlichen Kosten/Nutzen-Verhältnisses ist aufgrund der hohen Komplexität der dargestellten Zusammenhänge nicht möglich: Je nach Sachlage im spezifischen Anwendungsfall werden unterschiedliche umweltpolitische Lösungen empfehlenswert sein.

---

685 Zur sogenannten ‚ökonomischen Analyse des Rechts' vgl. Eidenmüller 1995, S. 77: „Die ökonomische Analyse schlägt vor, die Folgen der jeweiligen Entscheidung zu ermitteln und sie dann auf der Grundlage des ökonomischen Effizienzziels zu bewerten."

686 Vgl. OECD (Hrsg.) 1993, S. 113.

687 Vgl. Tischler 1994, S. 234.

688 Vgl. Tischler 1994, S. 235.

689 Vgl. Tischler 1994, S. 236. Vgl. aber auch OECD (Hrsg.) 1993, S. 113: „Diese kurzfristigen negativen Auswirkungen auf Wettbewerbsfähigkeit und Beschäftigung sind für die deutschen Firmen alles in allem wahrscheinlich gering."

Allerdings geht man im allgemeinen davon aus, daß die sogenannten marktorientierten umweltpolitischen Instrumente[690] ein vorteilhaftes Kosten/Nutzen-Verhältnis aufweisen: „Die Bundesregierung hat sich wiederholt zu einer umfassenderen Anwendung wirtschaftlich wirkender Instrumente verpflichtet und zwar im Sinne der in anderen OECD-Ländern gemachten Erfahrungen, wo sich gezeigt hat, daß durch den verstärkten Einsatz wirtschaftlicher Anreize oft beträchtliche Kosteneinsparungen erzielt werden können."[691] Entsprechend schwer ist auch eine allgemeingültige Bewertung des Umweltauditsystems nach EG-Verordnung 1836/93. Immerhin muß erwähnt werden, daß die bereits oben erwähnten Erleichterungen für die Vollzugsbehörden bei der Kontrolle von am Umweltauditverfahren teilnehmenden Betrieben zu Kosteneinsparungen im Vollzug führen können. Darüber hinaus läßt auch die Tatsache, daß das Umweltaudit in vielerlei Beziehung ein sehr marktorientiertes Instrument ist, auf ein günstiges Kosten-Nutzen-Verhältnis schließen[692].

5.4.5.3 Wachstums- und strukturpolitische Aspekte

In diesem Abschnitt wird untersucht, inwieweit die betrachteten umweltpolitischen Instrumente ein regionales Wirtschaftswachstum und einen regionalen Strukturwandel behindern. Es wird daher davon ausgegangen, daß sich in einer bestimmten Region neue Verursacher von Umweltbeeinträchtigungen ansiedeln, bestehende Verursacher stark wachsen oder ein Strukturwandel stattfindet[693]. Wird die tolerierte regionale Umweltbeeinträchtigungskapazität durch Auflagen verwaltet und ist sie durch die in der Region bestehende wirtschaftliche Tätigkeit bereits ausgeschöpft, sind Wachstum durch Expansion bestehender Betriebe oder durch Zuzug neuer nahezu ausgeschlossen. Damit bleiben unter Umständen auch Unternehmen ausgeschlossen, die die vorhandenen Umweltressourcen effizienter nutzen würden als die bestehenden Betriebe oder allgemein rentabler produzieren könnten.

---

690 Vgl. Kap. 5.3.4.

691 Vgl. OECD (Hrsg.) 1993, S. 115.

692 Aufgrund der hohen Komplexität der zu berücksichtigenden Zusammenhänge ist der Beweis dieser Tendenz in der Praxis allerdings kaum zu erbringen. Jedenfalls würde er den Rahmen dieser Arbeit sprengen.

693 Beispielsweise durch Ansiedlung von Branchen mit hoher Nutzung von Umweltressourcen in vormals ländlich geprägten, weniger industrialisierten Räumen.

Der Bestandsschutz einer Auflagenpolitik bevorteilt in diesem Fall alteingesessene Verursacher, nimmt von diesen einen Teil des Anpassungsdrucks und lähmt so den Wettbewerb und damit die effiziente Ressourcenallokation in der entsprechenden Region[694]. Es zeigt sich, daß dieses Problem bei der Abgabenlösung nicht besteht. Durch die fehlende Limitierung der gesamten regionalen Umweltbeeinträchtigungen sind Wachstum und Strukturwandel grundsätzlich möglich. Auch die Tatsache, daß durch die Umweltabgaben diejenigen Verursacher bevorteilt werden, die die Umweltressourcen am effizientesten einsetzen, ist strukturpolitisch positiv zu werten. Zu beachten sind allerdings die Auswirkungen einer ungünstig gewählten Abgabenhöhe: Ist der Abgabensatz prohibitiv hoch, können sich ähnliche Wachstumshemmungen einstellen wie bei der Auflagenlösung. Wird er dagegen zu niedrig festgesetzt, kann dies in der Region zu unerwünschtem übermäßigen Wachstum bzw. einem zu rasanten Strukturwandel führen. Im Ergebnis hätte dies eine deutlich über dem tolerierten Grenzwert liegende regionale Gesamt-Umweltbeeinträchtigung zur Folge.

Zertifikatslösungen sind wachstums- und strukturpolitisch ebenfalls positiv zu bewerten: Wachstum und Zuzug von Verursachern ist möglich und dennoch besteht durch den Zertifikatskurs eine Bevorteilung umwelttechnisch effizienter Anlagen und Verfahren. Zudem wird durch die wirtschaftliche Expansion in der Region die durch die Anzahl der ausgegebenen Zertifikate limitierte Gesamt-Umweltbeeinträchtigung (der tolerierte Grenzwert) eingehalten[695]. Zu beachten sind allerdings die im folgenden Abschnitt diskutierten wettbewerbspolitischen Probleme von Zertifikatslösungen.

Aus wachstums- und strukturpolitischer Sicht sind also vor allem die mit dem geltenden Bestandsschutz verbundenen negativen Aspekte von Abgabenlösungen problematisch. Da das Umweltauditsystem nach EG-Verordnung 1836/93 über das ‚Legal-compliance-Gebot' auch das jeweils bestehende Auflagensystem implementiert, gelten diese Probleme grundsätzlich auch für die am Umweltauditsystem teilnehmenden Betriebe. Da letztere aber gleichzeitig zusätzlichen Anreizen, den Grad ihrer Umweltbeeinträchtigung zu reduzieren, unterliegen[696], wird die oben beschriebene Lähmung des Wettbewerbs im Umweltbereich und damit die resultierende ineffiziente Ressourcenallokation in aller Regel weniger deutlich ausfallen als bei einer reinen Auflagenpolitik.

---

694 Vgl. Endres 1996/4, S. 45 ff.

695 Dies ist bei der Abgabenlösung nicht der Fall.

696 Diese Anreize haben ihren Ursprung in der hohen Öffentlichkeitswirksamkeit des Umweltauditverfahrens und in der Verpflichtung zur kontinuierlichen Verbesserung des betrieblichen Umweltschutzes.

5.4.5.4 Wettbewerbspolitische Aspekte

In diesem Abschnitt wird untersucht, inwieweit es für einzelne marktmächtige Verursacher von Umweltbeeinträchtigungen[697] möglich ist, ihre Marktmacht zur Reduktion des Wettbewerbs um Umweltnutzungsrechte einzusetzen.

So ist beispielsweise daran zu denken, daß bei einer verursacherspezifischen Auflagenpolitik, wie sie in der Praxis häufig vorkommt, große marktmächtige Unternehmen mit dem Abzug der Produktion aus der betreffenden Region drohen, um bei der Genehmigung, Grenzwertfestsetzung und Kontrolle ihrer umweltbeeinträchtigenden Anlagen[698] Druck auf die Vollzugsbehörden auszuüben. Eine solche Gefahr besteht bei Abgabenlösungen in geringerem Umfang. Zwar werden durch die Abgabenhöhe diejenigen Verursacher bevorteilt, die Umweltressourcen am effizientesten einsetzen, gerade dies ist aber auch umweltökonomisch und umweltpolitisch wünschenswert. Vielmehr ist daran zu denken, daß marktmächtige Verursacher Druck auf die umweltpolitischen Entscheidungsträger ausüben, um eine Reduktion oder Erhöhung des Abgabensatzes zu erreichen[699]. Wenn ein solches Vorgehen erfolgreich sein sollte, hätte es natürlich allokative Ineffizienzen zur Folge. Im Vergleich zur Auflagenlösung, bei der die Einflußnahme eines starken Marktteilnehmers sogar das Versagen der Genehmigung zur Umweltbeeinträchtigung für Konkurrenten zur Folge haben könnte, werden diese aber weniger stark ins Gewicht fallen[700]. In der Literatur werden gegen Zertifikatslösungen gleich eine ganze Reihe wettbewerbspolitischer Bedenken geäußert[701]:

- Zunächst besteht die Gefahr, daß ein durch Absprachen gebildetes Verursacher-Kartell[702] versucht, den Zertifikatskurs zu drücken. Dies würde zwar das Erreichen der ökologischen Ziele[703] nicht gefährden, hätte aber unter Umständen folgende negative Auswirkungen: Innerhalb des Kartells wäre die Aufteilung der einzelnen Umweltbeeinträchtigungen im allgemeinen nicht optimal und somit die Ressourcenallokation nicht kostenminimal.

---

697 Oder auch für Kartelle von mehreren Verursachern.

698 Und unter Umständen sogar bei der Genehmigung und Kontrolle der Anlagen ihrer Konkurrenten.

699 Dies wäre dann rational, wenn der Verursacher die betreffenden Umweltressourcen im Vergleich zu seinen Konkurrenten besonders ineffizient (Reduktion) bzw. effizient (Erhöhung des Abgabensatzes) einsetzt.

700 Vgl. Wicke 1993, S. 407.

701 Vgl. Tischler 1994, S. 245 und die ausführliche Diskussion bei Endres 1996/4, S. 47 ff und Weimann 1998, S. 61 ff.

702 Oder auch ein monopsonistischer Zertifikats-Nachfrager.

703 Wie vor allem die Einhalten des durch die Gesamtmenge der Emissionsrechte limitierten regionalen Grenzwerts.

Zwar wäre nun die Möglichkeit gegeben, durch ein System von Kompensationszahlungen wieder eine effiziente Allokation zu erreichen, doch besteht hierbei die Gefahr kartellinterner Trittbrettfahrerprobleme. Zudem ist aufgrund der gedrückten Zertifikatskurse mit einer schwächeren dynamischen Anreizwirkung der Zertifikatepolitik und auch mit reduzierten Einnahmen des Staates aus dem Verkauf der Zertifikate zu rechnen.

- Weiter wird befürchtet, daß aggressive Verursacher von Umweltbeeinträchtigungen den Zertifikatkurs so in die Höhe treiben, daß schwächere Zertifikatsinteressenten nicht mehr zum Zuge kommen und so auch vom Endproduktmarkt verdrängt werden. Ein solches Vorgehen macht natürlich nur Sinn, wenn bei den Kontrahenten Überschneidungen im Produktangebot bestehen.
- Eine Gefahr könnte sich weiterhin daraus ergeben, daß marktmächtige Unternehmen einen bedeutenden Anteil der gesamten Zertifikatmenge aufkaufen, um sie später mit Gewinn an andere Nachfrager zu verkaufen[704].
- Schließlich ist auch daran zu denken, daß sich marktmächtige Unternehmen auf dem Zertifikatmarkt nur deshalb überproportional bedienen, weil sie auf den regionalen Faktormärkten konkurrierende Marktteilnehmer aus der Region zurückdrängen und so mehr Macht auf dem Faktormarkt erringen wollen.

Analog zur allgemeinen Wettbewerbspolitik wäre es natürlich möglich, Wettbewerbshüter der öffentlichen Hand gegen die vorgestellten wettbewerbspolitischen Gefahren der Zertifikatspolitik einzusetzen. Abgesehen davon, daß ein solches Vorgehen unter Umständen beträchtlichen Verwaltungsaufwand erfordern würde, wird es in der Praxis auch schwierig sein, strategische Zertifikatskäufe einzelner Verursacher von Umweltbeeinträchtigungen als solche auszumachen und von anders motivierten zu unterscheiden. Verknüpft man beispielsweise die Berechtigung zum Zertifikatskauf an die Existenz einer entsprechend umweltbeeinträchtigenden Anlage, nimmt man den Verursachern die wirtschaftlich rationale Möglichkeit, sich durch Bevorratung von Zertifikaten gegen produktionstechnische, umweltpolitische und vor allem marktliche Unwägbarkeiten abzusichern. Zudem entstünde in diesem Fall ein ökologisch kontraproduktiver Anreiz, Umweltbeeinträchtigungen durch eigentlich obsolet gewordene Altanlagen aufrechtzuerhalten, um den Verlust der entsprechenden Zertifikats-Rechte zu vermeiden.

---

704 Spekulation mit Zertifikaten.

Im ganzen ist die wettbewerbspolitische Problematik von Zertifikatslösungen trotzdem als weniger kritisch einzustufen, als es bei einer Auflagenpolitik der Fall ist. Zwar ist es für alteingesessene Verursacher theoretisch möglich, den Zuzug von Neuemittenten zu erschweren, allerdings wird ein solches Vorgehen in der Praxis über den Zertifikatsmarkt abgewickelt werden müssen und somit erheblich schwerer zu realisieren sein als bei einer Politik mit Auflagen[705].

Auch gegen das Umweltauditsystem nach EG-Verordnung 1836/93 lassen sich wettbewerbspolitische Argumente finden. Die Kritik setzt vor allem an der Tatsache an, daß eine Teilnahme am Umweltauditverfahren einen beträchtlichen Aufwand darstellt. Vor allem für Betriebe, die bislang kaum Anstrengungen im Umweltbereich unternommen haben, erfordern die Festlegung einer betrieblichen Umweltpolitik, die Durchführung der ersten Umweltprüfung, die Entwicklung eines Umweltmanagementsystems, die Aufstellung des Umweltprogramms, die Durchführung einer Umweltbetriebsprüfung sowie die für die Publikation des Umweltberichts und der Umwelterklärung notwendige Dokumentation einen erheblichen Personaleinsatz und unter Umständen hohe Kosten für externe Unterstützung und Beratung. Hinzu kommt dann noch das Honorar für die Validierung durch den externen Umweltgutachter und die Gebühren für die Zertifizierung und Registrierung. Standorte von kleinen und mittelständischen Unternehmen haben in der Praxis sicher größere Probleme, diesen zusätzlichen Aufwand zu tragen, als Betriebe von Großunternehmen[706]. Es kommt hinzu, daß einige Nutzenaspekte einer Teilnahme am Umweltauditsystem bei den kleinen und mittelständischen Unternehmen in aller Regel weniger deutlich zu Tage treten als bei Großunternehmen. So wird beispielsweise die Möglichkeit der Kostenminimierung und der Nutzung von Einsparungspotentialen ebenso mit zunehmender Komplexität der Prozesse und betrieblichen Abläufe ansteigen, wie die Notwendigkeit, das Haftungsrisiko zu minimieren und Chancen- und Risikomanagement zu betreiben[707].

---

705 Vgl. Endres 1996/4, S. 50 ff.

706 Vgl. auch Janzen 1998/1, S. 73.

707 Vgl. Kap. 5.4.6. Dagegen wird der durch eine Teilname am Umweltauditsystem zu erwartende Imagegewinn gegenüber den Geschäftspartnern für kleine und mittelständische unternehmen oftmals sogar noch einen wichtigeren Vorteil darstellen als für Großunternehmen, die ja bereits über einen hohen Bekanntheitsgrad und über starke Marken verfügen.

Für Standorte kleiner und mittelständischer Unternehmen, deren Wertschöpfungsprozesse oft wenig komplex und vergleichsweise leicht überschaubar sind, stehen den hohen Kosten damit oft nur geringe Nutzenpotentiale gegenüber. Hieraus ergibt sich natürlich tatsächlich eine wettbewerbspolitisch bedenkliche Bevorzugung großer Unternehmen[708].

5.4.5.5 Aspekte der Verteilungsgerechtigkeit

„Grundsätzlich lassen sich unter umweltpolitischen Gesichtspunkten vier Verteilungsaspekte unterscheiden:

- Die direkten Verteilungseffekte des Umweltschadens (damage costs).
- Die Verteilungseffekte des Umweltnutzens.
- Die Verteilungsaspekte der Umweltpolitik (differenziert nach Kosten und Nutzen).
- Indirekte Verteilungseffekte durch Zielverletzungen anderer gesellschaftlicher Ziele bei der Durchführung der Umweltpolitik."[709]

In der Folge werden nur die Verteilungseffekte der Umweltpolitik durch die Anwendung bestimmter umweltpolitischer Instrumente diskutiert: „ ... Viele effiziente Maßnahmen der Umweltpolitik unterscheiden sich nämlich in ihrer Wirkung auf die Einkommens- und Nutzenverteilung unter verschiedenen Aspekten: zwischen Personen, Regionen, Wirtschaftszweigen, Nationen wie auch Generationen."[710] Das Wirkungsprinzip eines effizienten umweltpolitischen Instruments beruht vor allem auch darauf, daß es diejenigen Verursacher bevorteilt, die ihre Umweltbeeinträchtigungen zu geringeren Kosten reduzieren können oder, anders ausgedrückt, die in der Lage sind, Umweltressourcen effizienter einzusetzen als ihre Konkurrenten auf den Produkt- aber auch auf den Konsumgütermärkten.

---

708 Daher wird die Novellierung der EG-Verordnung 1836/93 Elemente beinhalten, die dieses Ungleichgewicht zum Teil ausgleichen.

709 Hödl et alt 1991, S. 36.

710 Frey 1992, S. 107. Frey ist für eine Berücksichtigung der Verteilungsgerechtigkeit: „In der Wirtschaftstheorie wird üblicherweise angenommen, die Verteilungsgerechtigkeit könne über eine nachträgliche Einkommensumverteilung ... erreicht werden. Die Entscheidung über den Einsatz der Produktionsfaktoren (Allokation) solle so weitgehend wie möglich dem Kriterium der Effizienz genügen, denn diese ermöglicht eine nachträgliche Umverteilung eines höheren Sozialproduktes. Dieser Auffassung wird hier nicht gefolgt. Der Hauptgrund liegt in der Schwierigkeit, durch nachträgliche Transfers (die ihrerseits die Effizienz wieder beeinträchtigen) die Primärverteilung wesentlich beeinflussen zu können. Schon bei der Allokation sollten vielmehr die Verteilungswirkungen beachtet werden. Gerade bei der Umwelt sind Allokation und Verteilung besonders eng miteinander verknüpft, denn jede politische Maßnahme impliziert eine bestimmte Zuteilung von Nutzungsrechten an der Umwelt."

Wie bereits weiter oben erläutert, ist dies umweltökonomisch vorteilhaft und daher auch umweltpolitisch beabsichtigt[711]. Allerdings muß darauf hingewiesen werden, daß eine solche effiziente Umweltpolitik auch Verteilungswirkungen entfaltet. Ein Beispiel hierfür ist die häufig geäußerte Vermutung, daß kleine Verursacher von Umweltbeeinträchtigungen[712] im Vergleich zu Großunternehmen[713] einen gleichen Reinigungsgrad der Emissionen (oder allgemein eine gleiche Umweltverträglichkeit) nur unter höheren Kosten erreichen können.

Daß sie durch Auflagen, Abgaben oder Zertifikatslösungen zu diesen höheren Aufwendungen gezwungen sind, bedeutet eine Umverteilung von Ressourcen, die nach Meinung einzelner Vertreter in der Literatur gegen die Verteilungsgerechtigkeit verstößt[714]. Dabei wird die Benachteiligung der kleinen Unternehmen bei Auflagenlösungen noch schwerer wiegen als bei einer Abgaben- oder Zertifikatspolitik, da bei letzteren wenigstens ein Wahlrecht besteht, die höheren Abgaben oder Zertifikatskurse zu tragen oder die teure umwelttechnische Reinigungstechnologie einzusetzen[715]. Gegen das Umweltauditsystem nach EG-Verordnung 1836/93 werden im Zusammenhang mit der Verteilungsgerechtigkeit zunächst die gleichen Vorbehalte geäußert, die bereits im Kontext der wettbewerbspolitischen Auswirkungen diskutiert worden sind. In seiner jetzigen Ausgestaltung bevorzugt das Umweltauditsystem tendenziell Großbetriebe gegenüber Standorten kleiner und mittelständischer Unternehmen[716]. Daneben ist daran zu denken, daß die Vorteile einer Teilnahme am Umweltauditsystem und damit der Druck, ein Umweltaudit durchzuführen, auch davon abhängig sind, mit welchem Gefährdungspotential die vom jeweiligen Betrieb belegten Geschäftsfelder behaftet sind und in welchem Maße die Öffentlichkeit an den umweltrelevanten Aspekten der Wertschöpfung Anteil nimmt[717].

---

711 Vgl. Kap. 5.4.2.3.

712 Wie z.B. die kleine und mittlere Unternehmen.

713 Diese betreiben in der Regel spezifisch umweltfreundlichere Großanlagen.

714 Vgl. Wicke 1993, S. 204. Nach Ansicht Wickes „wird dies in der Praxis häufig dadurch ausgeglichen, daß bei kleineren und mittleren Unternehmen das Vollzugsdefizit (noch) größer als bei Großbetrieben ist.“ Es kann sicher nicht befriedigen, daß ein ökologisch und umweltökonomisch negativer Tatbestand (die mangelnde Verteilungsgerechtigkeit umweltpolitischer Maßnahmen) in seinen Auswirkungen durch einen weiteren, ebenfalls negativen (das in der Praxis bestehende Vollzugsdefizit) ausgeglichen werden soll, zumal die ‚richtige Bemessung' der beiden Effekte, die unter Umständen gerade ein gegenseitiges Aufheben zur Folge hätte, in der Praxis sicher nicht zu leisten sein wird.

715 Ein Beispiel, daß auch im Konsumbereich unter Umständen unerwünschte umweltpolitische Verteilungseffekte auftreten können, ist die Benachteiligung von Pendlern durch erhöhte Mobilitätskosten gegenüber denjenigen Haushalten, die in der Nähe ihres Arbeitsplatzes wohnen.

716 Vgl. Janzen 1998/1, S. 73. Vgl. auch im letzten Kapitel.

717 Sogenannte Visibility. Vgl. auch Kap. 5.4.6.

Insbesondere kann es der Fall sein, daß Betriebe durch hohen Öffentlichkeitsdruck zu einer Teilnahme am Umweltauditsystem gezwungen werden, obwohl die hiermit verbundenen Kosten über den zu erwartenden Nutzen liegen. Wenn andere Betriebe nun[718] weit über den Kosten der Teilnahme am Umweltauditsystem liegende Nutzen zu erwarten haben, hat dies eine Umverteilungswirkung zur Folge, von der die letzteren Betriebe auf Kosten der anderen profitieren. Schließlich ist noch ein grenzübergreifender verteilungspolitischer Aspekt zu beachten. Wie bereits an anderer Stelle ausführlich diskutiert wurde[719], implementiert das ‚Legal-compliance-Gebot' die jeweils national geltenden umweltrechtlichen Bestimmungen in das betriebliche Umweltmanagementsystem. Hierin wird von einigen Autoren bereits eine verteilungswirksame Ungleichbehandlung gesehen[720]. Dagegen ist die OECD der Auffassung, daß im internationalen Vergleich strenge Umweltschutzbestimmungen durch die gestiegene Nachfrage an Umweltschutztechnologien auf mittlere Sicht zu *positiven* Beschäftigungseffekten führen, die die negativen Effekte durch die höheren Kosten zur Erfüllung höherer Umweltschutzanforderungen überwiegen[721]. Selbst wenn man den Argumenten der Vertreter dieser These folgen würde[722], kann doch die angeprangerte Benachteiligung der Standorte in Staaten mit besonders harten umwelt-rechtlichen Bestimmungen keinesfalls dem Umweltauditsystem angelastet werden. Schließlich müssen die jeweils national gültigen Vorschriften ja in jedem Fall eingehalten werden[723].

Eine tatsächlich bedenkliche Verteilungswirkung geht allerdings von der Verpflichtung zur kontinuierlichen Verbesserung des betrieblichen Umweltschutzes aus: Es ist in aller Regel davon auszugehen, daß die Grenzkosten einer Umweltschutzverbesserung mit der Höhe des bereits erreichten Standards des Umweltschutzes steigen[724].

---

718 Aufgrund einer andersartigen individuellen Ausgangssituation kann dies durchaus möglich sein.

719 Vgl. Kap. 5.3.5.1.

720 Vgl. Reichardt 1996, S. 205 und Nissen 1999, S. 164.

721 Vgl. OECD (Hrsg.) 1993, S. 113.

722 Weiter oben konnte allerdings gezeigt werden, daß eine unterschiedliche Behandlung verschiedener Staaten und Regionen umweltpolitisch durchaus erwünscht sein kann.

723 Und dies gilt unabhängig von der Existenz des Umweltauditsystems.

724 Vgl. Janzen 1998/1, S. 73.

Damit sind Standorte von Unternehmen in Staaten mit hohen Umweltstandards benachteiligt, weil sie im Vergleich zu Betrieben in Staaten mit niedrigem Umweltschutzniveau höhere Investitionen in Umweltschutztechnologien tragen müssen, um der Verpflichtung zur kontinuierlichen Verbesserung nachzukommen[725].

5.4.6 Betriebswirtschaftliche Attraktivität der Nutzung eines freiwilligen Instruments

Da es sich im Fall des Umweltauditsystems nach EG-Verordnung 1836/93 um ein freiwilliges Instrument handelt, muß dieses umweltpolitische Instrument nicht nur den dargestellten Bewertungskriterien genügen, sondern auch für potentielle Anwender, also am Umweltauditsystem teilnehmende Betriebe, attraktiv sein. Wäre dies nicht der Fall, hätte es als freiwilliges Instrument in der Praxis gar keine Bedeutung[726].

Nachdem die deutsche Wirtschaft dem Umweltauditsystem zur Zeit seiner Einführung zunächst skeptisch gegenüber stand[727], hat sie den daraus resultierenden Widerstand gegen die freiwillige Umweltprüfung in der Folge schnell aufgegeben: "Die Tatsache, daß es schon eine Vielzahl von Unternehmen gibt, die die EG-Umweltaudit-Verordnung an ihren Standorten umsetzen, ist ein Beweis dafür, daß es eine Reihe von Vorteilen gibt."[728]

Bei einer Unternehmensbefragung[729] wurden folgende vom Umweltaudit erwartete Nutzenaspekte genannt[730]:

---

725 Da die EG-Verordnung 1836/93 allerdings kein quantitatives Ausmaß der zu erreichenden Umweltschutzverbesserung vorschreibt, bestehen für den Betrieb auch in diesem Zusammenhang wiederum die bereits weiter oben diskutierten Schlupflöcher.

726 Vgl. auch Glatfeld 1998, S. 55 f.

727 Vgl. Müller 1996, S. 1. Glatfeld 1998, S. 22: „So bezeichnete etwa der Bundesverband der Deutschen Industrie e. V. (BDI) das System als überbürokratisiert und im Ergebnis kontraproduktiv ... . Darüber hinaus passe das System nicht in den insbesondere in Deutschland ausgeprägten ordnungspolitischen Rahmen und das damit verbundene Überwachungssystem.“

728 Vgl. Bundesumweltministerium (Hrsg.) 1995/1, S. 17; auch in den Niederlanden ist die Bereitschaft der Unternehmen, am Regierungsprogramm zur Einführung von Umweltmanagementsystemen teilzunehmen, erstaunlich hoch, vgl. van Someren 1994.

729 Vgl. Orthmann 1995, S. 117ff.

730 Die Ergebnisse entsprechen weitgehend einer anderen, im Zusammenhang mit der Normenreihe ISO 14000 ff durchgeführten Untersuchung, vgl. Poltermann 1998/1, S. 292 f.

5.4.6.1 Kostenminimierung und Nutzung von Einsparungspotentialen

Dieser für die Durchsetzung des neuen Systems sehr wichtige Vorteil[731] wird von vielen Betrieben, die ein Umweltmanagementsystem einsetzen, anerkannt[732]. Das Kosteneinsparungspotential ergibt sich zunächst durch die Bereitstellung umweltrelevanter Daten, die vormals nicht zur Verfügung standen oder nicht genutzt wurden. Beispielsweise kann die Konfrontation von Entscheidungsträgern mit hohen Energiekosten konkrete Einsparungsmaßnahmen auslösen. Weiteres Kostensenkungspotential läßt sich darüber hinaus dadurch nutzen, daß die Umweltauditierung ein umfassendes Verständnis aller Abläufe und Prozesse sowie deren Wirkungszusammenhänge innerhalb des Betriebes erfordert. Mit diesen gewonnenen Erfahrungen können Planungs-, Kontroll- und Steuerungsaufgaben besser wahrgenommen und auftretende Probleme besser erkannt und gelöst werden. Gerade hierbei können die Planungsinstrumente des Umweltinformationssystems wertvolle Unterstützung leisten. Das beschriebene Optimierungspotential ist allerdings nur dann vorhanden, wenn ein Mindestfreiraum bei der Wahl und Ausgestaltung der Prozesse, Verfahren und Abläufe gegeben ist. Darüber hinaus ist denkbar, daß die Betriebsabläufe so wenig komplex sind, daß eine Aufdeckung aller Einsparungsmöglichkeiten auch ohne Umweltmanagementsystem - also mit geringerem Aufwand - gelingen wird. Dies ist typischerweise in kleineren Betrieben der Fall, hängt aber auch von der Branche und der Art der Leistungserstellung ab[733].

5.4.6.2 Auflagenerfüllung und Minimierung des Haftungsrisikos

Die bis heute sprunghaft gestiegene Zahl der Auflagen und Normen im Umweltbereich[734] ist nur noch schwer überschaubar und birgt einige Risiken.

---

731 Erzielung schneller positiver Effekte in der Einführungsphase, die sogenannten ‚quick wins'.

732 „Practice undoubtedly shows, that the proper use of environmental performance indicators, especially in the operative sector, directly leads to economic saving potentials. Realising these potentials almost automatically results in reduction of the organisations' impact on the environment." Orthmann et alt. 1998, S. 4. Vgl. auch Janzen 1998/1, S. 72: „Zu reflektieren ist dabei ... auf mögliche Aufdeckungen von Kostensenkungspotentialen, etwa durch Abfallvermeidung, Reststoffverwertung oder Energieeinsparung. Praxisberichte über die Anwendung unterschiedlichster Audit-Konzepte bestätigen die Berechtigung dieser Erwartung." Vgl. auch Glatfeld 1998, S. 60 ff und die empirische Analyse bei Poltermann 1998/1, S. 301 ff.

733 Vgl. auch Kap. 5.3.5.2.

734 Vgl. Kap. 2.

Zunächst ist mit Bußgeldern, Schadenersatzansprüchen und sogar mit strafrechtlicher Verfolgung zu rechnen, wenn es zum Verstoß gegen Umweltnormen kommt. Noch größer kann der finanzielle Schaden sein, wenn ein Produkt vom Markt zurückgenommen werden muß, weil es gegen geltendes Recht verstößt. Dies alles zu verhindern, ist Ziel eines Umweltmanagementsystems, das alle bestehenden Umweltauflagen erfaßt, verwaltet, allen Abteilungen zugänglich macht und zudem Kontrollverfahren vorsieht, um die Erfüllung der Auflagen sicherzustellen. Auch bei der Verhinderung von Störfällen und der Begrenzung des Schadensausmaßes kann das Umweltmanagement Unterstützung liefern[735]. Wiederum wird dieser Vorteil aber nur dann wirksam, wenn die betrieblichen Prozesse und Abläufe bzw. die hergestellten Produkte so komplex und umweltrelevant sind, daß sie ohne Umweltmanagementsystem nur schwer beherrschbar sind. Typischerweise wird dies in der chemischen und Grundstoffindustrie sowie bei großen Betrieben der Metallverarbeitung[736] der Fall sein.

5.4.6.3 Marketingvorteile durch umweltgerechte Produkte

Daß Umweltverträglichkeit bereits heute eine kaufentscheidende Produkteigenschaft sein kann, beweist beispielsweise in der Automobilbranche die Tatsache, daß ein hoher Anteil der Werbungsaktivitäten Umwelteigenschaften thematisiert. Im Sinne einer ganzheitlichen Betrachtung der gesamten Wertkette eines Produktes gewinnen Eigenschaften der Produktionsökologie neben der Produktökologie zunehmend an Bedeutung. Es wird also immer wichtiger, in welchem Maße die Umwelt bei Forschung, Entwicklung, Beschaffung, Produktion und Vertriebslogistik eines Produktes belastet wurde[737].

Allerdings ist festzustellen, daß die hohe Wertschätzung ökologischer Kriterien bisher auf den Markt von Konsum- und Gebrauchsgütern beschränkt ist. Im Bereich der Investitionsgüter spielen Umweltkriterien bisher nur eine untergeordnete Rolle. Von vielen Praktikern wird erwartet, daß öffentliche Auftraggeber in Zukunft die Auftragsvergabe stärker von Umweltkriterien[738] abhängig machen.

---

735 Vgl. Glatfeld 1998, S. 62 ff.

736 So vor allem auch im Maschinen- und Anlagenbau.

737 Zu Wettbewerbsvorteilen durch ökologisch orientiertes Marketing vgl. Hüser 1996, S. 118 ff.

738 Evt. sogar ganz konkret von einer Teilnahme an einem zertifizierbaren Umweltmanagementsystem.

Zudem ist zu erwarten, daß sich der ökologische Druck zunehmend auch auf Zulieferer ausdehnt, da die Umweltrelevanz des oft hohen Wertschöpfungsanteils der Zulieferer-Komponenten am Endprodukt mehr und mehr in das Bewußtsein der Käufer rückt. Die unterschiedliche Beachtung von Umweltkriterien bei eigentlich verwandten Produkten ist nicht immer nachvollziehbar[739] und wird mit der unterschiedlichen *Visibility* verschiedener Produkte bzw. Branchen in der Öffentlichkeit begründet.

Zusammenfassend ist ein aktives Umweltmanagement heute insbesondere bei Belegung von Geschäftsfeldern mit hohem Umweltgefährdungspotential und mit hoher Visibility notwendig. Letztere sind auf dem Konsum- und Gebrauchsgütermarkt eher zu erwarten, als im Bereich der Investitionsgüter. Ein hoher Anteil öffentlicher Auftraggeber spricht für ein aktives Umweltmanagement, während eine starke Ausprägung der Zuliefererfunktion heute noch ein Grund sein kann, auf eine solche Ausrichtung zu verzichten. Gleiches gilt für Unternehmen, deren Engagement sich international auf Märkte konzentriert, auf denen Umweltgesichtspunkte weniger gefragt sind[740].

5.4.6.4 Folgen eines Imagegewinns durch Umweltverträglichkeit

Ebenfalls nicht zu unterschätzen sind die Auswirkungen eines positiven Bildes des Betriebes bei den internen und externen Interessengruppen[741]. Im einzelnen sind folgende Interessengruppen für einen Betrieb von Bedeutung[742] und entsprechend die folgenden Auswirkungen des Imagegewinns durch Umweltmanagement zu beobachten:

1. Interne Interessengruppen:
   - ***Belegschaft:*** Erhöhung der Motivation und Identifizierung mit dem Betrieb.
   - ***Management:*** Vorteile bei der Werbung qualifizierten Personals.
   - ***Eigentümer:*** Vorteile bei der Eigenkapitalgewinnung.
2. Externe Interessengruppen:
   - ***Staat:*** Bessere Behörden-Zusammenarbeit, Gewährung öffentlicher Fördermittel.

---

739 Ein Beispiel: Im Vergleich zu LKW standen PKW Ende der 90er Jahre geradezu im Kreuzfeuer der umweltbezogenen Kritik.

740 Z.B. in Entwicklungs- und Schwellenländern.

741 „Die allgemeine Wettbewerbssituation eines Unternehmens hängt heute in nicht geringem Ausmaß von dessen Image ab. Für das Ansehen eines Unternehmens spielen dabei zunehmend auch ökologische Aspekte eine wichtige Rolle". Glatfeld 1998, S. 57. Vgl. auch Müller 1995, S. 284 ff.

742 Vgl. auch die umfassende Abgrenzung ökologischer Anspruchsgruppen bei Witt 1998, S. 17 ff.

- ***Öffentlichkeit:*** Faire Berichterstattung in den Medien.
- ***Versicherer:*** Unter Umständen Gewährung besserer Konditionen[743].
- ***Banken:*** Einfachere Fremdkapital-Akquisition, evtl. bessere Konditionen.
- ***Kunden und Auftraggeber:*** Wettbewerbsvorteile[744].
- ***Wettbewerber:*** Möglicherweise Rückzug von Konkurrenten.
- ***Vertragspartner:*** Bessere Zusammenarbeit.

Viele der genannten Vorteile sind vor allem für kleine und mittlere Betriebe von Bedeutung, während Großbetriebe meist auch ohne sehr gutes Unternehmensimage eine gute Verhandlungsposition gegenüber Banken, Versicherungen und Vertragspartnern haben. Allerdings gelten einige der Vorteile gleichermaßen für alle Unternehmen, so die erhöhte Mitarbeitermotivation und der einfachere Zugang zu staatlichen Fördermitteln.

5.4.6.5 Strategische Vorteile

Schließlich kann Umweltmanagement auch strategische Erfolgspotentiale schaffen und sichern[745]. In der Praxis bedeutet dies, daß gerade aufgrund des funktionierenden Umweltmanagements strategische Chancen[746] und Risiken[747] früh genug erkannt werden können. So ist es möglich, die Chancen gewinnbringend zu nutzen und die Risiken frühzeitig zu umgehen[748].

---

743 In der Praxis sind Einsparungen bei den Prämien für die Umwelthaftpflichtversicherung ebenso denkbar wie eine Herabsetzung des Selbstbehalts oder die Erhöhung der Deckungssumme. Vgl. Janzen 1998/1, S. 72.

744 Vgl. Kap. 5.4.6.3.

745 Vgl. die ausführliche Darstellung des ‚strategischen Erfolgsfaktors Umwelt' bei Müller 1995, S. 159 ff.

746 Beispiel: Entwicklung neuer umweltgerechter Verfahren und Produkte.

747 Beispiel: Verbot oder Ächtung in der Öffentlichkeit eines angebotenen Produktes.

748 Zur Diskussion der Auswirkungen einer Teilnahme am Umweltauditsystem nach EG-Verordnung 1836/93 auf die ‚marktlichen' Chancen und Risiken des Betriebes vgl. Janzen 1998/1, S. 79 f. Janzen sieht im Umweltauditsystem primär ein Instrument des betrieblichen Risikomanagements und unterscheidet dabei zwischen drei Risikokategorien, die unschwer den genannten Nutzenaspekten des Umweltaudits zuzuordnen sind: Haftungsrisiken (entsprechend der Nutzenkomponente ‚Auflagenerfüllung und Minimierung des Haftungsrisikos'), Akzeptanz- und Glaubwürdigkeitsrisiken (dem ‚Imagegewinn' entsprechend) und ‚marktliche' Risiken (entsprechend den ‚Marketingvorteilen' und den ‚strategischen Nutzenkomponenten'). Zum ökologischen Risikomanagement vgl. auch die ausführliche Darstellung bei Müller 1995, S. 210 ff und Janzen 1996.

Gerade die Analyse der Umweltsituation im Rahmen des Umweltmanagements[749] kann helfen, den entscheidenden Vorsprung vor den Wettbewerbern zu gewinnen.
Dieser Vorteil kann kaum hoch genug bewertet werden. Er betrifft vor allem die Betriebe, deren Produkte und Produktionsmethoden besonders umweltrelevant sind. Damit ist wiederum die ökologische Betroffenheit des Betriebes entscheidend.

5.4.7 Zusammenfassung

Die folgende Abbildung 5 stellt noch einmal alle diskutierten umweltpolitischen Instrumente und ihre Einschätzung hinsichtlich der vorgestellten Bewertungskriterien zusammen.

[749] Z.B. mit Hilfe strategischer Planungsverfahren.

Bewertungs-kriterium	Vgl. Kap.	Umweltpolitisches Instrument			
		Auflagen-lösung	**Abgaben-lösung**	**Zertifikate**	**Umwelt-audit [6]**
Ökologische Treffsicherheit (Effektivität)					
Grenzwert-Einhaltung	5.4.1.1	+ +	–	+ +	+ + [1]
Zeitbedarf der Anpassung	5.4.1.2	+ [2]		+ [2]	+ +
Wirkung über den Grenzwert hinaus	5.4.1.3	– –	+ +	+ +	O
Verhalten bei natürlichen Reduktionen	5.4.1.5	– [3]	+ +	– – / O [4]	O
Schadstoff- und medien-übergreifende Aspekte	5.4.1.5	O	O	–	+
Immissionsorientierung	5.4.1.6	+	–	O	+ +
Ökonomische Effizienz					
Einzelwirtschaftliche Effizienz	5.4.2.2	+ [5]	+ [5]	+ [5]	+ +
Gesamtwirtschaftliche Effizienz	5.4.2.3	– –	+	+	+ +
Dynamische Anreizwirkung					
Dynamische Anreizwirkung	5.4.3	– –	+ +	– – / O [4]	O
Administrativ-rechtliche Praktikabilität					
Politische Durchsetzbarkeit	5.4.4.1	+	O	–	O
Vollzugseignung und Vollzugskosten	5.4.4.2	–	–	+	O
Einordnung in das Rechtssystem	5.4.4.3	+ +	+	O	O
Wirtschaftspolitische Verträglichkeit					
Marktkonformität	5.4.5.1	– –	+ +	+ +	+
Kosten-Nutzen-Verhältnis	5.4.5.2	–	+	+ +	O
Wachstums- und strukturpolitische Aspekte	5.4.5.3	– –	+	+ +	O
Wettbewerbspolitische Aspekte	5.4.5.4	– –	+	–	O
Aspekte der Verteilungsgerechtigkeit	5.4.5.5	–	+	+	O
Betriebswirtschaftliche Attraktivität des umweltpolitischen Instruments					
Attraktivität	5.4.6	#	#	#	+

Abbildung 5: Vergleichende Bewertung umweltpolitischer Instrumente.

Quelle: Eigene Darstellung.

Dabei gilt folgende Legende:

+ + : Sehr günstige Bewertung des umweltpolitischen Instruments.

+ : Günstige Bewertung des umweltpolitischen Instruments.

O : Neutrale Bewertung des umweltpolitischen Instruments.

– : Negative Bewertung des umweltpolitischen Instruments.

– – : Sehr negative Bewertung des umweltpolitischen Instruments.

: Bewertungskriterium ist irrelevant.

1) : Diese Bewertung gilt für deutsche Verhältnisse, berücksichtigt also das in der Praxis zu beklagende Defizit im ordnungsrechtlichen Vollzug.

2) : Diese Bewertung berücksichtigt das sogenannte ‚Stand-der-Technik-Problem'.

3) : Die Bewertung bezieht sich auf pauschale Auflagen; anlagenspezifische Auflagen würden eine bessere Bewertung rechtfertigen, sind aber aufgrund des hohen Umsetzungsaufwands in der Praxis relativ selten.

4) : Die neutrale Bewertung bezieht sich auf die Möglichkeit, mit den Zertifikaten eine Offenmarktpolitik zu betreiben. Der hierzu notwendige konkrete Eingriff der öffentlichen Hand erscheint in der Praxis relativ unwahrscheinlich.

5) : Die Bewertung bezieht sich auf pauschale, emissionsbezogene Normen. Greift eine Norm an einem spezifischen Produktionsverfahren oder Einsatzgut an, müßte sie negativ bewertet werden.

6) : Die Einordnung des Umweltauditsystems geht von einem Einsatz dieses Instruments zusätzlich zum jeweils geltenden Umweltrecht aus (vgl. auch Kap. 5.5.1).

5.5 Zusammenfassende Beurteilung des Umweltauditsystems nach EG-Verordnung 1836/93 als umweltpolitisches Instrument

Im letzten Kapitel ist das Umweltauditsystem nach EG-Verordnung 1836/93 *im Vergleich zu anderen umweltpolitischen Instrumenten* hinsichtlich einer Reihe von Einzelkriterien bewertet worden. In der Praxis wird das Umweltauditsystem die ‚traditionellen' umweltpolitischen Instrumente[750] aus umweltpolitischer Sicht allerdings niemals gänzlich ersetzen können[751]. Wie das folgende Kapitel noch einmal unterstreicht, ist es vielmehr als Ergänzung zum traditionellen umweltpolitischen Instrumentarium gedacht.

5.5.1 Das Umweltauditsystem nach EG-Verordnung 1836/93 als zusätzliche Option bei der Ausgestaltung des betrieblichen Umweltmanagements

Das Umweltauditsystem nach EG-Verordnung 1836/93 bietet interessierten Betrieben die *Wahlmöglichkeit*, ihr betriebliches Umweltmanagement nach traditionellem Muster oder unter *zusätzlicher* Nutzung des freiwilligen Instruments Umweltaudit zu organisieren. Entscheidet sich ein Betrieb für die Teilnahme am Umweltauditsystem[752], hat dies Auswirkungen auf die Art und Weise, mit der er die Umweltgerechtigkeit seiner Produktion sicherstellt. Wenn eine hinreichende Anzahl von Betrieben dazu übergeht, Umweltmanagement mit dem Umweltauditsystem zu betreiben, werden die hierdurch ausgelösten Veränderungen in der Aggregation der Umweltleistungen aller teilnehmenden Betriebe auch volkswirtschaftliche Auswirkungen haben[753]. Wenn diese Auswirkungen insgesamt positiv zu bewerten sind, macht das Umweltauditsystem nach EG-Verordnung 1836/93 als zusätzliches optionales umweltpolitisches Instrument aus umweltökonomischer Sicht Sinn.

---

750 Hierzu gehören insbesondere die ordnungspolitischen Auflagen- und Abgabenlösungen.

751 Dies ergibt sich bereits zwingend aus der Freiwilligkeit der Teilnahme am Umweltauditsystem nach EG-Verordnung 1836/93.

752 Zu Gründen, die einen Betrieb zur Teilnahme am Umweltauditsystem nach EG-Verordnung 1836/93 veranlassen können, vgl. Bültmann, Wätzold 2000, S. 47 f.

753 Diese können sowohl ökonomischer als auch ökologischer Natur sein.

Ein Leitgedanke dieser Arbeit ist die Beantwortung der Frage, ob das Umweltauditsystem als *zusätzliches optionales* umweltpolitisches Instrument Sinn macht. Dies ist genau dann der Fall, wenn folgende Thesen aus Sicht der Träger der Umweltpolitik[754] zutreffen:

1. Der Anreiz, am Umweltauditsystem teilzunehmen, ist für die Unternehmen so groß, daß sich hinreichend viele Betriebe dafür entscheiden, ihr Umweltmanagement mit Hilfe des Umweltauditsystems zu betreiben.
2. Die Teilnahme am Umweltauditsystem verbessert tendenziell die betriebliche Umweltschutzleistung, ist also ökologisch effektiv.
3. Die Teilnahme am Umweltauditsystem verbessert tendenziell die Effizienz des betrieblichen Umweltschutzes (sowohl in statischer als auch in dynamischer Hinsicht).
4. Die flankierenden Eigenschaften des Umweltauditsystems (administrativ-rechtliche Praktikabilität und wirtschaftspolitische Verträglichkeit) schließen eine Anwendung in der Praxis nicht aus.

Zur Diskussion dieser Teilaspekte wird im folgenden auf die Ergebnisse des vergangenen Kapitels zurückgegriffen. Daneben wird die so gewonnene umweltökonomische Begründung durch in der Literatur vorliegende empirische Befunde unterstützt. Letztere können die abgeleiteten umweltökonomischen Zusammenhänge zwar nicht in aller Einzelheit beweisen[755]. Als Indizien zur Überprüfung der praktischen Plausibilität haben sie jedoch eine wichtige Funktion.

5.5.2 Deregulierung und Substitution auf der Grundlage zertifizierbarer Umweltmanagementsysteme als umweltpolitischer Ceteris-paribus-Fall

Im letzten Kapitel wurde noch einmal betont, daß das Umweltauditsystem nach EG-Verordnung 1836/93 als optionales zusätzliches umweltpolitisches Instrument zu verstehen ist. Daneben kommt es aber auch vor, daß die Selbstprüfung nach der Umweltauditverordnung tatsächlich ordnungsrechtliche Bestimmungen ersetzt[756].

---

754 Es wird hier davon ausgegangen, daß die Träger der Umweltpolitik – hierzu gehört vor allem auch die öffentliche Hand – nach umweltökonomischen Kalkülen entscheiden.

755 Hierzu wäre mehr empirisches Datenmaterial notwendig, als derzeit in der Literatur zur Verfügung steht.

756 Oder zumindest Verfahren des Vollzugs ordnungsrechtlicher Bestimmungen.

Dies gilt für die in engen Grenzen vorgesehenen Möglichkeiten der Deregulierung und Substitution für Betriebe, die über ein nach EG-Verordnung 1836/93 zertifiziertes Umweltmanagementsystem verfügen[757]. Beispiele hierfür sind:

1. Die optionale Öffnungsklausel hinsichtlich betrieblicher Berichts- und Dokumentationspflichten gem. § 4 Entwurf UGB-Umweltaudit-Privilegierungs-verordnung[758].
2. Eine Anerkennung der im Rahmen der Teilnahme am Umweltauditsystem erstellten Abfallwirtschaftskonzepte und Abfallbilanzen hinsichtlich der Bestimmungen des § 21 Abs. 2 Kreislaufwirtschafts- und Abfallgesetz gem. § 6 Entwurf UGB-Umweltaudit-Privilegierungsverordnung[759].
3. Die Berücksichtigung aktueller Messungen im Rahmen von EMAS bei der Anlagenüberwachung entsprechend § 28 BImSchG (‚wiederkehrende Messungen') gem. Substitutionskatalog des Umweltpaktes Bayern[760].

In den genannten Fällen ergibt sich tatsächlich eine direkte Substituierbarkeit und damit Konkurrenz zwischen den umweltpolitischen Instrumenten ‚ordnungsrechtlicher Vollzug' und ‚Selbstprüfung nach dem Umweltauditsystem'. Es wird aber auch deutlich, daß sich diese Substitutions- und Deregulierungsmöglichkeiten auf sehr spezielle Sachverhalte beziehen, so daß aus ihrer Analyse keine allgemeinen Erkenntnisse für die Beurteilung des Umweltauditsystems nach EG-Verordnung 1836/93 abgeleitet werden können[761]. Die folgenden Kapitel beziehen sich daher in erster Linie auf die oben beschriebene Funktion des Umweltauditsystems als *zusätzliches* umweltpolitisches Instrument, berücksichtigen aber auch die direkte Konkurrenz der verschiedenen Instrumente im Falle der Deregulierung und Substitution ordnungsrechtlicher Bestimmungen.

757 Vgl. auch die ausführliche Diskussion im rechtswissenschaftlichen Teil der Arbeit.

758 Vgl. Bundesumweltministerium (Hrsg.), 1998/3, S. 3 f.

759 Vgl. Bundesumweltministerium (Hrsg.), 1998/3, S. 4.

760 Vgl. Arbeitskreis UMS, 1996/1, S. 52 f und Arbeitskreis UMS, 1996/2, S. 92.

761 Eine solche Analyse würde unter Umständen die meisten der in Kap. 5.4 genannten Aspekte ausblenden.

5.5.3 Wirkungsweise des Umweltauditsystems nach EG-Verordnung 1836/93 als umweltpolitisches Instrument

Wie bereits weiter oben diskutiert[762], entfaltet das Umweltauditsystem nach EG-Verordnung 1836/93 seine Steuerungskraft aufgrund des Zusammenwirkens einer Reihe von Einzelelementen. Jedes für sich betrachtet bietet bereits einen Anreiz für den Verursacher von Umweltbeeinträchtigungen, das Ausmaß seiner Nutzung von Umweltressourcen einzuschränken[763]. Gemeinsam eingesetzt, machen sie die Vorteile des umweltpolitischen Instruments Umweltaudit aus. Im einzelnen sind folgende Wirkungselemente zu unterscheiden[764]:

1. Das ‚Compliance-Audit' als Verpflichtung zur Einhaltung aller geltenden Bestimmungen.
2. Die Implementierung eines Umweltmanagementsystems.
3. Das ‚Performance-Audit' und die Verpflichtung zur kontinuierlichen Verbesserung des betrieblichen Umweltschutzes.
4. Die Rechenschaftspflicht gegenüber der Öffentlichkeit.

5.5.4 Zusammenfassende Beurteilung des Umweltauditsystems nach EG-Verordnung 1836/93 als umweltpolitisches Instrument

In diesem Kapitel werden die Vor- und Nachteile des Umweltauditsystems nach EG-Verordnung 1836/93 noch einmal zusammengetragen und Oberkategorien zugeordnet. Die durch theoretische Ableitung aus umweltökonomischen Erkenntnissen gewonnenen Ergebnisse[765] sollen, wenn möglich, durch empirische Befunde gestützt werden.

5.5.4.1 Hinreichende Anzahl am Umweltauditsystem teilnehmender Standorte

Die weiter oben[766] zusammengefaßten betriebswirtschaftlichen Vorteile einer Teilnahme am Umweltauditsystem nach EG-Verordnung 1836/93 sollten für Industriebetriebe theoretisch einen hohen Anreiz darstellen, ihr Umweltmanagement mit dem Umweltauditsystem zu betreiben. Vor allem für Betriebe,

---

762 Vgl. Kap. 5.3.5.

763 Vgl. EG (Hrsg.) 1993, Art. 1 Abs. 2. Vgl. auch Glatfeld 1998, S. 49 f.

764 Vgl. auch Kap. 5.3.5.

765 Vgl. Kap. 5.4.

766 Vgl. Kap. 5.4.6.

- deren interne und externe Anspruchsgruppen eine Optimierung der Umweltbelastung erwarten,
- die sich für eine offensive betriebliche Umweltpolitik entscheiden,
- die über einen hinreichend hohen Freiheitsgrad bei der Wahl und Gestaltung der Prozesse zur Leistungserstellung verfügen,
- deren Prozesse einen hohen Komplexitätsgrad aufweisen und
- deren Leistungserstellung mit einem hohen Gefährdungspotential für die Umwelt einhergeht,

erweist sich eine Teilnahme am Umweltauditsystem als besonders vorteilhaft. Damit sind die meisten Betriebe[767] von mittelständischen Unternehmen und Großunternehmen angesprochen, die über eine bestimmte kritische Mindestgröße verfügen.

Empirische Studien bestätigen diesen Befund nur teilweise. Bis Mitte Juni 2000 waren in Deutschland 2.432 Standorte nach EG-Verordnung 1836/93 zertifiziert und registriert. Dies entspricht einem überraschend hohen Anteil von 6,5 % aller Industriestandorte[768], die für eine Zertifizierung in Frage kommen[769]. Diese Quote fällt in anderen europäischen Ländern allerdings geringer aus. In Großbritannien (73 registrierte Standorte), Frankreich (36 registrierte Standorte) und den Niederlanden (26 registrierte Standorte) waren bis Juni 2000 noch nicht einmal 1 % der potentiellen Teilnehmer am Umweltauditsystem nach EG-Verordnung 1836/93 registriert und zertifiziert[770].

---

767 Bzw. Standorte.

768 Dieser Anteil erscheint zunächst gar nicht so hoch. Bezieht man aber die Tatsache in die Bewertung mit ein, daß eine Teilnahme am Umweltauditsystem nach EG-Verordnung 1836/93 vor allem für größere Betriebe interessant ist, kann man davon ausgehen, daß hiermit ein beträchtlicher Anteil der Industrieproduktion abgedeckt ist. Ein Blick auf Branchen, die traditionell durch Großunternehmen mit riesigen Standorten geprägt sind, scheint dies zu bestätigen: In der Automobilbranche sind beispielsweise alle deutschen Werke der Automobilhersteller nach EG-Verordnung 1836/93 zertifiziert.

769 Vgl. Wätzold, Bültmann 2000, S. 17. Wätzold und Bültmann benutzen für die Anzahl der in Frage kommenden Teilnehmer (‚No. of potential participants') den Indikator „companies from the manufacturing sector with more than 20 employees" (Wätzold, Bültmann 2000, S. 16), also die Anzahl der Betriebe aus der Fertigungsindustrie mit über 20 Beschäftigten. Damit bleiben sowohl kleine Betriebe, als auch solche aus anderen Sektoren unberücksichtigt. Trotzdem erscheint dieser Ansatz vertretbar. Schließlich ist es kaum vorstellbar, daß sich ein Betrieb mit weniger als 20 Beschäftigten dem aufwendigen Umweltauditverfahren nach EG-Verordnung 1836/93 unterzieht. Auch die meisten Betriebe aus anderen Wirtschaftssektoren sind bis zur Novellierung der EMAS-Vorschrift (EMAS 2) noch von einer Teilnahme ausgeschlossen.

770 Vgl. Wätzold, Bültmann 2000, S. 17.

Außer in Deutschland liegt die Teilnehmerzahl am Umweltauditsystem nach EG-Verordnung 1836/93 nur noch in Österreich, Schweden und Dänemark bei über 100 Betrieben[771]. In diesen Ländern ist damit die notwendige kritische Menge an Teilnehmern erreicht, die das Umweltauditsystem als zusätzliches umweltpolitisches Instrument benötigt, um positive Effekte auszulösen, die aus dem makroökonomischen Blickwinkel auch wahrnehmbar sind.

5.5.4.2 Verbesserung der betrieblichen Umweltschutzleistung

Die Verbesserung der betrieblichen Umweltschutzleistung gehört zu den Hauptzielen des Umweltauditsystems nach EG-Verordnung 1836/93[772]. Weiter oben konnte zudem herausgestellt werden, daß die Implementierung des Umweltmanagementsystems und das sogenannte ‚Performance-Audit'[773] auch zu den wichtigsten Wirkelementen des Umweltauditsystems gehören[774]. Daneben bewirkt das ‚Compliance-Audit'[775], daß die materiellen Umweltstandards in jedem Fall eingehalten werden. So kann die Konzentrierung auf bestimmte Umweltauswirkungen nicht dazu führen, daß andere Aspekte des betrieblichen Umweltschutzes so vernachlässigt werden, daß Konflikte mit geltendem Recht zu befürchten wären. Darüber hinaus kann die Rechenschaftspflicht gegenüber der Öffentlichkeit ein Anreiz sein, in der Praxis weitere Verbesserungen des betrieblichen Umweltschutzes zu bewirken[776]. Entsprechend hat auch die theoretische umweltökonomische Analyse ergeben, daß das Umweltauditsystem nach EG-Verordnung 1836/93 in bezug auf die ökologische Treffsicherheit als umweltpolitisches Instrument positiv zu beurteilen ist[777]. Aufgrund des ‚Compliance-Gebots' schneidet das Umweltauditsystem hinsichtlich der Beurteilungskriterien ‚Grenzwert-Einhaltung' und ‚Zeitbedarf der Anpassung' sowie ‚Immissionsorientierung' mindestens genau so gut ab, wie die umweltpolitische Auflagenlösung.

---

771 Stand: Juli 2000. Genaue Werte: Österreich 249 registrierte Standorte, Schweden 199 registrierte Standorte und Dänemark 143 registrierte Standorte. Vgl. die Aufstellung von Peglau bei http://www.ecology.or.jp/isoworld/english/analy14k.htm. Dies ist unter anderem auch mit der starken Konkurrenz durch das Umweltmanagementsystem nach der internationalen Vorschrift ISO 14000 ff zu erklären. Vgl. auch Kap. 5.6.3.1.1.

772 Vgl. Vgl. EG (Hrsg.) 1993, Art. 1 Abs. 2.

773 Die Verpflichtung zur kontinuierlichen Verbesserung der betrieblichen Umweltschutzleistung.

774 Vgl. auch Kap. 5.3.5.

775 Die Verpflichtung zur Einhaltung aller Bestimmungen des geltenden Umweltrechts.

776 Vg. auch Kap. 5.3.5.4 und Kap. 5.6.3.2.

777 Vgl. Kap. 5.4.7.

Dieser ist das Umweltauditsystem aber aufgrund der weiteren Anreize zur Steigerung der Umweltschutzleistung[778] in bezug auf die Kriterien ,Wirkung über den Grenzwert hinaus' und ,Verhalten bei natürlichen Reduktionen' weit überlegen. In der Praxis erweist es sich als sehr schwierig, zu überprüfen, welche Verbesserungen der betrieblichen Umweltschutzleistung auf einen Einsatz des Umweltauditsystems nach EG-Verordnung 1836/93 zurückzuführen sind und welche Fortschritte andere Ursachen haben und daher auch ohne eine Teilnahme am Umweltauditsystem realisiert worden wären. Es gibt aber durchaus empirische Befunde zur Steigerung der betrieblichen Umweltleistung von Teilnehmern am Umweltauditsystem. Als erste Quelle stehen hier natürlich die Veröffentlichungen im Rahmen der Umwelterklärung zur Verfügung.[779] Bei deren Auswertung muß selbstverständlich beachtet werden, daß sie von den Verursachern der Umweltbelastungen selbst publiziert werden[780]. Entsprechend groß ist der Anreiz, aus der Umwelterklärung eine Erfolgsgeschichte zu machen. Trotzdem haben die Umwelterklärungen auch deshalb eine vergleichsweise hohe Aussagekraft, weil die Anforderungen an deren formale und materielle Ausgestaltung durch die EG-Verordnung vorgegeben sind[781]. Außerdem wird ihr Inhalt im Verlauf der Validierung durch den Umweltgutachter überprüft[782]. Tatsächlich werden die positiven Befunde aus der Analyse der veröffentlichten Umwelterklärungen durch weitere Untersuchungen gestützt. So nennt die von der Europäischen Kommission in Auftrag gegebene IMPOL-Studie[783] folgende Umweltleistungen aufgrund einer Teilnahme am Umweltauditsystem nach EG-Verordnung 1836/93 (vgl. Abb. 6).

---

778 Im einzelnen gehören hierzu die Implementierung eines Umweltmanagementsystems, das ,Performance-Audit' und die Öffentlichkeitswirkung.

779 Vgl. hierzu einige Beispiele aus der Automobilbranche: Audi (Hrsg.) 1999/1, Audi (Hrsg.) 1999/2, Audi (Hrsg.) 2000, Audi Hungaria Motor Kft. (Hrsg.) 2000, BMW AG (Hrsg.) 1997/1, BMW AG (Hrsg.) 1997/2, BMW AG (Hrsg.) 1997/3, BMW AG (Hrsg.) 1997/4, BMW AG (Hrsg.) 1997/5, BMW AG (Hrsg.) 1999, BMW AG (Hrsg.) 2000, DaimlerChrysler (Hrsg.) 1999/1, DaimlerChrysler (Hrsg.) 1999/2, DaimlerChrysler (Hrsg.) 2000/1, DaimlerChrysler (Hrsg.) 2000/2, VW AG (Hrsg.) 1998, VW AG (Hrsg.) 1999/1, VW AG (Hrsg.) 1999/2, VW AG (Hrsg.) 1999/3, VW AG (Hrsg.) 2000/1, VW AG (Hrsg.) 2000/2, VW AG (Hrsg.) 2000/3, VW AG (Hrsg.) 2000/4, VW AG (Hrsg.) 2000/5 und VW AG (Hrsg.) 2000/6.

780 Zur Interpretierbarkeit der unbestimmten Rechtsbegriffe bei der Ausgestaltung der Umwelt-erklärung vgl. Nissen 1999, S. 127 ff. Zur Normung von Umwelterklärungen vgl. auch Kap. 5.6.2.

781 Vgl. EG (Hrsg.) 1993, Art. 5 Abs. 2 bis 4.

782 Vgl. EG (Hrsg.) 1993, Anhang III, B 1.

783 IMPOL steht für ,The Implementation of EU Environmental Policies: Efficiency Issues', ein von der EU-Kommission bei mehreren Umweltforschungsinstituten in Auftrag gegebenes internationales Forschungsprojekt. In Deutschland ist das UFZ-Umweltforschungszentrum Leipzig-Halle an der Studie beteiligt.

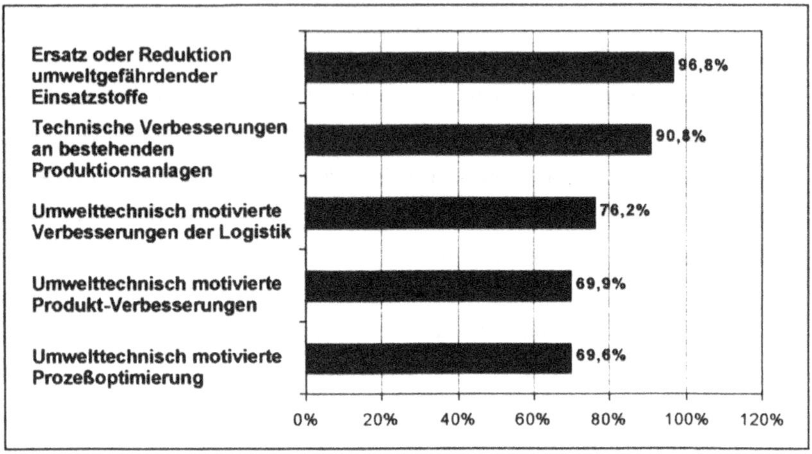

Abbildung 6: Steigerung der betrieblichen Umweltleistungen aufgrund einer Teilnahme am Umweltauditsystem nach EG-Verordnung 1836/93; Anteil der Nennungen.

Quelle: Eigene Darstellung nach Wätzold, Bültmann 2000, S. 48.

In aller Regel ist von einer deutlichen Steigerung der betrieblichen Umweltschutzleistung aufgrund der Teilnahme am Umweltauditsystem nach EG-Verordnung 1836/93 auszugehen.

5.5.4.3 Verbesserung der Effizienz des betrieblichen Umweltschutzes

Bei der theoretischen Analyse konnte festgestellt werden, daß das Umweltauditsystem nach EG-Verordnung 1836/93 aus der Sicht der Umweltökonomie den anderen untersuchten umweltpolitischen Instrumenten gerade in den Bewertungskriterien ‚einzelwirtschaftliche Effizienz', ‚gesamtwirtschaftliche Effizienz' und ‚dynamische Anreizwirkung' überlegen ist[784]. In der Praxis ergibt sich ein erstes Indiz für eine Verbesserung der Effizienz des betrieblichen Umweltschutzes bereits aus der Freiwilligkeit der Teilnahme am Umweltauditsystem nach EG-Verordnung 1836/93[785].

---

784 Vgl. Kap. 5.4.2.2, 5.4.2.3 und 5.4.3.

785 Der vollständige Titel der EG-Öko-Audit-Verordnung ist schließlich: ‚Verordnung über die *freiwillige Beteiligung* gewerblicher Unternehmen an einem Gemeinschaftssystem für das Umweltmanagement und

Setzt man voraus, daß die Entscheidungsträger im betrieblichen Umweltschutz ihre Entscheidungen nach rationalen Abwägungen und nach dem Ziel der Gewinnmaximierung treffen, werden sie sich nur für eine Teilnahme am Umweltauditsystem nach EG-Verordnung 1836/93 entscheiden, wenn sie den betrieblichen Umweltschutz hierdurch effizienter gestalten können, als es ohne eine Teilnahme möglich wäre[786]. Damit ist davon auszugehen, daß die betrieblichen Nutzen N_b einer Teilnahme am Umweltauditsystem nach EG-Verordnung 1836/93 die hieraus resultierenden betrieblichen Kosten K_b signifikant übersteigen[787] (positiver Nettonutzen N_{nb}). Es gilt also:

$N_b > K_b$ oder $N_{nb} = N_b - K_b > 0$

Hinzu kommt, daß die Einrichtung eines Umweltmanagementsystems zu einer Rationalisierung der Teilnahmeentscheidung und anderer Entscheidungen des betrieblichen Umweltschutzes beitragen kann. Weil die im Rahmen des betrieblichen Umweltschutzes zu treffenden Entscheidungen in aller Regel sehr komplex sind und unter unvollständiger Information zu treffen sind, wird die aus der Einrichtung des Umweltmanagementsystems resultierende Verbesserung der Informationslage[788] in aller Regel zu einer weiteren Verbesserung der Effizienz betrieblicher Umweltschutzentscheidungen führen. Es gilt daher:

$N_b >> K_b$ oder $N_{nb} = N_b - K_b >> 0$

Weiterhin ist in aller Regel davon auszugehen, daß mit einer wirtschaftlichen Tätigkeit auch externe Effekte – und damit externe Kosten – verbunden sind[789]. Die im letzten Kapitel diskutierte Verbesserung der betrieblichen Umweltschutzleistung aufgrund einer Teilnahme am Umweltauditsystem nach EG-Verordnung 1836/93 ist geeignet, diese externen Kosten zu senken. Damit wird sich aus volkswirtschaftlicher Sicht genau dann eine Verbesserung der Effizienz der betriebsexternen Umweltpolitik ergeben, wenn diese Reduzierung der externen Kosten (der volkswirtschaftliche Nutzen N_v) die durch das Umweltauditsystem begründeten sozialen Kosten übersteigt. Zu letzteren gehören Subventionen K_s, die teilnehmenden Organisationen gewährt werden und alle von öffentlichen Stellen zu tragenden Kosten der Einrichtung und des Unterhalts des Prüfungs- und Validierungssystems K_v. Für die betriebsexterne Umweltpolitik muß daher gelten:

---

die Umweltbetriebsprüfung' (Hervorhebung vom Verfasser); vgl. EG (Hrsg.) 1993, im Titel. Zur Diskussion der Freiwilligkeit der Teilnahme vgl. auch Nissen 1999, S. 44 ff.

786 Vgl. auch Kap. 5.4.2.2.

787 Vgl. auch Wätzold, Bültmann 2000, S. 43.

788 Vgl. Kap. 5.3.5.2.

$N_v > K_v + K_s$ oder $N_{nv} = N_v - K_v - K_s > 0$

Weil die volkswirtschaftlichen Kosten des Validierungssystems gering sind, und bisher nur selten Subventionen für am Umweltauditsystem teilnehmende Organisationen gewährt werden, geht die empirische Analyse IMPOL[790] davon aus, daß dieses Kriterium in aller Regel erfüllt ist. Selbst wenn der Betriebs-externe Nettonutzen N_{nv} negativ sein sollte, ist zumindest in aller Regel davon auszugehen, daß dies durch den deutlich positiven betrieblichen Nettonutzen N_{nb} mehr als ausgeglichen wird. Verknüpft man nun den betrieblichen mit dem Betriebs-externen Kosten-/ Nutzen-Vergleich, ergibt sich das folgende Effizienzkriterium:

$N_v + N_b > K_v + K_s + K_b$ oder $N_{ges} = N_{nv} + N_{nb} = N_v + N_b - K_v - K_s - K_b > 0$

Da die Relationen $N_v > K_v + K_s$ und $N_b >> K_b$ in aller Regel erfüllt sind[791], gilt dies natürlich auch für ihre additive Verknüpfung. Damit ist von einer Effizienzsteigerung der Umweltpolitik durch das umweltpolitische Instrument Umweltauditsystem nach EG-Verordnung 1836/93 auszugehen: „This suggests that the overall net benefits of EMAS are significantly higher than governments' expenditure used to run the EMAS system. In other words, EMAS can be considered a successful policy instrument."[792].

5.5.4.4 Administrativ-rechtliche Praktikabilität und wirtschaftspolitische Verträglichkeit

Hinsichtlich der Bewertungskriterien ‚administrativ-rechtliche Praktikabilität' und ‚wirtschaftspolitische Verträglichkeit' schneidet das Umweltauditsystem nach EG-Verordnung 1836/93 in der umweltökonomischen Analyse durchschnittlich ab. Hier spiegelt sich wider, daß es im Inhalt teilweise auf selbstgesteckten, teilweise auf staatlich verordneten Umweltzielen beruht und in der Umsetzung einerseits auf Selbstkontrolle und andererseits auf Fremdkontrolle. [793]

Im Vergleich verschiedener umweltpolitischer Instrumente erweist sich das Umweltauditsystem der umweltpolitischen Auflagenlösung in den administrativ-rechtlichen Bewertungskriterien ‚politische Durchsetzbarkeit' und ‚Einordnung in das Rechtssystem' als unterlegen[794].

---

789 Vgl. hierzu Kap. 5.2.4.3.

790 The Implementation of EU Environmental Policies: Efficiency Issues, vgl. Wätzold, Bültmann 2000, S. 43 ff.

791 Vgl. weiter oben.

792 Wätzold, Bültmann 2000, S. 50 f.

793 Vgl. Feldhaus 1994, S. 95 und Kap. 4.2.1.

794 Vgl. Kap. 5.4.4.1 und Kap. 5.4.4.3.

Dafür ist es aber in bezug auf ‚Vollzugseignung und Vollzugskosten' ebenso besser als die traditionelle Auflagenlösung zu bewerten, wie auch hinsichtlich aller Einzelkriterien der wirtschaftspolitischen Verträglichkeit[795]. Vergleicht man das Umweltauditsystem mit anderen marktorientierten umweltpolitischen Instrumenten[796], schneidet es zwar in einigen Einzelkriterien etwas schlechter ab. Auf der anderen Seite vermeidet es aber auch deren Schwächen, ist hinsichtlich der ‚Vollzugseignung und Vollzugskosten' besser als die Abgabenlösung und übertrifft die Zertifikate in den Kriterien ‚Politische Durchsetzbarkeit' und ‚Wettbewerbspolitische Aspekte'.

Empirische Befunde zur administrativ-rechtlichen Praktikabilität und wirtschaftspolitischen Verträglichkeit des Umweltauditsystems nach EG-Verordnung 1836/93 liegen gegenwärtig noch nicht vor. Allerdings scheint die Tatsache, daß das Umweltauditsystem seit einigen Jahren als umweltpolitisches Instrument im Einsatz ist, die positive Bewertung im Rahmen der theoretischen Analyse zu bestätigen.

5.5.5 Zusammenfassung der Stärken und Schwächen des Umweltauditsystems nach EG-Verordnung 1836/93 als umweltpolitisches Instrument

Zusammenfassend stellt sich das Umweltauditsystem nach EG-Verordnung 1836/93 als ein umweltpolitisches Instrument dar, das in vielen Einzelkriterien positiv zu bewerten ist. Insbesondere im Vergleich mit der traditionellen ordnungspolitischen Auflagenlösung schneidet das Umweltauditsystem bezüglich vieler Bewertungskriterien besser ab. Gleichzeitig vermeidet es aber auch einige Nachteile der marktorientierten Instrumente Abgabenlösung und Zertifikat. Gerade diese Nachteile können eine Anwendung dieser Instrumente in der Praxis unmöglich machen, selbst dann, wenn aus umweltökonomischem Blickwinkel viele Argumente für diese Instrumente sprechen.

Als Beispiel sei die Kritik angeführt, die Zertifikatslösungen in bezug auf deren Wettbewerbsneutralität entgegengehalten wird[797]. Sie ist sicherlich eine Ursache für die geringe Popularität und damit auch mangelnde politische Durchsetzbarkeit von Zertifikatslösungen in der Praxis deutscher und internationaler Umweltpolitik.

---

795 ‚Marktkonformität', ‚Kosten-Nutzen-Verhältnis', ‚Wachstums- und strukturpolitische Aspekte' sowie ‚Wettbewerbspolitische Aspekte' und ‚Aspekte der Verteilungsgerechtigkeit'. Vgl. Kap. 5.4.5.1 bis Kap. 5.4.5.5.

796 Wie beispielsweise mit Abgabenlösungen und Zertifikaten.

Vor diesem Hintergrund erscheint ein weiterer Vorteil des Umweltauditsystems besonders wichtig: Es ist das einzige der untersuchten umweltpolitischen Instrumente, das in keinem Einzelkriterium schlechter als durchschnittlich zu bewerten ist. Damit sollten der praktischen Anwendbarkeit nur vergleichsweise geringe Barrieren entgegenstehen. Dieser Vorteil sowie die hervorragende ökonomische Effizienz bei gleichzeitig guter ökologischer Treffsicherheit lassen das Umweltauditsystem nach EG-Verordnung 1836/93 bereits in seiner gegenwärtigen Ausgestaltung als empfehlenswertes umweltpolitisches Instrument erscheinen.

5.6 Umweltpolitische Gestaltungsempfehlungen

Im letzten Abschnitt ist gezeigt worden, daß das Umweltauditsystem nach EG-Verordnung 1836/93 bereits in seiner derzeitigen Ausgestaltung ein empfehlenswertes umweltpolitisches Instrument ist. In den folgenden Abschnitten soll nun diskutiert werden, ob die Wirksamkeit des Umweltauditsystems noch weiter verbessert werden kann. Dabei wird vor allem auch die Frage eine Rolle spielen, wie es gelingen kann, den Anreiz zur Teilnahme am Umweltauditsystem für Unternehmen weiter zu erhöhen.

5.6.1 Das Umweltauditsystem im Kontext einer marktorientierten Umweltpolitik

Als umweltpolitisches Instrument dient das Umweltauditsystem natürlich vor allem der Beeinflussung und Steuerung der einzelwirtschaftlichen Aktivitäten. Die umweltökonomische Analyse[798] hat gezeigt, daß sich die Erweiterung des umweltpolitischen Instrumentariums um anreizorientierte marktnahe Instrumente, zu denen auch das Umweltauditsystem gehört, effizienzsteigernd auswirken kann.Der gleichen Ansicht ist auch Wagner. Er sieht mehrere Angriffspunkte, über die eine Effizienzsteigerung im Umweltrecht und in der Umweltpolitik zu erreichen ist[799].

---

797 Vgl. Kap. 5.4.5.4.

798 Vgl. Kap. 5.4.

799 Vgl. Wagner 1994, S. 173.

1. **Strukturelle Deregulierung:**

   Erstens muß das Ordnungsrecht systemimmanent verbessert werden. Hierzu ist eine Harmonisierung der Vorschriften sowohl im nationalen als auch im europäischen Recht notwendig. Parallel dazu müssen überzogene Regelungen abgebaut werden.

2. **Verstärkung indirekter Verhaltenssteuerung:**

   Zweitens ist das Gewicht der Instrumente indirekter Verhaltenssteuerung zu Lasten der direkten Verhaltenssteuerung durch das Ordnungsrecht zu verstärken. Dies bedeutet, daß das bereits bestehende Instrumentarium indirekter Steuerung[800] noch besser zu nutzen bzw. zu erweitern ist.

3. **Aktivierung marktorientierter Anreize:**

   Drittens müssen neue marktorientiert ausgerichtete umweltpolitische Instrumente eingesetzt werden, beispielsweise Steuervergünstigungen für Forschung und Entwicklung im Umweltschutz, Zertifikate oder das Umweltmanagementsystem nach EG-Verordnung 1836/93. Einen vierten Angriffspunkt fügt Hill hinzu:

4. **Konkurrenz zwischen öffentlich-rechtlichen und marktorientierten Instrumenten:**

   Durch den Einsatz verschiedener umweltpolitischer Instrumente und der damit verbundenen stückweisen Verfahrensprivatisierung entsteht „eine Konkurrenz zur öffentlich-rechtlichen Aufgabenerfüllung und damit ein Anreiz für den Staat, besser zu werden im Vergleich mit Privaten. Privatisierung wirkt also als Anreiz zur Verwaltungsmodernisierung.“[801]

Betrachtet man das Umweltaudit nach EG-Verordnung 1836/93[802], so sind bezüglich der vier angesprochenen Angriffspunkte deutliche Fortschritte zu erwarten: Das zertifizierbare Umweltmanagementsystem verspricht eine Steigerung der Effizienz im Umweltrecht.

---

800 Hierzu gehören beispielsweise Umweltabsprachen, Branchenabkommen, Umwelthaftpflichtmodelle, Eigenverantwortung im betrieblichen Umweltmanagement und Kompensationslösungen.

801 Hill 1996, S. 314.

802 Und insbesondere auch die diskutierten Deregulierungs- und Substitutionsmaßnahmen im Zusammenhang mit dem Umweltauditsystem.

5.6.2 Notwendigkeit hinreichender Freiheitsgrade der betrieblichen Umweltpolitik

Zu erwähnen ist auch ein weiterer Aspekt: Geht man im Sinne der Souveränität der Marktteilnehmer davon aus, daß alle Akteure rational handeln und ihre einzelwirtschaftliche Situation optimieren, und ferner[803] gerade hierdurch eine gesamtwirtschaftlich optimale Allokation realisiert wird, kann die Bereitstellung von Wahlmöglichkeiten die gesamtwirtschaftliche Effizienz erhöhen.

Anders ausgedrückt ist davon auszugehen, daß ein Verursacher von Umweltbelastungen, wenn er vor die Wahl gestellt wird, den betrieblichen Umweltschutz mit oder ohne Hilfe des Umweltmanagementsystems nach EG-Verordnung zu gestalten, diejenige Variante wählt, die das geforderte Umweltschutzniveau mit geringerem Ressourceneinsatz realisiert[804]. In diesem Fall wäre diese einzelwirtschaftlich rationale Entscheidung auch gesamtwirtschaftlich optimal[805]. Karl diskutiert diesen Aspekt auch am Beispiel der Normierung von Umweltmanagementsystemen. So ist in den letzten Jahren die Ausgestaltung des betrieblichen Umweltmanagementsystems zunehmend Gegenstand von Normungsaktivitäten gewesen. Die Normenserie ISO 14000 ff beschreibt beispielsweise die Details des Umweltaudits nach ISO 14001 derart umfassend, daß die Freiheitsgrade, die dem jeweiligen Betrieb bei der Ausgestaltung seines Umweltmanagementsystems verbleiben, deutlich eingeschränkt sind. Eine detaillierte Normierung kann auf diese Weise Ineffizienzen verursachen.

Dieser Ansicht ist auch Reichardt[806]: „Die Einrichtung von Umweltmanagementsystemen nach der EG-Verordnung läuft auf die Einführung normierter Mechanismen hinaus. ... Die Einigung der EG-Verordnung zur Erfüllung ihres selbstgesetzten Zieles, eine nachhaltige Verbesserung des betrieblichen Umweltschutzes zu erreichen, wird sich somit an der Eignung normierter Umwelt-Audit-Verfahren messen müssen.“ Dabei versteht Reichardt auditierbare Umweltmanagementsysteme als normierte Systeme organisatorischen Lernens.

---

803 Im allgemeinen.

804 Fees, Steger 1994, S. 175: „Hinsichtlich des zweiten Aspekts (der effizienten Einhaltung von Umweltstandards, Anm. d. Verf.) besteht unter Ökonomen weitgehend Einigkeit darüber, daß den Unternehmen ein möglichst großer Spielraum dabei gelassen werden sollte, wie die definierten Umweltstandards erfüllt werden.“

805 Vgl. Karl 1995, S. 44 f.

806 Reichardt 1996, S. 208 f.

Konkret können hierbei drei Ebenen unterschieden werden: Die Normierung der Lernorganisation, die Normierung des Lernprozesses und die Normierung des Lernerfolges[807]. „Die EG-Verordnung hat ihren Normierungsschwerpunkt beim Lernprozeß, in dem eine umfassende Betriebsprüfung vorgeschrieben ist, deren Ergebnisse in Umweltprogramme einfließen und deren Umsetzung später wiederum überprüft wird. Neben dem Lernprozeß versucht die Verordnung auch eine Normierung des Lernerfolges, da die beteiligten Unternehmen die Teilnahmeerklärung nur dann für ihre nicht-produktbezogene Werbung benutzen dürfen, wenn die Überprüfung durch den Umweltgutachter bestätigt, daß bestimmte Entwicklungsstandards eingehalten wurden."[808] Gerade in bezug auf die Messung und Normierung des Lernerfolges, die im Rahmen des ‚Performance-Audits'[809] notwendig sind, wird die Ambivalenz der Normierung von Umweltmanagementsystemen besonders deutlich. Einerseits erfordert die Messung der betrieblichen Umweltschutzleistung im Sinne einer Vergleichbarkeit der Ergebnisse die Festsetzung von Bewertungskategorien und Meßverfahren. Andererseits entsteht hierdurch unter Umständen auch ein normiertes Bewertungsraster, das die Kreativität und Innovationskraft des betrieblichen Umweltschutzes einschränken könnte. Diese Gefahr betont auch Reichardt: „Bisher in den Unternehmen eingesetzte innerbetriebliche und ergebnisoffene Lernsysteme werden durch die EG-Verordnung zu ergebnisorientierten Finalprogrammen umgewandelt, weil nur ein solches Ergebnis angestrebt wird, bei dem die geforderten Kriterien erfüllt werden. Damit ist die Gefahr verbunden, daß das Audit-Verfahren innovative Kräfte bremst. Unter innovatorischen Aspekten kann damit zunächst grundsätzlich festgestellt werden, daß das Wirkungspotential der EG-Umwelt-Audit-Verordnung in den einzelnen Unternehmen geringer sein wird als ohne diese staatliche Normierung."[810]

---

807 „Umweltmanagementsysteme dienen der Wirksamkeitskontrolle umweltbezogener Maßnahmen. Dadurch wird die Rolle eines solchen Instrumentes als Lernsystem deutlich, worin auch in der Vergangenheit die Ursache für die interne Installation von Umweltmanagementsystemen im Unternehmen zu sehen ist. Der Lernerfolg besteht jeweils in dem Umfang, in dem neues Wissen entsteht oder die Erkenntnisse über bestehende Annahmen verbessert werden. Ein durchgeführtes Audit-Verfahren muß als um so erfolgreicher angesehen werden, je mehr neue Schwachstellen erkannt werden. Wenn das Umweltmanagementsystem als Lernsystem verstanden wird, so stellt sich die Frage, inwieweit ein solches Lernsystem rechtlich normierbar ist. Dabei kann sich die Normierbarkeit innerhalb dieses Systems entweder auf die Lernorganisation, den Lernprozeß oder den Lernerfolg beziehen." Reichardt 1996, S. 208 f.

808 Reichardt 1996, S. 209.

809 Vgl. auch Kap. 5.3.5.3.

810 Reichardt 1996, S. 209.

Allerdings besteht gleichzeitig die Notwendigkeit eines gewissen Normierungsgrades, der ja Voraussetzung für die Vergleichbarkeit der betrieblichen Umweltschutzleistungen verschiedener Standorte und damit für die Vergabe des Zertifikats ist. Ohne Normierung des betrieblichen Umweltmanagements könnte sicher auch kein Zertifikat erteilt werden. Da dieses jedoch ein wichtiger Teilnahmeanreiz für potentielle Teilnehmer am Umweltauditsystem nach EG-Verordnung 1836/93 ist, wäre dann die Anzahl am Umweltauditsystem teilnehmender Standorte sicherlich kleiner. [811]

In der Praxis ergibt sich hieraus die Forderung an die Umweltgutachter, bei der externen Validierung der betriebsinternen Umweltprüfung nicht nur nach starren Checklisten und normierten Kriterienkatalogen zu prüfen, sondern innovative Ansätze und neue Ideen des betrieblichen Umweltmanagements[812] im Einzelfall aufzunehmen und zu honorieren.

5.6.3 Optimierung des Umweltauditsystems

Im letzten Kapitel[813] wurde das Umweltauditsystem bewertet und im Vergleich verschiedener idealtypischer umweltpolitischer Instrumente als empfehlenswerte umweltpolitische Lösung beurteilt. Grundlage war die derzeitige Ausgestaltung des Umweltauditsystems nach EG-Verordnung 1836/93. Die detaillierte umweltökonomische Analyse hat aber auch gezeigt, daß es sich bei dem umweltpolitischen Instrument Umweltaudit um ein komplexes System aufeinander abgestimmter marktorientierter umweltpolitischer Maßnahmen handelt[814]. Ein solches komplexes Maßnahmenbündel bietet naturgemäß einen großen Gestaltungsfreiraum. Dies zeigt bereits die Existenz der Normenreihe ISO 14000 ff, die ihrerseits ein Umweltmanagement- und -auditverfahren beschreibt und normiert, das viele Unterschiede zum Umweltauditsystem nach EG-Verordnung 1836/93 aufweist[815]. Und auch die bevorstehende Novellierung der Vorschrift läßt auf die Verbesserungsfähigkeit[816] des Systems schließen.

---

811 „Die Summe der durch die Verordnung erreichbaren Unternehmen und damit die Gesamtwirkung könnte sich jedoch durch die Anreizstruktur der Normierung – die Teilnahmeerklärung – erhöhen." Reichardt 1996, S. 209.

812 Als gutes Beispiel für innovatives Umweltmanagement kann immer noch der integrierte Bewertungsansatz der Umwelterklärung und Ökobilanz von Mohndruck 1994 gelten. Vgl. Mohndruck (Hrsg.) 1994.

813 Vgl. Kap. 5.5.

814 Vgl. Kap. 5.3.5.

815 Zum Verhältnis EG-Verordnung 1836/93 und Normenreihe ISO 14000 ff vgl. Thimme 1998, S. 266 ff.

816 Oder sogar auf die Verbesserungsbedürftigkeit.

Die folgenden Abschnitte diskutieren daher die Frage, ob die Ausgestaltung des umweltpolitischen Instruments Umweltauditsystem nach EG-Verordnung 1836/93 weiter verbessert werden kann. Einen Schwerpunkt bildet hierbei die Vorstellung von Möglichkeiten, die Attraktivität des umweltökonomisch positiv zu beurteilenden Umweltauditsystems für potentielle Teilnehmer zu erhöhen[817].

5.6.3.1 Steigerung der Teilnehmerzahl am Umweltauditsystem

Das Umweltauditsystem nach EG-Verordnung 1836/93 unterscheidet sich von anderen umweltpolitischen Instrumenten auch dadurch, daß die Teilnahme am System für die Verursacher von Umweltbeeinträchtigungen freiwillig ist. Ein solches freiwilliges Instrument kann natürlich nur dann nennenswerte Auswirkungen auf der makroökonomischen Ebene entfalten, wenn es eine hinreichende Anzahl von Teilnehmern[818] gibt. Um dies sicherzustellen, konfrontiert das Umweltauditsystem nach EG-Verordnung 1836/93 potentielle Teilnehmer mit einer Reihe von Teilnahmeanreizen[819]. Trotzdem ist die Teilnehmerzahl derzeit nur in Deutschland, Österreich, Schweden und Dänemark[820] befriedigend. Wie der folgende Abschnitt zeigt, ist hierfür vor allem auch die Konkurrenz der Normenreihe ISO 14001 ff verantwortlich.

5.6.3.1.1 Konkurrenz der Normenreihe ISO 14001 ff

Die nachfolgende Abbildung zeigt, daß die Normenreihe ISO 14001 eine große Konkurrenz für das Umweltauditsystem nach EG-Verordnung 1836/93 ist. Außer in Deutschland und Österreich liegt die Anzahl der Zertifizierungen nach ISO 14001 in allen europäischen Staaten weit über der Anzahl der Zertifizierungen nach EG-Verordnung 1836/93 (EMAS). Auch in Deutschland und Österreich sind inzwischen mehr Standorte bzw. Organisationen nach ISO 14001 zertifiziert als nach dem Umweltauditsystem nach EG-Verordnung.

---

817 Vgl. auch Kap. 5.5.4.1.

818 Nach der ersten Fassung EMAS I können am Umweltauditsystem Standorte von gewerblichen Unternehmen teilnehmen, nach EMAS II auch Organisationen, vgl. Kap. 2.

819 Vgl. Kap. 5.4.6.

820 Vgl. Kap. 5.5.4.1.

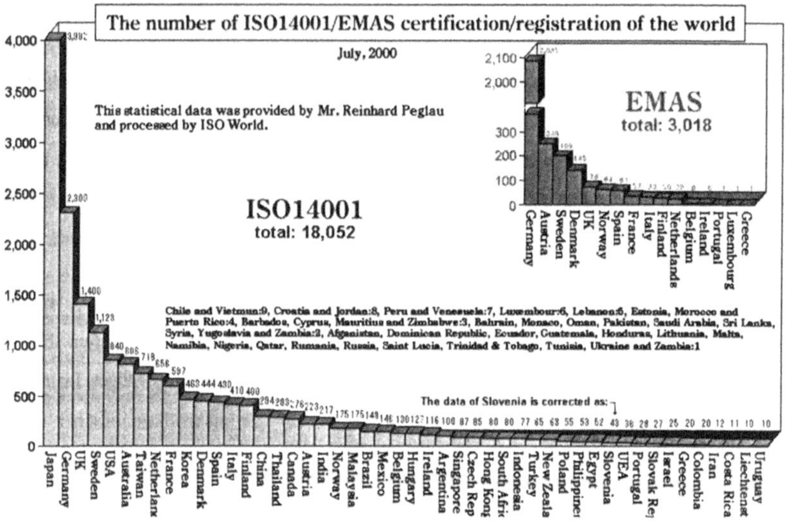

Abbildung 7: Vergleich der Anzahl der registrierten Standorte bzw. Organisationen nach EMAS und ISO 14001; Stand Juli 2000.

Quelle: http://www.ecology.or.jp/isoworld/english/analy14k.htm

Die Ursache hierfür liegt insbesondere darin begründet, daß sich potentielle Teilnehmer am Umweltmanagementsystem von einer Zertifizierung nach ISO 14001 eher eine weltweite Beachtung versprechen als von einer Zertifizierung nach EMAS[821]. Da der Geltungsbereich der EG-Verordnung 1836/93 auf Europa eingeschränkt ist, ergeben sich für multinational agierende Unternehmen tatsächlich Probleme. Da sie ihre außereuropäischen Standorte nach ISO 14001 zertifizieren lassen müssen, würde eine Zertifizierung der europäischen Standorte nach EMAS ein Nebeneinander zweier Umweltmanagementsysteme innerhalb derselben Organisation zur Folge haben. Dies verhindert (bzw. erschwert) zum einen die Nutzung von Synergien im Umweltmanagement verschiedener Standorte[822]. Zum anderen wären die Ergebnisse verschiedener Standorte nur bedingt vergleichbar, wenn nach verschiedenen Umweltmanagementsystemen zertifiziert würde.[823]

---

821 Vgl. Wätzold, Bültmann 2000, S. 53 und S. 56.

822 Z.B. die Nutzung einheitlicher Formulare in allen Standorten.

823 Dies erschwert beispielsweise die Ableitung organisationsweit gültiger ‚best practices'.

Als weitere Ursachen für die höhere Beliebtheit der Zertifizierung nach ISO 14001 müssen die geringeren Teilnahmekosten[824], die niedrigeren Anforderungen an das betriebliche Umweltmanagement[825] und die engere Verwandtschaft zur Zertifizierung nach ISO 9000 im Qualitätsmanagement[826] genannt werden. Um die Attraktivität des umweltökonomisch positiv zu beurteilenden Umweltauditsystems bei potentiellen Teilnehmern zu erhöhen, kommen vor allem folgende Maßnahmen in Frage[827]:

- Verstärkte Nutzung des Deregulierungs- und Substitutionspotentials.
- Staatliche Beschaffungspolitik.
- Ausweitung der Nutzungsmöglichkeiten des Zertifikats in der (Produkt-) Werbung.

In den folgenden Kapiteln werden diese Möglichkeiten diskutiert.

5.6.3.1.2 Verstärkte Nutzung des Deregulierungs- und Substitutionspotentials

Das Deregulierungs- und Substitutionspotential im Zusammenhang mit zertifizierbaren Umweltmanagementsystemen wurde im rechtswissenschaftlichen Teil der Arbeit ausführlich diskutiert[828]. Unter Effizienzgesichtspunkten[829] verspricht die Lockerung starrer ordnungspolitischer Auflagen zu Gunsten einer marktorientierten Umweltpolitik Vorteile[830].

---

824 Vgl. Wätzold, Bültmann 2000, S. 40 und S. 53.

825 Vgl. Wätzold, Bültmann 2000, S. 56.

826 Vgl. Wätzold, Bültmann 2000, S. 40. Die enge Verwandtschaft zur Zertifizierung nach ISO 9000 ist vor allem deshalb ein großer Vorteil, weil viele Organisationen bereits Erfahrungen mit Qualitätsmanagementsystemen und der Zertifizierung nach ISO 9000 gesammelt haben und man sich von einer Teilnahme an beiden Zertifizierungssystemen Synergien verspricht.

827 Daneben ist auch die Berücksichtigung einer Teilnahme am Umweltauditsystem bei Haftungs- und Versicherungsfragen zu nennen. Bereits heute können Betriebe, die über ein zertifizierbares Umweltmanagementsystem verfügen, mit Nachlässen auf die Prämien ihrer Versicherungen im Umwelthaftungsbereich rechnen. Kritisch hierzu Janzen 1998/1, S. 72.

828 Vgl. Kap. 4.3.

829 Vgl. Kap. 5.3.4.3 und Kap. 5.4.2.

830 „Trotz der zuletzt genannten Vorbehalte möchte ich festhalten, daß private Leistungserstellung in einzelnen Bereichen des Umweltschutzes zur Kosteneffizienz und raschen Leistungsbereitschaft beitragen kann. Ich glaube, daß hierin der Wert der gegenwärtigen Diskussion über die privatwirtschaftliche Erfüllung öffentlicher Aufgaben liegt." Hansmeyer 1992/1, S. 13. „Ein wichtiger Gesichtspunkt für die Beauftragung privater Dritter können allerdings durchaus die Effizienzsteigerung und die Kosteneinsparung sein. ... Ich bin der Meinung, daß man offen dafür sein sollte, solche Lösungen zu diskutieren und zu akzeptieren." Dieckmann 1992, S. 18.

Darüber hinaus weisen Fees und Steger auf einen ähnlichen Aspekt hin, wie er bereits oben im Zusammenhang mit der Normierung von Umweltmanagementsystemen beschrieben worden ist[831]: Wenn die ordnungsrechtlichen Regulierungen so eng sind, daß keine unternehmensindividuellen Optimierungspotentiale bestehen, kann das Umweltauditsystem seine effizienzsteigernde Wirkung gar nicht entfalten[832]. Dies bedeutet, daß die Einräumung von Deregulierungs- und Substitutionsmöglichkeiten sogar notwendig für die optimale Wirkung der marktorientierten umweltpolitischen Instrumente ist. Sonst drohen sie „zu Fremdkörpern im Ordnungsrecht zu verkommen."[833] Schließlich darf nicht unerwähnt bleiben, daß Substitutions- und Deregulierungsmaßnahmen auch ein zusätzlicher Anreiz für Organisationen bzw. Standorte sind, am Umweltauditsystem teilzunehmen[834]. Geht man von der ökologischen Wirksamkeit des freiwilligen umweltpolitischen Instruments Umweltaudit aus, muß ein zusätzlicher Anreiz zur Teilnahme auch ökologisch positiv bewertet werden. Somit wären die Maßnahmen zur Substitution und Deregulierung im Zusammenhang mit dem Umweltaudit nicht nur ökonomisch effizient, sondern auch ökologisch effektiv.

5.6.3.1.3 Beschaffungspolitik der öffentlichen Hand

Ein großer Anreiz für die Teilnahme am Umweltauditsystem nach EG-Verordnung 1836/93 kann auch aus einer umweltbewußten Beschaffungspolitik der öffentlichen Hand resultieren.
Im Bereich vieler Investitionsgüter geht ein nennenswerter Anteil der Nachfrage von öffentlichen Haushalten aus. Würden diese öffentlichen Haushalte ihre Beschaffungsentscheidungen noch stärker als bisher[835] vom Vorliegen eines Umweltaudit-Zertifikats nach EG-Verordnung 1836/93 abhängig machen, könnten es sich viele Anbieter kaum noch leisten, auf die Teilnahme am Umweltauditsystem zu verzichten.

---

831 Vgl. Kap. 5.6.2.

832 Vgl. Fees, Steger 1994, S. 189. Weiter heißt es in der Quelle: „In zentralen Bereichen des Umweltschutzes scheinen wir in Deutschland davon aber nicht mehr weit entfernt zu sein ... ".

833 Fees, Steger 1994, S. 190; bezogen auf die marktorientierten umweltpolitischen Instrumente Umwelthaftung und Umweltaudit.

834 „To provide an additional reward to participating organisations it is discussed – and even already implemented twice in EMAS 2 ('Member States shall consider to use the synergy between relevant environmental legislation and the value of EMAS participation in order to avoid unnecessary regulatory burden on organisations'; see art. 1, sec. 4 and art. 10, sec. 2) – to check possibilities for substitution (but in most cases not deregulation) of reporting, monitoring, or even other legal requirements for organisations that participate on EMAS."

835 Vgl. auch Orthmann 1995, S. 97.

5.6.3.1.4 Ausweitung der Nutzungsmöglichkeiten des Zertifikats in der Werbung

Bei der Diskussion der Marketing-Vorteile, die einem Unternehmen aus der Teilnahme am Umweltauditsystem nach EG-Verordnung 1836/93 erwachsen können[836], mußte festgehalten werden, daß in diesem Punkt eine differenzierte Bewertung erforderlich ist. Ein aktives Umweltmanagement empfiehlt sich bei Belegung von Geschäftsfeldern mit hohem Umweltgefährdungspotential und mit hoher Umwelt-Visibility. Letztere ist auf Endverbraucher-Märkten tendenziell höher als im Zuliefererbereich, auf Konsum- und Gebrauchsgütermärkten eher zu erwarten, als im Bereich der Investitionsgüter und im allgemeinen in Industriestaaten stärker ausgeprägt als in Entwicklungs- und Schwellenländern. Wenn nun ein Unternehmen Märkte adressiert, auf denen ein überdurchschnittliches Engagement im Umweltschutz honoriert wird, muß es an einem guten Image im Umweltbereich interessiert sein. Selbstverständlich ist das Umweltzertifikat, das im Rahmen des Umweltauditsystems nach EG-Verordnung 1836/93 vergeben wird, grundsätzlich geeignet, zur Bildung eines solchen positiven Umwelt-Images beizutragen. Abhängig ist dieser positive Marketingeffekt von zwei Voraussetzungen: Erstens muß der Kunde das Zertifikat und das EMAS-Logo kennen und einordnen können[837]. Zweitens ist es notwendig, daß ihm bei seiner Kaufentscheidung auch tatsächlich bewußt ist, welche der für ihn in Frage kommenden Produkte von Standorten hergestellt wurden, die sich der freiwilligen Umweltprüfung unterzogen haben und die erfolgreich zertifiziert worden sind. Gerade der letzte Punkt wird in aller Regel nicht gegeben sein. Dies liegt zum einen daran, daß die Öffentlichkeit bisher kaum über das Umweltauditsystem und am Umweltauditsystem teilnehmende Standorte informiert ist[838]. Zum anderen ist eine Verwendung des Zertifikats in der Produktwerbung, auf den angebotenen Erzeugnissen selbst oder auf der Verpackung bisher nicht gestattet[839]. Eine Lockerung dieser Vorschrift wäre geeignet, den Bekanntheitsgrad des Umweltauditsystems beim potentiellen Käufer zu steigern. Denn gerade im Bereich des privaten Konsums ist es vorstellbar, daß Interessenten ihre Kaufentscheidung vom Zertifikat abhängig machen und so aus einer Teilnahme am Umweltauditsystem der von den Teilnehmern gewünschte Wettbewerbsvorteil erwächst.

---

836 Vgl. Kap. 5.4.6.3.

837 Darüber hinaus muß der Kunde auch noch der Ansicht sein, daß eine Teilnahme am Umweltauditsystem nach EG Verordnung 1836/93 wenigstens tendenziell zu einer umweltgerechten Ausgestaltung der Produktionsprozesse führt. Hiervon wird an dieser Stelle ausgegangen – vgl. hierzu auch Kap. 5.5.4.2.

838 Vgl. das folgende Kap. 5.6.3.2.

Ein Teilnahmeanreiz könnte daher auch von der Möglichkeit ausgehen, das Umweltaudit-Zertifikat nach EG-Verordnung 1836/93 in der Produktwerbung, auf den Produkten selber und auf Verpackungen verwenden zu dürfen[840].

5.6.3.2 Steigerung der Öffentlichkeitsbeteiligung

„Organisations that commit themselves to pro-active environmental management have to be rewarded for their efforts. The markets will provide this reward only if they are well informed about the organisation's environmental commitment and performance. As a result internal and external stakeholders, including business-to-business customers, public authorities and not-governmental organisations as well as other third party or individuals have to be provided with sufficient information."[841] Wie bereits im letzten Kapitel angedeutet, spielt das Umwelt-Image, das ein Betrieb bzw. Standort in der Öffentlichkeit und besonders bei potentiellen Kunden hat, unter Umständen eine große Rolle bei der Produktauswahl und auch bei der Ausgestaltung des Verhältnisses zwischen dem Betrieb bzw. Standort und seinen internen und externen Anspruchsgruppen[842]. Derzeit nimmt allerdings die Öffentlichkeit das Umweltaudit-Zertifikat als Umweltzeichen viel zu wenig wahr[843].

---

839 EG (Hrsg.) 1993, Art. 10 Abs. 3: „Die Teilnahmeerklärung darf weder in der Produktwerbung verwendet noch auf den Erzeugnissen selbst oder auf ihrer Verpackung angegeben werden."

840 Diesem Umstand wurde im Entwurf vom 22. Januar 2001 der Novelle zur EG-Verordnung 1836/93 Rechnung getragen. Zwar bleibt eine Verwendung des EMAS-Zeichens auf Produkten und deren Verpackung verboten, es ist nun jedoch die Verwendung in der Produktwerbung erlaubt: „Das EMAS-Zeichen darf von Organisationen in folgenden Fällen verwendet werden: ... e) auf oder in der Werbung für Produkte, Tätigkeiten und Dienstleistungen, und zwar nur in den Fällen, die in den nach dem Verfahren des Artikels 14 Abs. 2 verabschiedeten Leitlinien der Kommission, durch die jegliche Verwechslung mit Umwelt-Produktkennzeichnungen ausgeschlossen wird, festgelegt sind. Das Zeichen darf nicht verwendet werden a) auf Produkten oder ihrer Verpackung, b) in Verbindung mit Vergleichen mit anderen Produkten, Tätigkeiten und Dienstleistungen. EG (Hrsg.) 2001, Art. 8 Abs. (2) e) und Abs. (3) a) und b). Am 14. Februar 2001 hat das Europäische Parlament den vom Vermittlungsausschuß vorgeschlagenen gemeinsamen Entwurf für EMAS II angenommen. Die Annahme durch den Ministerrat war bereits am 12.02.2001 erfolgt. Zum Inkrafttreten bedarf es nun noch der Veröffentlichung im Amtsblatt der EG.

841 Orthmann et alt. 1998, S. 5.

842 Vgl. Kap. 5.4.6.3 bis 5.4.6.5.

843 Dies ist die einhellige Meinung aller hierzu befragten Unternehmen und Verbände. Vgl. auch Nissen et alt. 1998, S. 217 ff.

Dabei hat die Steigerung der Öffentlichkeitsbeteiligung am Umweltauditsystem nicht nur im Zusammenhang mit der Erhöhung der Teilnahmeanreize eine hohe Bedeutung[844]. Weiter oben konnte vielmehr gezeigt werden, daß eine Beteiligung der Öffentlichkeit eine wichtige Voraussetzung für das Funktionieren des Umweltauditsystems an sich ist[845].

Gerade in den letzten Monaten scheint man die Bedeutung der Öffentlichkeit für ein Funktionieren des Umweltauditsystems nach EG-Verordnung 1836/93 erkannt zu haben. Wohl in Vorbereitung der zum Jahresanfang anstehenden Verabschiedung der Novellierung der Umweltauditverordnung ist in verschiedenen Zeitschriften eine Anzeigenkampagne erschienen[846]. Gleichzeitig wird im Internet zum ersten Mal auf einer eigenen Homepage umfassend für das modifizierte EMAS-Zertifikat und -Logo geworben[847].

Bemerkenswert ist darüber hinaus das von future e.V. koordinierte Forschungsprojekt ‚Umweltberichterstattung' unter der wissenschaftlichen Leitung des Instituts für ökologische Wirtschaftsforschung GmbH (IÖW), das seit 1994 Rankings von Umweltberichten durchführt. Nach 1994, 1995 und 1998[848] wurde im Jahre 2000 erneut eine vergleichende Bewertung von Umweltberichten und Umwelterklärungen der 100 größten deutschen Industrieunternehmen (nach Umsatz), der 10 größten deutschen Banken (nach Bilanzsumme), der 10 größten Versicherungsunternehmen (nach Beitragseinnahmen), der 20 größten Handelsunternehmen (nach Umsatz) und der 10 größten Dienstleister (nach Umsatz) durchgeführt[849]. Eine Veröffentlichung in der Wirtschaftspresse vorausgesetzt, kann ein solches Projekt sicher dazu beitragen, den Bekanntheitsgrad des Umweltauditsystems zu erhöhen.

---

844 „Die EG-Öko-Audit-Verordnung ist darauf ausgerichtet, durch den Einsatz von zwei Informationsinstrumenten eine wettbewerbsrelevante Reaktion der Öffentlichkeit zu erwirken, um so einen andauernden Anreizeffekt für die Unternehmen zur Teilnahme am Öko-Audit-System herbeizuführen." Nissen et alt. 1998, S. 212.

845 „Die mit diesen Informationsinstrumenten erhoffte Öffentlichkeitsreaktion soll zu einer kontinuierlichen Verbesserung des Umweltschutzes führen. Dieser Anreizmechanismus ist eine notwendige Bedingung für den Erfolg der feiwillig anzuwendenden EG-Öko-Audit-Verordnung." Nissen et alt. 1998, S. 212. Vgl. auch Kap. 5.3.5.4.

846 Diese Kampagne ist eine Gemeinschaftsinitiative des Bundes, der Länder, der deutschen Wirtschaft, der Gewerkschaften und der Umweltverbände zur Bekanntmachung des neuen EMAS-Logos. Vgl. auch im Internet: http://emas-logo.de/Werbekampagne/werbekampagne.html

847 Vgl. im Internet: http://emas-logo.de/.

848 Die Ergebnisse der Jahre 1995 und 1998 wurden jeweils im Wirtschaftsmagazin Capital veröffentlicht (Heft 5/96 bzw. 5/98).

[849] Mit Mohn Media und Axel Springer haben zwei Verlage das Ranking 2000 gewonnen. Es folgen Volkswagen, Otto und Henkel. Zu einer ausführlichen Ergebnisdarstellung und zur Methodik vgl. im Internet: http://www.ranking-umweltberichte.de/ranking.html.

6 Ausblick

„In der Stärkung der Eigenverantwortung der Verursacher und in der Förderung ihres Eigeninteresses sieht die Bundesregierung den entscheidenden umweltpolitischen Ansatz, um Umweltbelastungen auch über gesetzliche Anforderungen und über die Abwehr von Gefahren hinaus zu vermeiden und damit den Stand der Technik zu dynamisieren. Sie hält daher die verstärkte Nutzung und den systematischen Ausbau von Instrumenten, die in diese Richtung wirken, als Ergänzung des ordnungsrechtlichen Instrumentariums der Gebote und Verbote für notwendig. Dabei sind alle ökologisch wirksamen und ökonomisch effizienten Instrumente zum Ausbau einer ökologisch orientierten sozialen Marktwirtschaft einzubeziehen."[851] Als ökologisch wirksames und ökonomisch effizientes umweltpolitisches Instrument ist das Umweltauditsystem nach EG-Verordnung 1836/93 hervorragend geeignet, die Eigenverantwortung der Verursacher von Umweltbeeinträchtigungen zu stärken und so zu einer Dynamisierung des Standes der Umwelttechnik beizutragen[852]. Daher macht es Sinn, weiter auf dieses freiwillige umweltpolitische Instrument zu setzen und die Teilnahme am Umweltauditsystem zu fördern. Die letzten Kapitel haben gezeigt, daß die Sicherstellung einer hinreichenden Teilnehmeranzahl am Umweltauditsystem eine notwendige Voraussetzung für das Funktionieren und für die ökologische Effektivität des umweltpolitischen Instruments Umweltaudit ist.

Am 14. Februar 2001 hat das Europäische Parlament den vom Vermittlungsausschuß vorgeschlagenen gemeinsamen Entwurf[853] vom 22. Januar 2001 für die Novellierung des Umweltauditsystems nach EG-Verordnung 1836/93, das sogenannte EMAS[854], angenommen.

---

851 Vgl. Bundesumweltministerium (Hrsg.) 1995/2, S. 9.

852 Dies ist nicht nur das Ergebnis der vorliegenden Arbeit, diese Meinung wird darüber hinaus auch vom europäischen Gesetzgeber geteilt: „Die Verordnung (EWG) Nr. 1836/93 des Rates vom 26. Juni 1993 über die freiwillige Beteiligung gewerblicher Unternehmen an einem Gemeinschaftssystem für das Umweltmanagement und die Umweltbetriebsprüfung hat ihre Wirksamkeit im Hinblick auf eine Verbesserung der Umweltleistung von Unternehmen unter Beweis gestellt." EG (Hrsg.) 2001, Präambel (5).

853 „Auf Vorschlag der Kommission, nach Stellungnahme des Wirtschafts- und Sozialausschusses, nach Anhörung das Ausschusses der Regionen, ... aufgrund des vom Vermittlungsausschuß am 20. Dezember 2000 gebilligten gemeinsamen Entwurfs." EG (Hrsg.) 2001, im Titel.

Die Annahme durch den Ministerrat war bereits am 12.02.2001 erfolgt. Mit Veröffentlichung im Amtsblatt der EG tritt die Vorschrift in Kraft. Die neue Vorschrift setzt einige Ideen in die Praxis um, die auch im Rahmen dieser Arbeit diskutiert und gefordert wurden. So ist der europäische Gesetzgeber vom Standortkonzept abgerückt und spricht nun allgemein „alle Organisationen mit Umweltauswirkungen“[855] an. Die Teilnahme kleiner und mittelständischer Unternehmen wird dabei ausdrücklich als förderungswürdig anerkannt[856]. Auf die Möglichkeit von Vollzugserleichterungen für teilnehmende Organisationen im Rahmen der Deregulierung und Substitution wird ausdrücklich hingewiesen[857]. Und schließlich wird die Verwendung des Zertifikats in der Produktwerbung unter bestimmten Voraussetzungen ermöglicht[858].

Der Europäische Gesetzgeber betont ausdrücklich die hohe Bedeutung der Elemente, die auch im Rahmen dieser Arbeit als entscheidende Wirkungsparameter des Umweltauditsystems nach EG-Verordnung 1836/93 identifiziert werden konnten: die Einhaltung von Rechtsvorschriften im Rahmen des Compliance-Audits, die Verbesserung der Umweltleistung als Ziel des Performance-Audits sowie die Notwendigkeit externer Kommunikation[859].

Nach einer ersten Durchsicht der novellierten Vorschrift muß davon ausgegangen werden, daß die meisten Kritikpunkte am Umweltauditsystem nach EG-Verordnung 1836/93 bei der Ausgestaltung der Novelle von 2001 Berücksichtigung gefunden haben. Damit stehen die Chancen gut, daß dieses ökologisch wirksame und ökonomisch effiziente freiwillige Instrument nicht aus Mangel an Teilnehmern aus dem Portfolio der umweltpolitischen Instrumente verschwindet, sondern ein wichtiger Bestandteil der europäischen Umweltpolitik bleibt.

---

854 Nachdem die Diskussion in Wissenschaft und Politik bereits für die ursprüngliche Umweltauditverordnung (EG-Verordnung 1836/93) die Kurzbezeichnung EMAS verwendet hatte, bezeichnete man die Novellierung im allgemeinen mit EMAS II. Diesem Sprachgebrauch sind die europäischen Gremien nicht gefolgt: Die überarbeitete EG-Verordnung heißt nun offiziell „Verordnung (EG) des Europäischen Parlaments und des Rates über die freiwillige Beteiligung von Organisationen an einem Gemeinschaftssystem für das Umweltmanagement und die Umweltbetriebsprüfung (EMAS).“ EG (Hrsg.) 2001, im Titel und Art. 1 Absatz (1).

855 EG (Hrsg.) 2001, Präambel (7). Damit steht die Teilnahme nun beispielsweise auch Dienstleistungsunternehmen und öffentlichen Haushalten offen.

856 Vgl. EG (Hrsg.) 2001, Präambel (10).

857 Vgl. EG (Hrsg.) 2001, Präambel (9).

858 Vgl. EG (Hrsg.) 2001, Art. 8 Abs. (2) e).

859 „Zusätzlich zu den allgemeinen Anforderungen des Umweltmanagementsystems mißt EMAS folgendem besondere Bedeutung zu: Einhaltung von Rechtsvorschriften, Verbesserung der Umweltleistung sowie externe Kommunikation und Einbeziehung der Arbeitnehmer.“ EG (Hrsg.) 2001, Präambel (17), vgl. auch Kap. 5.3.5.

Literaturverzeichnis

Ackermann (Hrsg.) 1994
Umwelterklärung, hrsg. v. Albert Ackermann GmbH & Co.KG, Gummersbach, 1994.

Ad-hoc-Bund-Länder-Arbeitskreis ‚Öko-Audit' et alt. 1997
unter dem Vorsitz Thüringens, in Zusammenarbeit mit den Länderarbeitsgemeinschaften LAWA, LAI, LAGA, 1997: Einheitlicher Endbericht an die Umweltministerkonferenz zu Deregulierungs- und Substitutionspotentialen im Hinblick auf das EG-Öko-Audit-System – Vorlage zur 20. Amtschefkonferenz am 15./16.10.97, hrsg. v. Thüringer Ministerium für Landwirtschaft, Naturschutz und Umwelt, Erfurt, 1997.

Althammer 1998
Wilhelm Althammer: Internationale Aspekte der Umweltpolitik, Mohr Siebeck, 1998.

Altmann 1992
Jörn Altmann: Wirtschaftspolitik, 5. Auflage – Eine praxisorientierte Einführung, Gustav Fischer Verlag, Stuttgart/Jena, 1992.

Arbeitsgemeinschaft für Umweltfragen e.V. 1986
Das Umweltgespräch – Umweltstandards, Findungs- und Entscheidungsprozeß, hrsg. v. Arbeitsgemeinschaft für Umweltfragen e.V., Bonn, 1986.

Arbeitskreis UMS 1996/1
Substitutionsvorschläge, Stand 08.08.1996, hrsg. v. Bayerischen Staatsministerium für Landesentwicklung und Umweltfragen, München, 1996.

Arbeitskreis UMS 1996/2
Zusammenfassung der Ergebnisse des Pilotprojekts ‚Substitution' gemäß Umweltpakt Bayern, Anhang C.3, Stand 08.08.1996, hrsg. v. Bayerischen Staatsministerium für Landesentwicklung und Umweltfragen, München, 1996.

Art. 19-Kommission (Hrsg.) 1998
EMAS 2 – Draft of 27 January 1998, hrsg. v. der Art. 19-Kommission, Brüssel, 1998.

Art. 19-Kommission (Hrsg.) 1999
EMAS 2 – Draft of 18 March 1999, hrsg. v. der Art. 19-Kommission, Brüssel, 1999.

Audi AG (Hrsg.) 1999/1
Werk Neckarsulm – Umwelterklärung Audi Standort Neckarsulm, hrsg. v. Audi AG, 1999.

Audi AG (Hrsg.) 1999/2
Zwischenbilanz Umweltbericht der Audi AG, hrsg. v. Audi AG, 1999.

Audi AG (Hrsg.) 2000
Umwelterklärung 2000 für den Audi Standort Ingolstadt, hrsg. v. Audi AG, 2000.

Aufderheide (Hrsg.) 1990
Detlef Aufderheide: Deregulierung und Privatisierung, W. Kohlhammer, Stuttgart/Berlin/Köln, 1990.

Bartmann, Busch 1998
Hermann Bartmann, A. A. Busch: Ökonomische (monetäre) Bewertung als Basis für umweltpolitische Maßnahmen, Johannes Gutenberg-Universität, Mainz, 1998.

Baumast 1998
Annett Baumast: Die Entstehungsgeschichte des Umwelt-Audit, in: Doktoranden-Netzwerk Öko-Audit e.V. (Hrsg.): Umweltmanagementsysteme zwischen Anspruch und Wirklichkeit: Eine interdisziplinäre Auseinandersetzung mit der EG-Öko-Audit-Verordnung und der DIN EN ISO 14001, Springer, Berlin, Heidelberg, 1998.

Baumol, Oates 1993
William Baumol, Wallace E. Oates: The theory of environmental policy, Cambridge University Press, Cambridge, 1993.

Becker 1999
Petra Becker: Umwelthaftungsrecht als Instrument der europäischen Umweltpolitik – Eine ökonomische Analyse, Betriebswirtschaftlicher Verlag Gabler, Wiesbaden, und Deutscher Universitäts-Verlag, Wiesbaden, 1999.

Bentlage, Rieger 1998
Jörg Bentlage, Heike Rieger: Aktuelle Entwicklungen zur Erweiterung des Anwendungsbereiches der EG-Öko-Audit-Verordnung, in: Doktoranden-Netzwerk Öko-Audit e.V. (Hrsg.): Umweltmanagementsysteme zwischen Anspruch und Wirklichkeit: Eine interdisziplinäre Auseinandersetzung mit der EG-Öko-Audit-Verordnung und der DIN EN ISO 14001, Springer, Berlin, Heidelberg, 1998.

Bergen 1976
V. Bergen: Die (umweltpolitische) Konzeption der Bundesregierung und ihre Beurteilung aus volkswirtschaftlicher Sicht, in: Wirtschaftsdienst, 56. Jg., S. 524 ff, 1976.

Beyer et alt. 1993
T. Beyer et alt.: Umweltpolitik in der Bundesrepublik Deutschland: Stand und Perspektiven, volkswirtschaftliche Diskussionsbeiträge der Universität Kaiserslautern, Kaiserslautern, 1993.

BMU 2/97
Bundeskabinett beschließt Erweiterungsverordnung zum Umweltauditgesetz, Presseerklärung Nr. 2/97 des Bundesministerium für Umwelt, Naturschutz und Reaktorsicherheit, Bonn, 1997.

BMU 23/97
Bundesumweltministerium legt Erweiterungsverordnung zum Umweltauditgesetz vor, Presseerklärung Nr. 23/97 des Bundesministerium für Umwelt, Naturschutz und Reaktorsicherheit, Bonn, 1997.

BMU 46/97
Bundeskabinett beschließt Erweiterungsverordnung zum Umweltauditgesetz, Presseerklärung Nr. 46/97 des Bundesministerium für Umwelt, Naturschutz und Reaktorsicherheit, Bonn, 1997.

BMU 47/97
Unabhängige Sachverständigenkommission übergibt Entwurf eines einheitlichen Umweltgesetzbuches. Presseerklärung Nr. 47/97 des Bundesministerium für Umwelt, Naturschutz und Reaktorsicherheit, Bonn, 1997.

BMU 6/99
Bundesumweltminister Trittin will die EMAS-Verordnung verbessern, Presseerklärung Nr. 6/99 des Bundesministerium für Umwelt, Naturschutz und Reaktorsicherheit, Bonn, 1997.

BMW AG (Hrsg.) 1997/1
Umwelterklärung 1996, BMW Standort Berlin, Werk 3.1, hrsg. von der BMW AG, 1997.

BMW AG (Hrsg.) 1997/2
Umwelterklärung 1996, BMW Standort Dingolfing, Werk 2.4, hrsg. von der BMW AG, 1997.

BMW AG (Hrsg.) 1997/3
Umwelterklärung 1996, BMW Motoren GmbH, Standort Steyr, hrsg. von der BMW AG, 1997.

BMW AG (Hrsg.) 1997/4
Umwelterklärung 1996, BMW Standort Regensburg, Werk 6.1, hrsg. von der BMW AG, 1997.

BMW AG (Hrsg.) 1997/5
Umwelterklärung 1996, BMW Standort Landshut, Werk 4.1, hrsg. von der BMW AG, 1997.

BMW AG (Hrsg.) 1998
Umweltleitlinien des BMW Konzerns – Verantwortung für unsere Umwelt, hrsg. von der BMW AG, 1998.

BMW AG (Hrsg.) 1999
Umwelterklärung 1998, BMW Standort München, Werk 1.1, hrsg. von der BMW AG, 1999.

BMW AG (Hrsg.) 2000
Umweltbericht BMW Group 1999/2000, hrsg. von der BMW AG, 2000.

Böhm-Amtmann 1996
Edeltraud Böhm-Amtmann: EG-Öko-Audit. Chancen und Risiken in der Praxis. Dialog zwischen Verwaltung und Wirtschaft, hrsg. v. der Bayerischen Akademie für Verwaltungsmanagement GmbH, München, 1996.

van Bon, Müller 1998
Sandra M. van Bon, Martin Müller: Stellung und Prüfungsqualität des Umweltgutachters im Öko-Audit-System, in: Doktoranden-Netzwerk Öko-Audit e.V. (Hrsg.): Umweltmanagementsysteme zwischen Anspruch und Wirklichkeit: Eine interdisziplinäre Auseinandersetzung mit der EG-Öko-Audit-Verordnung und der DIN EN ISO 14001, Springer, Berlin, Heidelberg, 1998.

Bonus 1977
Holger Bonus: Umweltschutz durch Umweltzertifikate, in: Umwelt, 7. Jg, 1977.

Bonus 1985
Holger Bonus: Neue Wege in der Umweltpolitik, 2. Auflage, Stuttgart, 1985.

Bonus (Hrsg.) 1998
Holger Bonus: Umweltzertifikate – Der steinige Weg zur Marktwirtschaft, hrsg. v. Holger Bonus, Analytica Verlagsgesellschaft, Berlin, 1998.

Bonus, Häder 1998
Holger Bonus, Michael Häder: Zertifikate und neue Institutionenökonomik, in: Umweltzertifikate – Der steinige Weg zur Marktwirtschaft, hrsg. v. Holger Bonus, Analytica Verlagsgesellschaft, Berlin, 1998.

Bonus, Niebaum 1998
Holger Bonus, Hendrik Niebaum: Voraussetzungen für Umweltzertifikate in Deutschland, in: Umweltzertifikate – Der steinige Weg zur Marktwirtschaft, hrsg. v. Holger Bonus, Analytica Verlagsgesellschaft, Berlin, 1998.

Breuer et alt. (Hrsg.) 1992
Rüdiger Breuer et alt.: Umweltschutz durch Abgaben und Steuern – 7. Trierer Kolloquium zum Umwelt- und Technikrecht vom 22. bis 24. September 1991, R. v. Decker's Verlag, G. Schenck, Heidelberg, 1992.

Brunetti 1993
Oliver Brunetti: EG-Rechtsverträglichkeit als Kriterium der nationalen Umweltpolitik, Verlag Stämpfli + Cie AG Bern, 1993.

BSI (Hrsg.) 1992
BS 7750: Specification for Environmental Managemant Systems, hrsg. v. British Standard Institution, London, 1992.

Buchwald (Hrsg.) 1980
Konrad Buchwald: Handbuch für Planung, Gestaltung und Schutz der Umwelt, Bd. 4, 1980.

Bültmann, Wätzold 2000
Alexandra Bültmann, Frank Wätzold: The implementation of national and European environmental legislation in Germany: Three case studies, UFZ-Umweltforschungszentrum Leipzig-Halle GmbH, Leipzig-Halle, 2000.

Bunde 1988
Jürgen Bunde: Zur ökonomischen Effizienz des Vorsorgeprinzips in der Umweltpolitik – Wirtschaftliche Beurteilung vorsorgebezogener Regelungen im Bundes-Immissionsschutzgesetz, Ifo-Institut für Wirtschaftsforschung, München, 1988.

Bundesministerium für Wirtschaft (Hrsg.) 1995/1
Zusammenstellung der Vorschläge des Berichts ‚Investitionsförderung durch flexible Genehmigungsverfahren' der unabhängigen Expertenkommission zur Vereinfachung und Beschleunigung von Planungs- und Genehmigungsverfahren, hrsg. v. Bundesministerium für Wirtschaft, Bonn, 1995.

Bundesministerium für Wirtschaft (Hrsg.) 1995/2
Empfehlungen der Arbeitsgruppe aus Vertretern der Koalitionsfraktionen und der Bundesressorts zur Umsetzung der Vorschläge der unabhängigen Expertenkommission zur Vereinfachung und Beschleunigung von Planungs- und Genehmigungsverfahren, hrsg. v. Bundesministerium für Wirtschaft, Bonn, 1995.

Bundesministerium für Wirtschaft (Hrsg.) 1996
Genehmigungsverfahren nach Maß, in: Einblicke, Wirtschaftsinfos für die Neuen Bundesländer, Nr. 14, Februar 1996, hrsg. v. Bundesministerium für Wirtschaft, Bonn, 1996.

Bundesministerium für Wirtschaft (Hrsg.) 1997
Beschleunigung von Planungs- und Genehmigungsverfahren, hrsg. v. Bundesministerium für Wirtschaft, Bonn, 1997.

Bundesrat Drucksache 656/98
Bericht der Bundesregierung über die Erfahrungen mit dem Vollzug des Umweltauditgesetzes, Drucksache des Bundesrats vom 19. Juni 1998.

Bundesregierung (Hrsg.) 1991
Deutscher Bundestag: Umweltprogramm der Bundesregierung 1971, BT-Drucksache VI/2719, 1991.

Bundestag Drucksache 14/570
Aufforderung an die Bundesregierung, Drucksache des Deutschen Bundestages vom 17. März 1999.

Bundesumweltministerium (Hrsg.) 1990
Umweltbericht 1990 des Bundesministers für Umwelt, Naturschutz und Reaktorsicherheit, hrsg. v. Bundesministerium für Umwelt, Naturschutz und Reaktorsicherheit, Bonn, 1990.

Bundesumweltministerium (Hrsg.) 1994
Probleme der Umsetzung und des Vollzugs von Richtlinien der Europäischen Union im Bereich der Genehmigung von Industrieanlagen – Verhältnis von Öko-Audit und ordnungsrechtlichen Kontrollen, hrsg. v. Bundesministerium für Umwelt, Naturschutz und Reaktorsicherheit, Bonn, 1994.

Bundesumweltministerium (Hrsg.) 1995/1
Aktuell: EG Umweltaudit, hrsg. v. Bundesministerium für Umwelt, Naturschutz und Reaktorsicherheit (BMU), Referat Öffentlichkeitsarbeit, Bonn, Dezember 1995.

Bundesumweltministerium (Hrsg.) 1995/2
Bericht über die Umsetzung des 5. EG-Umweltaktionsprogramms – ‚Für eine dauerhafte und umweltgerechte Entwicklung' in Deutschland – Zwischenbilanz 1995, hrsg. v. Bundesministerium für Umwelt, Naturschutz und Reaktorsicherheit (BMU), Bonn, 1995.

Bundesumweltministerium (Hrsg.) 1996/1
Umweltpolitik - Rechtsvorschriften für die Ausführung der EG Umweltauditverordnung, hrsg. v. Bundesministerium für Umwelt, Naturschutz und Reaktorsicherheit (BMU), Bonn, Januar 1996.

Bundesumweltministerium (Hrsg.) 1996/2
Kurzfassung des Umweltgutachtens 1996 zur Umsetzung einer dauerhaft-umweltgerechten Entwicklung – Schlußfolgerungen und Handlungsempfehlungen, hrsg. v. Bundesministerium für Umwelt, Naturschutz und Reaktorsicherheit (BMU), Bonn, 1996.

Bundesumweltministerium (Hrsg.) 1997
Schritte zu einer nachhaltigen, umweltgerechten Entwicklung – Tagungsband zur Zwischenbilanzveranstaltung in der Kunst- und Ausstellungshalle der Bundesrepublik Deutschland, Bonn, 13. Juni 1997, DCM Druck Center, Meckenheim, 1997.

Bundesumweltministerium (Hrsg.) 1997/2
Schritte zu einer nachhaltigen, umweltgerechten Entwicklung – Berichte der Arbeitskreise anläßlich der Zwischenbilanzveranstaltung am 13. Juni 1997, Bonner Universitäts-Buchdruckerei, Bonn, 1997.

Bundesumweltministerium (Hrsg.) 1997/3
Auf dem Weg zu einer nachhaltigen Entwicklung in Deutschland – Bericht der Bundesregierung anläßlich der VN-Sondergeneralversammlung über Umwelt und Entwicklung 1997 in New York, hrsg. v. Bundesministerium für Umwelt, Naturschutz und Reaktorsicherheit (BMU), Bonn, 1997.

Bundesumweltministerium (Hrsg.) 1997/4
Rechtsvorschriften für die Ausführung der EG-Umwelt-Audit-Verordnung – Überblick über die in Deutschland für die Ausführung der EG-Umwelt-Audit-Verordnung geltenden Rechtsvorschriften, hrsg. v. Bundesministerium für Umwelt, Naturschutz und Reaktorsicherheit (BMU), Bonn, 1997.

Bundesumweltministerium (Hrsg.) 1998/1
Projektgruppe UGB: Arbeitsentwurf für ein Umweltgesetzbuch – Erstes Buch, vom 5. März 1998, hrsg. v. Bundesministerium für Umwelt, Naturschutz und Reaktorsicherheit, Bonn, 1998.

Bundesumweltministerium (Hrsg.) 1998/2
Projektgruppe UGB: Arbeitsentwurf für ein Einführungsgesetz zum Umweltgesetzbuch vom 5. März 1998, hrsg. v. Bundesministerium für Umwelt, Naturschutz und Reaktorsicherheit, Bonn, 1998.

Bundesumweltministerium (Hrsg.) 1998/3
UGB-Umweltaudit-Privilegierungs-Verordnung aus dem Referentenentwurf für ein Umweltgesetzbuch – Erstes Buch, Stand 31. August 1998, hrsg. v. Bundesministerium für Umwelt, Naturschutz und Reaktorsicherheit, Bonn, 1998.

Bundesumweltministerium (Hrsg.) 1999
Aktueller Bericht des Bundes 1999 I zur 52. Umweltministerkonferenz am 24./25. März in Bamberg/Bayern, hrsg. v. Bundesministerium für Umwelt, Naturschutz und Reaktorsicherheit, Bonn, 1999.

Cansier 1993
Dieter Cansier: Umweltökonomie, Gustav Fischer Verlag, Stuttgart/Jena, 1993.

Cansier 1998
Dieter Cansier: Ausgestaltungsformen handelbarer Emissionsrechte und ihre politische Durchsetzbarkeit, in: Umweltzertifikate – Der steinige Weg zur Marktwirtschaft, hrsg. v. Holger Bonus, Analytica Verlagsgesellschaft, Berlin, 1998.

Chudalla, Hagel 1998
Andreas Chudalla, Harald Hagel: Prozeßorientierte Anwendungssysteme für das Umweltmanagement, in: Doktoranden-Netzwerk Öko-Audit e.V. (Hrsg.): Umweltmanagementsysteme zwischen Anspruch und Wirklichkeit: Eine interdisziplinäre Auseinandersetzung mit der EG-Öko-Audit-Verordnung und der DIN EN ISO 14001, Springer, Berlin, Heidelberg, 1998.

Coase 1960
Ronald H. Coase: The Problem of Social Cost, in: Journal of Law and Economics, 1960.

Coenenberg et alt. 1991
Adolf Coenenberg et alt.: Ökologie-Management als strategischer Wettbewerbsfaktor, USW-Schriften für Führungskräfte, Band 22, Schäffer Verlag, Stuttgart, 1991.

Crone-Erdmann 1990
Hans-Georg Crone-Erdmann: Deregulierung aus Sicht der Wirtschaftspraxis, in: R. Stober (Hrsg.), Deregulierung im Wirtschafts- und Umweltrecht, Carl Heymanns Verlag KG, 1990.

DaimlerChrysler (Hrsg.) 1999/1
Vereinfachte Umwelterklärungen der Werke, hrsg. v. DaimlerChrysler, 1999.

DaimlerChrysler (Hrsg.) 1999/2
Umweltbericht – Daten & Fakten, hrsg. v. DaimlerChrysler, 1999.

DaimlerChrysler (Hrsg.) 2000/1
Vereinfachte Umwelterklärung der Werke 2000, hrsg. v. DaimlerChrysler, 2000.

DaimlerChrysler (Hrsg.) 2000/2
Umweltbericht 2000 – Magazin, hrsg. v. DaimlerChrysler, 2000.

Dieckmann 1992
Jochen Dieckmann: Privatwirtschaftliche Erfüllung öffentlicher Aufgaben im Umweltschutz, in: Das Umweltgespräch – Privatwirtschaftliche Erfüllung öffentlicher Aufgaben im Umweltschutz, Möglichkeiten und Grenzen, hrsg. v. Arbeitsgemeinschaft für Umweltfragen e.V., Bonn, 1992.

Dietl et alt. (Hrsg.) 1996
Helmut Dietl et alt.: Ökonomische Theorie der Institutionen – Transaktionsökonomik, Oliver E. Williamson (Autor), LIT Verlag, Hamburg, 1996.

DIN V 33921 1995
Umweltmanagementsysteme - Anforderungen für die Entwicklung, Einführung und Aufrechterhaltung, hrsg. v. Deutschen Institut für Normung e.V., DIN Vornorm 33921, Februar 1995.

DIN 33922 1996
Umweltberichte für die Öffentlichkeit – Entwurf, hrsg. v. Deutschen Institut für Normung e.V., DIN Norm 33922, Mai 1996.

DIN 33926 1996
Produktbezogene Ökobilanzen - Standardberichtsbogen – Entwurf, hrsg. v. Deutschen Institut für Normung e.V., DIN Norm 33926, Februar 1996.

DIN EN ISO 14040 1996
Produkt-Ökobilanz - Prinzipien und allgemeine Anforderungen – Entwurf, hrsg. v. Deutschen Institut für Normung e.V., Deutsche Fassung der ISO 14040, August 1996.

Döring 1999
Patricia Döring: Haftung und Haftpflichtversicherung als Instrumente einer präventiven Umweltpolitik, Erich Schmidt Verlag, Berlin, 1999.

Doktoranden-Netzwerk Öko-Audit e.V. (Hrsg.) 1998
Umweltmanagementsysteme zwischen Anspruch und Wirklichkeit: Eine interdisziplinäre Auseinandersetzung mit der EG-Öko-Audit-Verordnung und der DIN EN ISO 14001, Springer, Berlin, Heidelberg, 1998.

Dorn 1996
Rainer Dorn: Effizienz umweltpolitischer Instrumente zur Emissionsminderung – Technische und ökonomische Kriterien, Erich Schmidt Verlag, Berlin, 1996.

Dyckhoff, Ahn (Hrsg.) 1998
Harald Dyckhoff, Heinz Ahn: Produktentstehung, Controlling und Umweltschutz – Grundlagen eines ökologieorientierten F&E-Controlling, Physica-Verlag, Heidelberg, 1998.

EG (Hrsg.) 1993
EG-Verordnung Nr. 1836/93 vom 29. Juni 1993, in: Amtsblatt der Europäischen Gemeinschaften, 36. Jg., Nr. L 168/1, 1993.

EG (Hrsg.) 2001
Verordnung (EG) des Europäischen Parlaments und des Rates über die freiwillige Beteiligung von Organisationen an einem Gemeinschaftssystem für das Umweltmanagement und die Umweltbetriebsprüfung (EMAS) – gemeinsamer Entwurf nach Billigung durch den Vermittlungsausschuß des Artikels 251 Absatz 4 EG-Vertrag, hrsg. v. der Europäischen Union, 2001.

Eidenmüller 1995
Horst Eidenmüller: Effizienz als Rechtsprinzip – Möglichkeiten und Grenzen der ökonomischen Analyse des Rechts, J.C.B. Mohr (Paul Siebeck), Tübingen, 1995.

Ellringmann 1993
Horst Ellringmann: Muster-Handbuch Umweltschutz – Umweltmanagement nach DIN/ISO 9001, Luchterhand Verlag, Berlin, 1993.

Endres 1991
Alfred Endres: Ökonomische Grundlagen des Haftungsrechts, Physika-Verlag, Heidelberg, 1991.

Endres 1994
Alfred Endres: Umwelt-Ökonomie – Eine Einführung, Wissenschaftliche Buchgesellschaft Darmstadt, Darmstadt, 1994.

Endres 1995/1
Alfred Endres: Die Internalisierung externer Effekte als Leitbild der Umweltpolitik, Fernuniversität – Gesamthochschule – in Hagen, Hagen, 1995.

Endres 1995/2
Alfred Endres: Strategien der Internalisierung externer Effekte: Pigou-Steuer und Coase-Theorem, Fernuniversität – Gesamthochschule – in Hagen, Hagen, 1995.

Endres 1996/1
Alfred Endres: Internalisierung externer Effekte durch haftungsrechtliche Regelungen, Fernuniversität – Gesamthochschule – in Hagen, Hagen, 1996.

Endres 1996/2
Alfred Endres: Versicherung von Umweltrisiken, Fernuniversität – Gesamthochschule – in Hagen, Hagen, 1996.

Endres 1996/3
Alfred Endres: Typen umweltpolitischer Instrumente, Fernuniversität – Gesamthochschule – in Hagen, Hagen, 1996.

Endres 1996/4
Alfred Endres: Zur Beurteilung umweltpolitischer Instrumente, Fernuniversität – Gesamthochschule – in Hagen, Hagen, 1996.

Endres 1996/5
Alfred Endres: Erschöpfliche natürliche Ressourcen, Fernuniversität – Gesamthochschule – in Hagen, Hagen, 1996.

Endres 1996/6
Alfred Endres: Erneuerbare natürliche Ressourcen, Fernuniversität – Gesamthochschule – in Hagen, Hagen, 1996.

Endres 1996/7
Alfred Endres: Ökonomische Theorie des Haftungsrechts, Leitprogramm zum Basistext, Fernuniversität – Gesamthochschule – in Hagen, Hagen, 1996.

Endres, Holm-Müller 1996/1
Alfred Endres, Karin Holm-Müller: Volkswirtschaftliche Bedeutung und theoretische Grundlagen, Fernuniversität – Gesamthochschule – in Hagen, Hagen, 1996.

Endres, Holm-Müller 1996/2
Alfred Endres, Karin Holm-Müller: Die ökonomischen Bewertungsverfahren, Fernuniversität – Gesamthochschule – in Hagen, Hagen, 1996.

Endres, Holm-Müller 1996/3
Alfred Endres, Karin Holm-Müller: Probleme und praktische Anwendungen der ökonomischen Bewertungsverfahren, Fernuniversität – Gesamthochschule – in Hagen, Hagen, 1996.

Endres, Schwarze 1998
Alfred Endres, Reimund Schwarze: Zertifikate im Klimaschutz – Theorie und Design, in: Umweltzertifikate – Der steinige Weg zur Marktwirtschaft, hrsg. v. Holger Bonus, Analytica Verlagsgesellschaft, Berlin, 1998.

Epiney 1999
Astrid Epiney: Rationalitätsgebote im Recht – unter besonderer Berücksichtigung der Vorgaben im europäischen Gemeinschaftsrecht, in: Rationale Umweltpolitik – Rationales Umweltrecht: Konzepte, Kriterien und Grenzen rationaler Steuerung im Umweltschutz, hrsg. v. Erik Gawel, Gertrude Lübbe-Wolff, Nomos Verlagsgesellschaft, Baden-Baden, 1999.

Erhardt + Leimer (Hrsg.) 1994
Umwelterklärung nach der EG-Verordnung Nr. 1836/93 mit Öko-Bilanz 1993, hrsg. v. Erhardt + Leimer GmbH, Augsburg, 1994.

Ernst 1997
Ludolf C. Ernst: Chancen und Probleme der Deregulierung aus rechtlicher Sicht – Einfluß des EG-Rechts auf die Deregulierungsmöglichkeiten. Vortrag im Rahmen des Seminars ‚Deregulierung des Umweltrechts – Ansätze, aktuelle Initiativen und Verpflichtungen' der UTECH Berlin am 17.02.1997.

Ewringmann 1999
Dieter Ewringmann: Ökonomisch rationale Umweltpolitik – rechtswidrig? Die ökonomische Sicht, in: Rationale Umweltpolitik – Rationales Umweltrecht: Konzepte, Kriterien und Grenzen rationaler Steuerung im Umweltschutz, hrsg. v. Erik Gawel, Gertrude Lübbe-Wolff, Nomos Verlagsgesellschaft, Baden-Baden, 1999.

Fees, Steger 1994
Eberhard Fees, Ulrich Steger: Umweltschutz durch Haftung und Auditing aus ökonomischer Sicht, in: Fritz Nicklisch (Hrsg.), Umweltrisiken und Umweltprivatrecht im deutschen und europäischen Recht, C.F. Müller juristischer Verlag, Heidelberg, 1994.

Feldhaus 1994
Gerhard Feldhaus: Umweltaudit-Verordnung der EU, in: Fritz Nicklisch (Hrsg.), Umweltrisiken und Umweltprivatrecht im deutschen und europäischen Recht, C.F. Müller juristischer Verlag, Heidelberg, 1994.

Feldmann 1997
Franz-Josef Feldmann: Beschleunigung und Vereinfachung von Planungs- und Genehmigungsverfahren – Neue umweltrechtliche Instrumente für die Prüfung von Investitionsvorhaben. Vortrag im Rahmen des Seminars ‚Deregulierung des Umweltrechts – Ansätze, aktuelle Initiativen und Verpflichtungen' der UTECH Berlin am 17.02.1997.

Fischer 1993
Anke Fischer: Private versus öffentliche Überwachung und Durchsetzung umweltpolitischer Instrumente, Carl von Ossietzky Universität, Oldenburg, 1993.

Ford (Hrsg.) 2000
Umwelterklärung 1999 – Produktion des Ford Focus, Fertigungs- und Montagewerk Saarlouis, hrsg. v. Ford-Werke AG, 2000.

Forum Umwelt und Entwicklung (Hrsg.) 1997
Wie zukunftsfähig ist Deutschland? Entwurf eines alternativen Indikatorensystems, hrsg. v. Forum Umwelt und Entwicklung, Bonn, 1997.

Freimann, Schwaderlapp 1995
Jürgen Freimann, Rolf Schwaderlapp: Öko-Audit: ‚Grüner Punkt' für Unternehmen? - Umweltpolitische Aspekte einer ersten empirischen Studie, in: Zeitschrift für angewandte Umweltforschung (ZAU), H. 4, 1995.

Frey 1992
Bruno S. Frey: Umweltökonomie, Vandenhoeck & Ruprecht, Göttingen, 1992.

Friedrich 1992
Reiner Friedrich: Darstellung und Effizienz verschiedener Internalisierungsmaßnahmen, Prognos-Schriftenreihe ‚Identifizierung und Internalisierung externer Kosten der Energieversorgung', Band 5, Prognos AG, Basel, 1992.

Fromm, Hansjürgens 1998
Oliver Fromm, Bernd Hansjürgens: Zertifikate der „zweiten Generation" – Die amerikanischen Erfahrungen mit dem Acid Rain- und dem RECLAIM-Programm, in: Umweltzertifikate – Der steinige Weg zur Marktwirtschaft, hrsg. v. Holger Bonus, Analytica Verlagsgesellschaft, Berlin, 1998.

Fuchs et alt. 1998
Alexandra S. Fuchs et alt: Die Einbeziehung der Landwirtschaft in den Anwendungsbereich der EG-Öko-Audit-Verordnung, in: Doktoranden-Netzwerk Öko-Audit e.V. (Hrsg.): Umweltmanagementsysteme zwischen Anspruch und Wirklichkeit: Eine interdisziplinäre Auseinandersetzung mit der EG-Öko-Audit-Verordnung und der DIN EN ISO 14001, Springer, Berlin, Heidelberg, 1998.

Gawel 1998
Erik Gawel: Akzeptanzprobleme von Zertifikaten, in: Umweltzertifikate – Der steinige Weg zur Marktwirtschaft, hrsg. v. Holger Bonus, Analytica Verlagsgesellschaft, Berlin, 1998.

Gawel, Lübbe-Wolff (Hrsg.) 1999
Erik Gawel, Gertrude Lübbe-Wolff: Rationale Umweltpolitik – Rationales Umweltrecht: Konzepte, Kriterien und Grenzen rationaler Steuerung im Umweltschutz, Nomos Verlagsgesellschaft, Baden-Baden, 1999.

Gawel 1999
Erik Gawel: Umweltordnungsrecht – ökonomisch irrational? Die ökonomische Sicht, in: Rationale Umweltpolitik – Rationales Umweltrecht: Konzepte, Kriterien und Grenzen rationaler Steuerung im Umweltschutz, hrsg. v. Erik Gawel, Gertrude Lübbe-Wolff, Nomos Verlagsgesellschaft, Baden-Baden, 1999.

Gawel, Lübbe-Wolff 1999
Erik Gawel, Gertrude Lübbe-Wolff: Rationale Umweltpolitik – Rationales Umweltrecht – ein Editorial, in: Rationale Umweltpolitik – Rationales Umweltrecht: Konzepte, Kriterien und Grenzen rationaler Steuerung im Umweltschutz, hrsg. v. Erik Gawel, Gertrude Lübbe-Wolff, Nomos Verlagsgesellschaft, Baden-Baden, 1999.

Gerhard 1997
Markus Gerhard: Umweltökonomische Politikvorschläge und ihre Relevanz für die praktische Umweltpolitik, Diskussionsbeiträge zur angewandten Ökonomie, Universität Gießen, Gießen, 1997.

Gick 1996
Wolfgang Gick: Zertifikate – ein geeigneter Weg in der Umweltpolitik, Hans-Seidel-Stiftung e.V., München, 1996.

Glatfeld 1997
Markus Glatfeld: Die Auswirkungen effizienzsteigernder Maßnahmen in der öffentlichen Verwaltung unter besonderer Berücksichtigung von Ausgliederungen bzw. Privatisierungen auf die Arbeit der Rechnungshöfe, Darmstadt, 1997.

Glatfeld 1998
Nicolas Glatfeld: Das Umweltaudit im Kontext der europäischen und nationalen Umweltgesetzgebung: Eine kritische Reflexion anhand der ,Verordnung (EWG) Nr. 1836/93 des Rates vom 29.06.1993 über die freiwillige Beteiligung gewerblich tätiger Unternehmen an einem Gemeinschaftssystem für das Umweltmanagement und die Umweltbetriebsprüfung', Albert-Ludwigs-Universität Freiburg, Freiburg, 1998.

Goppel 1996
Thomas Gopppel: Brief des Bayerischen Staatsministers für Landesentwicklung und Umweltfragen an Ritt Bjerregaard, Kommissarin der Europäischen Kommission vom 14. Juni 1996, hrsg. v. Bayerischen Staatsministerium für Landesentwicklung und Umweltfragen, München, 1996.

Goppel, Simson 1996
Thomas Goppel, Wilhelm Simson: Umweltpakt Bayern: EG-Öko-Audit-Verordnung und Substitution von Ordnungsrecht; Abschluß des Pilotprojekts mit dem Landesverband Bayern des Verbandes der Chemischen Industrie (VCI), hrsg. v. Bayerischen Staatsministerium für Landesentwicklung und Umweltfragen, München, 1996.

Grossekettler 1990
Heinz Grossekettler: Deregulierung aus ökonomischer Sicht, in: R. Stober (Hrsg.), Deregulierung im Wirtschafts- und Umweltrecht – interdisziplinär betrachtet, Carl Heymanns Verlag KG, Köln/Berlin/Bonn/München, 1990.

von Hammerstein 1990
Christian von Hammerstein: Der Stand der Rechts- und Verwaltungsvereinfachung beim Bund, in: R. Stober (Hrsg.), Deregulierung im Wirtschafts- und Umweltrecht, Carl Heymanns Verlag KG, 1990.

Hansmeyer (Hrsg.) 1984
Karl-Heinrich Hansmeyer: Umweltpolitisches Gespräch: Ökonomische Instrumente der Umweltpolitik – Neuer Weg oder Sackgasse?, Erich Schmidt Verlag, Berlin, 1984.

Hansmeyer, Schneider 1990
Karl-Heinrich Hansmeyer, Hans Karl Schneider: Umweltpolitik – Ihre Fortentwicklung unter marktsteuernden Aspekten, Vandenhoeck & Ruprecht, Göttingen, 1990.

Hansmeyer 1990
Karl-Heinrich Hansmeyer: Marktwirtschaftliche Instrumente im Umweltschutz und ihre Rahmenbedingungen, in: Das Umweltgespräch – Marktwirtschaftliche Instrumente im Umweltschutz, hrsg. v. Arbeitsgemeinschaft für Umweltfragen e.V., Bonn, 1990.

Hansmeyer 1992/1
Karl-Heinrich Hansmeyer: Umweltpolitische Ziele im Steuer- und Abgabensystem aus finanzwirtschaftlicher Sicht, in: Umweltschutz durch Abgaben und Steuern – 7. Trierer Kolloquium zum Umwelt- und Technikrecht vom 22. bis 24. September 1991, hrsg. v. Rüdiger Breuer et alt., R. v. Decker's Verlag, G. Schenck, Heidelberg, 1992.

Hansmeyer 1992/2
Karl-Heinrich Hansmeyer: Privatwirtschaftliche Erfüllung öffentlicher Aufgaben im Umweltschutz, in: Das Umweltgespräch – Privatwirtschaftliche Erfüllung öffentlicher Aufgaben im Umweltschutz, Möglichkeiten und Grenzen, hrsg. v. Arbeitsgemeinschaft für Umweltfragen e.V., Bonn, 1992.

Heinz 1990
Ingo Heinz: Methoden zur ökonomischen Bewertung von Umweltschäden, in: Beiträge zur Theorie der Umweltökonomie, hrsg. v. Sylvia Brander, Transfer Verlag, Regensburg, 1990.

Hennecke 1999
Joachim Hennecke: Umweltökonomik, Umweltpolitik und Marktwirtschaft, Trierer Schriften zur Wirtschaftstheorie und Wirtschaftspolitik, Centaurus-Verlagsgesellschaft, Pfaffenweiler, 1999.

Hey 1994
Christian Hey: Umweltpolitik in Europa – Fehler, Risiken, Chancen, C. H. Beck`sche Verlagsbuchhandlung, München, 1994.

Hilf 1992
Meinhard Hilf: Umweltabgaben als Gegenstand von Gemeinschaftsrecht und -politik, in: Umweltschutz durch Abgaben und Steuern – 7. Trierer Kolloquium zum Umwelt- und Technikrecht vom 22. bis 24. September 1991, hrsg. v. Rüdiger Breuer et alt., R. v. Decker`s Verlag, G. Schenck, Heidelberg, 1992.

Hill 1996
Hermann Hill: Verfahrensprivatisierung im Umweltrecht – Resumée, in: Wolfgang Hoffmann-Riem, Hans K. Schneider (Hrsg.), Verfahrensprivatisierung im Umweltrecht, Nomos, Baden-Baden, 1996.

Hödl et alt. 1991
Erich Hödl et alt.: Umweltökonomie und Umweltpolitik – Ein Überlick aus sozial-ökonomischer Sicht, Arbeitspapiere des Fachbereichs Wirtschaftswissenschaft der Universität-Gesamthochschule-Wuppertal, 1991.

Hoffmann 1996
Armin Hoffmann: EG-Öko-Audit-Verordnung als Instrument der Umweltpolitik – Ökonomische Effektivitäts- und Effizienzbetrachtung unter Berücksichtigung asymmetrischer Informationen, Shaker Verlag, Aachen, 1996.

Hoffmann-Riem 1996
Wolfgang Hoffmann-Riem: Verfahrensprivatisierung als Modernisierung, in: Wolfgang Hoffmann-Riem, Hans K. Schneider (Hrsg.), Verfahrensprivatisierung im Umweltrecht, Nomos, Baden-Baden, 1996.

Hoffmann-Riem 1998
Wolfgang Hoffmann-Riem: Effizienz als Herausforderung an das Verwaltungsrecht – Einleitende Problemskizze, in: Wolfgang Hoffmann-Riem, Eberhard Schmidt-Aßmann (Hrsg.), Effizienz als Herausforderung an das Verwaltungsrecht, Nomos Verlagsgesellschaft, Baden-Baden, 1998.

Hoffmann-Riem, Schmidt-Aßmann (Hrsg.) 1998
Wolfgang Hoffmann-Riem, Eberhard Schmidt-Aßmann: Effizienz als Herausforderung an das Verwaltungsrecht, Nomos Verlagsgesellschaft, Baden-Baden, 1998.

Horn et alt. 1988
Manfred Horn et alt.: Deregulierungsmaßnahmen in den USA: Schlußfolgerungen für die Bundesrepublik Deutschland, Nomos, Baden-Baden, 1988.

Hüser 1996
Annette Hüser: Marketing, Ökologie und ökonomische Theorie – Abbau von Kaufbarrieren bei ökologischen Produkten durch Marketing, Gabler Verlag, Deutscher Universitäts-Verlag, Wiesbaden, 1996.

ISO 14000 1995
ISO 14000 - EMS Guidance: General Guidelines on Principles and Supporting Techniques, hrsg. v. American Society for Quality Control, Special Supplement, March 1995.

ISO 14001 1995
ISO 14000 - EMS Specification: Environmental Management System Specification, hrsg. v. American Society for Quality Control, Special Supplement, March 1995.

ISO 14010 1995
ISO 14000 - Guidelines for Environmental Auditing: General Principles of Environmental Auditing, hrsg. v. American Society for Quality Control, Special Supplement, March 1995.

ISO 14011/1 1995
ISO 14011/1 - Guidelines for Environmental Auditing: Audit Procedures, Part 1: Auditing for Environmental Management Systems, hrsg. v. American Society for Quality Control, Special Supplement, March 1995.

ISO 14012 1995
ISO 14012 - Guidelines for Environmental Auditing: Qualification Creteria for Environmental Auditors, hrsg. v. American Society for Quality Control, Special Supplement, March 1995.

ISO 14050 1995
ISO 14050 - Environmental Management – Vocabulary, hrsg. v. American Society for Quality Control, Special Supplement, March 1995.

Jahn 1990
Friedrich A. Jahn: Deregulierung im Wirtschafts- und Umweltschutzrecht, in: R. Stober (Hrsg.): Deregulierung im Wirtschafts- und Umweltrecht, Carl Heymanns Verlag KG, 1990.

Janzen 1996
Henrik Janzen: Ökologisches Controlling im Dienste von Umwelt- und Risikomanagement, Schäffer-Poeschel Verlag, Stuttgart, 1996.

Janzen 1998/1
Henrik Janzen: Die Bedeutung des Öko-Audit für das betriebliche Umwelt- und Risikomanagement, in: Doktoranden-Netzwerk Öko-Audit e.V. (Hrsg.): Umweltmanagementsysteme zwischen Anspruch und Wirklichkeit: Eine interdisziplinäre Auseinandersetzung mit der EG-Öko-Audit-Verordnung und der DIN EN ISO 14001, Springer, Berlin, Heidelberg, 1998.

Janzen 1998/2
Henrik Janzen: Das Controlling Konzept – Annäherung an ein Phantom, fhS-prints, Fachhochschule Schmalkalden, Schmalkalden, 1998.

Jauck 1995
Erhard Jauck: Deregulierung der Rechtsvorschriften im Umweltschutz – Antwort der Bundesregierung auf zwei parlamentarische Anfragen. In: Umwelt (BMU), 12/1995.

John 1988
Klaus-Dieter John: Möglichkeiten und Grenzen von Marktlösungen in der Umweltpolitik – Grundgedanken und die Erfahrungen mit Kompensationsregelungen in der Luftreinhaltepolitik, Hermann Bartmann, Joh. Gutenberg-Universität, Mainz, 1988.

Kanning 1998
Helga Kanning: 'Sustainable development' als Leitbild der EG-Öko-Audit-Verordnung, in: Doktoranden-Netzwerk Öko-Audit e.V. (Hrsg.): Umweltmanagementsysteme zwischen Anspruch und Wirklichkeit: Eine interdisziplinäre Auseinandersetzung mit der EG-Öko-Audit-Verordnung und der DIN EN ISO 14001, Springer, Berlin, Heidelberg, 1998.

Kapp 1988
Karl W. Kapp: Soziale Kosten der Marktwirtschaft – Das klassische Werk der Umwelt-Ökonomie, Fischer Taschenbuch Verlag GmbH, 1988.

Karl 1994
Helmut Karl: Europäische Initiative für die Einführung von Umweltschutz-Audits, München, 1994.

Karl 1995
Helmut Karl: Öko-Audits aus volkswirtschaftlicher Sicht – Ökonomische Probleme der Regulierung betrieblicher Umweltpolitik. In: Paul Klemmer, Thomas Meuser (Hrsg.): EG-Umweltaudit – Der Weg zum ökologischen Zertifikat, Gabler, Wiesbaden, 1995.

Karl 1998
Helmut Karl: Die räumliche Dimension einer Umweltpolitik mit Hilfe von Zertifikaten, in: Umweltzertifikate – Der steinige Weg zur Marktwirtschaft, hrsg. v. Holger Bonus, Analytica Verlagsgesellschaft, Berlin, 1998.

Kaufer 1986
Erich Kaufer: Theoretische Grundlagen der Regulierung, in: Hans K. Schneider (Hrsg.), Deregulierung als ordnungs- und prozeßpolitische Aufgabe – Bericht über den wissenschaftlichen Teil der 48. Mitgliederversammlung der Arbeitsgemeinschaft deutscher wirtschaftswissenschaftlicher Forschungsinstitute e.V. in Bonn am 9. und 10. Mai 1985, Duncker & Humblot, Berlin, 1986.

Kaupe 1998
Guido Kaupe: Schnittstellen zwischen dem UVP-Gesetz, der EG-Öko-Audit-Verordnung und der IVU-Richtlinie, in: Doktoranden-Netzwerk Öko-Audit e.V. (Hrsg.): Umweltmanagementsysteme zwischen Anspruch und Wirklichkeit: Eine interdisziplinäre Auseinandersetzung mit der EG-Öko-Audit-Verordnung und der DIN EN ISO 14001, Springer, Berlin, Heidelberg, 1998.

Kemper 1989
Manfred Kemper: Das Umweltproblem in der Marktwirtschaft – Wirtschaftstheoretische Grundlagen und vergleichende Analyse umweltpolitischer Instrumente in der Luftreinhalte- und Gewässerschutzpolitik, Duncker & Humblot GmbH, Berlin, 1989.

Kirchgässner 1999
Gerhard Kirchgässner: Rationalitätskonzepte in der Umweltpolitik, in: Rationale Umweltpolitik – Rationales Umweltrecht: Konzepte, Kriterien und Grenzen rationaler Steuerung im Umweltschutz, hrsg. v. Erik Gawel, Gertrude Lübbe-Wolff, Nomos Verlagsgesellschaft, Baden-Baden, 1999.

Kirchgeorg 1990
Manfred Kirchgeorg: Ökologieorientiertes Unternehmensverhalten - Typologien und Erklärungsansätze auf empirischer Grundlage, Betriebswirtschaflicher Verlag Dr. Th. Gabler, Wiesbaden, 1990.

Kirchhof 1992
Ferdinand Kirchhof: Leistungsfähigkeit und Wirkungsweisen von Umweltabgaben an ausgewählten Beispielen, in: Umweltschutz durch Abgaben und Steuern – 7. Trierer Kolloquium zum Umwelt- und Technikrecht vom 22. bis 24. September 1991, hrsg. v. Rüdiger Breuer et alt., R. v. Decker's Verlag, G. Schenck, Heidelberg, 1992.

Kleesiek 1997
Wolfgang Kleesiek: Deregulierung des Umweltrechts – Ansätze, aktuelle Initiativen und Verpflichtungen. Eröffnungsvortrag des Seminars ‚Deregulierung des Umweltrechts – Ansätze, aktuelle Initiativen und Verpflichtungen' der UTECH Berlin am 17.02.1997.

Klepper 1998
Gernot Klepper: Anwendungspotential für Umweltzertifikate, in: Umweltzertifikate – Der steinige Weg zur Marktwirtschaft, hrsg. v. Holger Bonus, Analytica Verlagsgesellschaft, Berlin, 1998.

Kloepfer 1996
Michael Kloepfer: Umweltschutz zwischen Ordnungsrecht und Anreizpolitik: Konzeption, Ausgestaltung, Vollzug - Erster Teil, in: Zeitschrift für angewandte Umweltforschung (ZAU), H. 1 und H. 2, 1996.

Koch, Laskowski 1997
Hans-Joachim Koch, Silke Ruth Laskowski: Verfassungsrechtliche Grenzen einer Privatisierung der Anlagenüberwachung, in: ZUR 1997.

Köck 1999
Wolfgang Köck: Umweltordnungsrecht – ökonomisch irrational? Die juristische Sicht, in: Rationale Umweltpolitik – Rationales Umweltrecht: Konzepte, Kriterien und Grenzen rationaler Steuerung im Umweltschutz, hrsg. v. Erik Gawel, Gertrude Lübbe-Wolff, Nomos Verlagsgesellschaft, Baden-Baden, 1999.

Kruse 1986
Jörn Kruse: Normative Bestimmung des Regulierungsbereichs, in: Hans K. Schneider (Hrsg.), Deregulierung als ordnungs- und prozeßpolitische Aufgabe – Bericht über den wissenschaftlichen Teil der 48. Mitgliederversammlung der Arbeitsgemeinschaft deutscher wirtschaftswissenschaftlicher Forschungsinstitute e.V. in Bonn am 9. und 10. Mai 1985, Duncker & Humblot, Berlin, 1986.

Kruse 1989
Jörn Kruse: Ordnungstheoretische Grundlagen der Deregulierung, in: Hellmuth St. Seidenfus (Hrsg.), Deregulierung – eine Herausforderung an die Wirtschafts- und Sozialpolitik in der Marktwirtschaft, Duncker & Humblot, Berlin, 1989.

Küpper 1987
Hans-Ulrich Küpper: Konzeption des Controlling aus betriebswirtschaftlicher Sicht, in: Scherr (Hrsg.), Rechnungswesen und EDV, 8. Saarbrücker Arbeitstagung, Heidelberg 1987.

Kurz 1986
Rudi Kurz: Entwicklung und gegenwärtiger Stand der Deregulierungsdiskussion, Zusammenfassung der Diskussion, in: Hans K. Schneider (Hrsg.), Deregulierung als ordnungs- und prozeßpolitische Aufgabe – Bericht über den wissenschaftlichen Teil der 48. Mitgliederversammlung der Arbeitsgemeinschaft deutscher wirtschaftswissenschaftlicher Forschungsinstitute e.V. in Bonn am 9. und 10. Mai 1985, Duncker & Humblot, Berlin, 1986.

Lammer 1995
Markus Lammer: Grundfragen der Gesetzgebungslehre, in: Wolfgang Mantl (Hrsg.), Effizienz der Gesetzesproduktion, 1995.

Lang 1992
Joachim Lang: Der Einbau umweltpolitischer Belange in das Steuerrecht, in: Umweltschutz durch Abgaben und Steuern – 7. Trierer Kolloquium zum Umwelt- und Technikrecht vom 22. bis 24. September 1991, hrsg. v. Rüdiger Breuer et alt., R. v. Decker`s Verlag, G. Schenck, Heidelberg, 1992.

Lazik 1996
Wolfgang Lazik: Bundesinitiativen für Öffnungsklauseln zugunsten Öko-Audit – Gemeinsame Kabinettssitzung der Landesregierung Baden-Württemberg und der bayerischen Staatsregierung am 10.12.1996 in München, hrsg. v. Bayerischen Staatsministerium für Landesentwicklung und Umweltfragen, München, 1996.

Leining 1998
Michael Leining: Dezentrale Lösungsansätze in der Umweltpolitik – Eine wirtschaftstheoretische Analyse deutscher und amerikanischer umweltpolitischer Instrumente, Peter Lang GmbH, Frankfurt am Main, 1998.

Ludwig-Erhard-Stiftung e.V. (Hrsg.) 1993
Umweltpolitik vor neuen Herausforderungen, hrsg. v. Ludwig-Erhard-Stiftung e.V., Bonn, 1993.

Lübbe-Wolff 1996
Gertrude Lübbe-Wolff: Modernisierung des Umweltordnungsrechts – Vollziehbarkeit, Deregulierung, Effizienz. Economica Verlag, Bonn, 1996.

Lübbe-Wolff (Hrsg.) 1996
Gertrude Lübbe-Wolff: Der Vollzug des europäischen Umweltrechts, Erich Schmidt Verlag, 1996.

Lusch 1996
Anja Lusch: Wechselwirkungen zwischen Umweltpolitik und Unternehmensentscheidung, Albert-Ludwigs-Universität Freiburg, Freiburg, 1996.

Mann, Müller 1994
Thomas Mann, Rolf-Georg Müller: Öko-Audit im Umweltrecht, Ruhr-Universität Bochum, 1994.

Meffert 1993
Heribert Meffert: Marktorientiertes Umweltmanagement, 2. Auflage, Schäffer-Poeschel-Verlag, 1993.

Meffert, Kirchgeorg 1992
Heribert Meffert, Manfred Kirchgeorg: Marktorientiertes Umweltmanagement - Grundlagen und Fallstudien, C.E. Poeschel Verlag, Stuttgart, 1992.

Meißner 1987
Werner Meißner: Prinzipien der Umweltpolitik, in: Rudolf Wildenmann (Hrsg.), Umwelt, Wirtschaft, Gesellschaft – Wege zu einem neuen Grundverständnis, Gerlingen, 1987.

Meßerschmidt 1999
Klaus Meßerschmidt: Ökonomisch rationale Umweltpolitik – rechtswidrig? Die juristische Sicht, in: Rationale Umweltpolitik – Rationales Umweltrecht: Konzepte, Kriterien und Grenzen rationaler Steuerung im Umweltschutz, hrsg. v. Erik Gawel, Gertrude Lübbe-Wolff, Nomos Verlagsgesellschaft, Baden-Baden, 1999.

Meuser 1993
Thomas Meuser: Umweltschutz und Unternehmensführung, Deutscher Universitäts-Verlag, Wiesbaden, 1993.

Michael 1990
T. Michael: Wenn der Rückschritt plötzlich zum Fortschritt wird, in: Horizont, Nr. 46, 1990.

Michaelis 1996
Peter Michaelis: Ökonomische Instrumente in der Umweltpolitik – Eine anwendungsorientierte Einführung, Physika-Verlag, Heidelberg, 1996.

Mittelstaedt 1996
H.-J. Mittelstaedt: Vollzugsverbesserung durch Steuerung zur Selbststeuerung? Das Beispiel der Öko-Audit-Verordnung, in: Gertrude Lübbe-Wolff (Hrsg.): Der Vollzug des europäischen Umweltrechts, Erich Schmidt Verlag, 1996.

Mohndruck (Hrsg.) 1994
Umwelterklärung und Ökobilanz - Geschäftsjahr 1993/94, hrsg. v. Mohndruck, Graphische Betriebe GmbH, Gütersloh, 1994.

Molitor 1996
Bernhard Molitor: Deregulierung in Europa – Rechts- und Verwaltungsvereinfachung in der europäischen Union, Mohr, Tübingen, 1996.

Moos 1996
Flemming Moos: Betrieblicher Umweltschutz durch integriertes Umweltmanagement – Drittes Osnabrücker Symposium für Qualitätsmanagement, in: Zeitschrift für angewandte Umweltforschung (ZAU), H. 2, 1996.

Müller et alt. 1998
Martin Müller et alt.: Normung von Umwelterklärungen – Notwendigkeit und Lösungsmöglichkeiten, in: Doktoranden-Netzwerk Öko-Audit e.V. (Hrsg.): Umweltmanagementsysteme zwischen Anspruch und Wirklichkeit: Eine interdisziplinäre Auseinandersetzung mit der EG-Öko-Audit-Verordnung und der DIN EN ISO 14001, Springer, Berlin, Heidelberg, 1998.

Müller 1995
F. C. Müller: Strategische Leistungen im Umweltmanagement – Ein Ansatz zur Sicherung der Lebensfähigkeit des Unternehmens, Deutscher Universitäts Verlag GmbH, Wiesbaden, 1995.

Müller 1996
Herbert Müller: Umweltpolitik in der Europäischen Union: die Öko-Audit-Verordnung, Diskussionsbeiträge zur angewandten Ökonomie, Justus-Liebig-Universität Gießen, Gießen, 1996.

Müller 1999
Edda Müller: Ökonomische Effizienz und politische Effizienz in der Umweltplitik, in: Rationale Umweltpolitik – Rationales Umweltrecht: Konzepte, Kriterien und Grenzen rationaler Steuerung im Umweltschutz, hrsg. v. Erik Gawel, Gertrude Lübbe-Wolff, Nomos Verlagsgesellschaft, Baden-Baden, 1999.

Müller-Witt 1980
Harald Müller-Witt: Der „Pollution Rights Ansatz" und seine Auswirkungen auf die amerikanische Luftreinhaltepolitik, in: Zeitschrift für Umweltpolitik, 1980.

Müller-Witt 1988
Harald Müller-Witt: Ökologischer Umbau des Steuersystems, IÖW, Berlin, 1988.

Nagel, Schwan 1998
Carsten Nagel, Achim Schwan: Betriebliche Umweltkennzahlen – Effektives Werkzeug zur Unterstützung des KVP-Prozesses im Kontext von Umweltmanagementsystemen, in: Doktoranden-Netzwerk Öko-Audit e.V. (Hrsg.): Umweltmanagementsysteme zwischen Anspruch und Wirklichkeit: Eine interdisziplinäre Auseinandersetzung mit der EG-Öko-Audit-Verordnung und der DIN EN ISO 14001, Springer, Berlin, Heidelberg, 1998.

Nissen et alt. 1997
Ulrich Nissen et alt.: Der Regelungsauftrag zur Unterrichtung der Öffentlichkeit über die EG-Öko-Audit-Verordnung, Befragung der Umweltministerien und Standortregistrierungsstellen in Deutschland hinsichtlich der Erfüllung des Regelungsauftrages gem. Art. 15 zweiter Anstrich der Verordnung (EWG) Nr. 1836/93, Doktoranden-Netzwerk Öko-Audit e.V., Stuttgart/Leinefelden/Köln/Wörth, 1997.

Nissen et alt. 1998
Ulrich Nissen et alt.: Der an die EU-Mitgliedsstaaten gerichtete Regelungsauftrag zur Unterrichtung der Öffentlichkeit über die EG-Öko-Audit-Verordnung, in: Doktoranden-Netzwerk Öko-Audit e.V. (Hrsg.): Umweltmanagementsysteme zwischen Anspruch und Wirklichkeit: Eine interdisziplinäre Auseinandersetzung mit der EG-Öko-Audit-Verordnung und der DIN EN ISO 14001, Springer, Berlin, Heidelberg, 1998.

Nissen 1999
Ulrich Nissen: Die EG-Öko-Audit-Verordnung – Determinanten ihrer Wirksamkeit, Duncker & Humblot, Berlin, 1999.

Nutzinger 1999
Hans G. Nutzinger: Ökologie und Gerechtigkeit als Grenzen ökonomischer Rationalität im Umweltschutz, in: Rationale Umweltpolitik – Rationales Umweltrecht: Konzepte, Kriterien und Grenzen rationaler Steuerung im Umweltschutz, hrsg. v. Erik Gawel, Gertrude Lübbe-Wolff, Nomos Verlagsgesellschaft, Baden-Baden, 1999.

Oechsler 1997/1
Walter A. Oechsler: Personal in Wissenschaft und Praxis, Fernuniversität – Gesamthochschule – in Hagen, Hagen, 1997.

Oechsler 1997/2
Walter A. Oechsler: Personalpolitik, -planung und -einsatz, Fernuniversität – Gesamthochschule – in Hagen, Hagen, 1997.

OFW (Hrsg.) 1991
Umweltmanagement im Spannungsfeld zwischen Ökologie und Ökonomie, hrsg. v. Organisationsforum Wirtschaftskongreß e.V. (OFW), Gabler, Wiesbaden, 1991.

Organisation für wirtschaftliche Zusammenarbeit und Entwicklung (OECD) (Hrsg.) 1993
Umweltpolitik auf dem Prüfstand, Economica Verlag, 1993.

Orthmann 1995
Frank Orthmann: Erfolg im Wettbewerb durch Umweltmanagement – Entwicklung eines praktisch anwendbaren Bewertungs- und Managementsystems umweltgerechter Produktion, TH Darmstadt, 1995.

Orthmann 1998
Frank Orthmann: Der Stand der Diskussion über Deregulierungs- und Substitutionsmaßnahmen im Zusammenhang mit der EG-Öko-Audit-Verordnung, in: Doktoranden-Netzwerk Öko-Audit e.V. (Hrsg.): Umweltmanagementsysteme zwischen Anspruch und Wirklichkeit: Eine interdisziplinäre Auseinandersetzung mit der EG-Öko-Audit-Verordnung und der DIN EN ISO 14001, Springer, Berlin, Heidelberg, 1998.

Orthmann et alt. 1998
Frank Orthmann et alt.: Proposal for the Revision of the Eco-management and Audit-scheme (EMAS 2), hrsg. v. Doktoranden-Netzwerk Öko-Audit e.V., Paderborn, 1998.

o. V. 1995
Gesetzentwurf der Bundesregierung für ein Umweltgutachterzulassungs- und Standortregistrierungsgesetz beschlossen - Regelungsaufträge der EG-Öko-Audit-Verordnung werden umgesetzt, in: Umwelt 6/1995.

o. V. 1996
Umweltauditgesetz in Kraft getreten - Nationaler Rechtsrahmen zur Umsetzung der EU-Umweltaudit-Verordnung geschaffen, in: Umwelt 2/1996.

Pieroth, Wicke 1998
E. Pieroth, Lutz Wicke: Chancen der Betriebe durch Umweltschutz, Rudolf Haufe Verlag, Freiburg, 1998.

Pischon, Iwanowitsch 1998
Alexander Pischon, Dirk Iwanowitsch: Generische Managementsysteme als zukünftige Option, in: Doktoranden-Netzwerk Öko-Audit e.V. (Hrsg.): Umweltmanagementsysteme zwischen Anspruch und Wirklichkeit: Eine interdisziplinäre Auseinandersetzung mit der EG-Öko-Audit-Verordnung und der DIN EN ISO 14001, Springer, Berlin, Heidelberg, 1998.

Poltermann 1998/1
Gabriele Poltermann: Vergleich von EDV-Systemen zur Unterstützung des betrieblichen Umweltmanagements, in: Doktoranden-Netzwerk Öko-Audit e.V. (Hrsg.): Umweltmanagementsysteme zwischen Anspruch und Wirklichkeit: Eine interdisziplinäre Auseinandersetzung mit der EG-Öko-Audit-Verordnung und der DIN EN ISO 14001, Springer, Berlin, Heidelberg, 1998.

Poltermann 1998/2
Gabriele Poltermann: Erste Erfahrungen mit der Anwendung der DIN ISO 14.001 – eine empirische Untersuchung, in: Doktoranden-Netzwerk Öko-Audit e.V. (Hrsg.): Umweltmanagementsysteme zwischen Anspruch und Wirklichkeit: Eine interdisziplinäre Auseinandersetzung mit der EG-Öko-Audit-Verordnung und der DIN EN ISO 14001, Springer, Berlin, Heidelberg, 1998.

Poser 1994
Günter Poser: Wirtschaftspolitik, 5. Auflage – Eine Einführung, Schäffer-Poeschel Verlag, Stuttgart, 1994.

Rahmeyer 1997
Fritz Rahmeyer: Volkswirtschaftstheoretische Grundlagen der Umweltökonomie, Institut für Volkswirtschaftslehre der Universität Augsburg, Augsburg, 1997.

Rehbinder 1998
Eckhard Rehbinder: Übertragbare Umweltgenehmigungen (Lizenzen) aus juristischer Sicht, in: Umweltzertifikate – Der steinige Weg zur Marktwirtschaft, hrsg. v. Holger Bonus, Analytica Verlagsgesellschaft, Berlin, 1998.

Reichardt 1996
Hans-Jürgen Reichardt: Sachstand und Probleme umweltorientierter Unternehmensführung in der mittelständischen Industrie – Ergebnisse und Lösungsansätze aus einer empirischen Untersuchung, Peter Lang GmbH, Frankfurt am Main, 1996.

Richter 1994
Rudolf Richter: Institutionen ökonomisch analysiert: zur jüngeren Entwicklung auf einem Gebiet der Wirtschaftstheorie, J.C.B. Mohr (Paul Siebeck), Tübingen, 1994.

Ring 1993
Irene Ring: Möglichkeiten und Grenzen marktwirtschaftlicher Umweltpolitik aus ökologischer Sicht, Difo-Druck, Bamberg, 1993.

Ronellenfitsch 1994
Michael Ronellenfitsch: Selbstverantwortung im Umweltrecht und Deregulierung, in: Fritz Nicklisch (Hrsg.), Umweltrisiken und Umweltprivatrecht im deutschen und europäischen Recht, C.F. Müller juristischer Verlag, Heidelberg, 1994.

Ronellenfitsch 1995
Michael Ronellenfitsch: Selbstverantwortung und Deregulierung im Ordnungs- und Umweltrecht, Duncker & Humblot, Berlin, 1995.

Sachverständigenrat ‚Schlanker Staat' 1996/1
Stärkung privater Eigenverantwortung: Öko-Audit und Möglichkeiten der Übertragbarkeit außerhalb des Umweltbereichs – Beschluß des Sachverständigenrats ‚Schlanker Staat', hrsg. v. der Geschäftsstelle des Sachverständigenrats ‚Schlanker Staat' beim Bundesministerium des Innern, Bonn, 1996.

Sachverständigenrat ‚Schlanker Staat' 1996/2
Qualitätsverbesserung durch Rechtsvereinfachung: Umweltgesetzbuch, Projekt einer einheitlichen Vorhabengenehmigung – Beschluß des Sachverständigenrats ‚Schlanker Staat', hrsg. v. der Geschäftsstelle des Sachverständigenrats ‚Schlanker Staat' beim Bundesministerium des Innern, Bonn, 1996.

Sandhövel 1994
Armin Sandhövel: Marktorientierte Instrumente der Umweltpolitik – Die Durchsetzbarkeit von Mengen- und Preislösungen am Beispiel der Abfallpolitik, Westdeutscher Verlag, Opladen, 1994.

Schaltegger, Sturm 1992
Stefan Schaltegger, Andreas Sturm: Öko-Controlling als ökonomisch-ökologisches Führungsinstrument, in: io Management Zeitschrift, Jg. 61 (1992).

Schlecht 1993
Otto Schlecht: Die ökologische Verpflichtung der Sozialen Marktwirtschaft, in: Umweltpolitik vor neuen Herausforderungen, hrsg. v. Ludwig-Erhard-Stiftung e.V., Bonn, 1993.

Schmidt 1999
Tobias F. N. Schmidt: Integrierte Bewertung umweltpolitischer Strategien in Europa – Methoden, eine AGE-Modellentwicklung und Simulationsanalysen, Physica-Verlag, Heidelberg, 1999.

Schmidt-Aßmann 1998
Eberhard Schmidt-Aßmann: Effizienz als Herausforderung an das Verwaltungsrecht – Perspektiven der verwaltungsrechtlichen Systembildung, in: Wolfgang Hoffmann-Riem, Eberhard Schmidt-Aßmann (Hrsg.), Effizienz als Herausforderung an das Verwaltungsrecht, Nomos Verlagsgesellschaft, Baden-Baden, 1998.

Schmidt-Kötters 1996
Thomas Schmidt-Kötters: Verfahrensprivatisierung als Element innovativer Gesetzgebungspolitik – Vorstellungen der von der Bundesregierung eingesetzten Beschleunigungskommission am Beispiel des Immissionsschutzrechts, in: Wolfgang Hoffmann-Riem, Jens-Peter Schneider (Hrsg.), Verfahrensprivatisierung im Umweltrecht, Nomos, Baden-Baden, 1996.

Schmidt-Preuß 1997
Matthias Schmidt-Preuß: Verwaltung und Verwaltungsrecht zwischen gesellschaftlicher Selbstregulierung und staatlicher Steuerung, in: VVDStRL 56 (1997).

Schneider 1986
Hans K.: Deregulierung als ordnungs- und prozeßpolitische Aufgabe – Bericht über den wissenschaftlichen Teil der 48. Mitgliederversammlung der Arbeitsgemeinschaft deutscher wirtschaftswissenschaftlicher Forschungsinstitute e.V. in Bonn am 9. und 10. Mai 1985, Duncker & Humblot, Berlin, 1986.

Schreyögg 1995/1
Georg Schreyögg: Grundlagen der strategischen Planung, Fernuniversität – Gesamthochschule – in Hagen, Hagen, 1995.

Schreyögg 1995/2
Georg Schreyögg: Elemente und Schrittfolge der Strategischen Planung, Fernuniversität – Gesamthochschule – in Hagen, Hagen, 1995.

Schreyögg, Hartmann 1996/1
Georg Schreyögg, Udo Hartmann: Operative Planung, Fernuniversität – Gesamthochschule – in Hagen, Hagen, 1996.

Schreyögg, Hartmann 1996/2
Georg Schreyögg, Udo Hartmann: Strategische Planung – Ausgewählte Instrumente der Strategischen Planung, Fernuniversität – Gesamthochschule – in Hagen, Hagen, 1996.

Schulze-Dieckhoff 1994
Berthold Schulze-Dieckhoff: Zur Effizienz von Umweltmanagementsystemen – Erfahrungen und Verbesserungsmöglichkeiten bei der Implementierung im Hinblick auf die Umwelt-Audit-Verordnung der Europäischen Union, Technische Universität Darmstadt, 1994.

Seidel, Menn 1988
Eberhard Seidel, H. Menn: Ökologisch orientierte Betriebswirtschaft, Verlag W. Kohlhammer, Stuttgart/Berlin/Köln/Mainz, 1988.

Seidenfus (Hrsg.) 1989
Hellmuth St. Seidenfus: Deregulierung – eine Herausforderung an die Wirtschafts- und Sozialpolitik in der Marktwirtschaft, Duncker & Humblot, Berlin, 1989.

Sietz, Sondermann 1990
Manfred Sietz, Wolf Dieter Sondermann: Umwelt-Audit und Umwelthaftung – Anleitung zur Risikominderung, Vorsorge und Produktqualitätssicherung in der Betriebspraxis, Eberhard Blottner Verlag, Taunusstein, 1990.

Simonis 1996
Udo Ernst Simonis: Globale Umweltpolitik – Ansätze und Perspektiven, B.I. Taschenbuchverlag, Mannheim/Leipzig/Wien/Zürich, 1996.

Sohmen 1976
Egon Sohmen: Allokationstheorie und Wirtschaftspolitik, J.C.B. Mohr (Paul Siebeck), Tübingen, 1976.

Soltwedel et alt. 1986
Rüdiger Soltwedel et alt.: Deregulierungspotentiale in der Bundesrepublik, Mohr, Tübingen, 1986.

van Someren 1994
T. C. R. van Someren: Erfahrungen mit der Einführung von Umweltmanagementsystemen in den Niederlanden - Das Niederländische Regierungsprogramm, in: Umwelt 2/1994.

Steger (Hrsg.) 1992
Ulrich Steger: Handbuch des Umweltmanagements – Anforderungs- und Leistungsprofile von Unternehmen und Gesellschaft, C. H. Beck`sche Verlagsbuchhandlung, München, 1992.

Stengel 1997
Martin Stengel: Umweltökonomie – eine interdisziplinäre Einführung, Verlag Vahlen, München, 1997.

Steurer 1998
Reinhard Steurer: Psychologie der Umweltpolitik: Transdisziplinäre Erklärungen der Schwierigkeiten beim Umweltschutz, Peter Lang GmbH, Frankfurt am Main, 1998.

Stober 1990
Rolf Stober: Dimensionen der Deregulierung, in: R. Stober (Hrsg.), Deregulierung im Wirtschafts- und Umweltrecht – interdisziplinär betrachtet, Carl Heymanns Verlag KG, Köln/Berlin/Bonn/München, 1990.

Stober (Hrsg.) 1990
Rolf Stober: Deregulierung im Wirtschafts- und Umweltrecht – interdisziplinär betrachtet, Carl Heymanns Verlag KG, Köln/Berlin/Bonn/München, 1990.

Ströbele 1998
Wolfgang Ströbele: Handelbare Zertifikate für natürliche Ressourcen, in: Umweltzertifikate – Der steinige Weg zur Marktwirtschaft, hrsg. v. Holger Bonus, Analytica Verlagsgesellschaft, Berlin, 1998.

Thimme 1998
Peter M. Thimme: Der Wettbewerb zwischen EG-Öko-Audit-Verordnung und DIN ISO 14.001, in: Doktoranden-Netzwerk Öko-Audit e.V. (Hrsg.): Umweltmanagementsysteme zwischen Anspruch und Wirklichkeit: Eine interdisziplinäre Auseinandersetzung mit der EG-Öko-Audit-Verordnung und der DIN EN ISO 14001, Springer, Berlin, Heidelberg, 1998.

Tietenberg 1998
Tom H. Tietenberg: Tradable Permits and the Control of Air Pollution – Lessons from the United States, in: Umweltzertifikate – Der steinige Weg zur Marktwirtschaft, hrsg. v. Holger Bonus, Analytica Verlagsgesellschaft, Berlin, 1998.

Tischler 1994
Klaus Tischler: Umweltökonomie, R. Oldenbourg Verlag, München, 1994.

VdTÜV (Hrsg.) 1995
Auditleitfaden für die standortspezifische Prüfung von Umweltmanagementsystemen (UMS) nach EG-Verordnung Nr. 1836/93, hrsg. v. Verband der technischen Überwachungsvereine (VdTüv), VdTÜV Merkblatt Umweltschutz 5501, April 1995.

Vogel (Hrsg.) 1988
Otto Vogel: Deregulierung und Privatisierung, Deutscher Instituts-Verlag GmbH, Köln, 1988.

Voigt 1999
Stefan Voigt: Freiwilligkeit durch Zwangsverordnung? – Eine institutionenökonomische Analyse von Selbstverpflichtungserklärungen in der Umweltpolitik, Max-Plank-Institut zur Erforschung von Wirtschaftssystemen, Jena, 1999.

VW AG (Hrsg.) 1998
Umwelterklärung – Standort Wolfsburg 1997, hrsg. v. VW AG, 1998.

VW AG (Hrsg.) 1999/1
Umwelterklärung 1998 – VW Kraftwerk GmbH, Standort Kassel, hrsg. v. VW AG, 1999.

VW AG (Hrsg.) 1999/2
Umwelterklärung – Standort Emden 1998, hrsg. v. VW AG, 1999.

VW AG (Hrsg.) 1999/3
Umwelterklärung 1998 – Volkswagen-Werk Kassel, hrsg. v. VW AG, 1999.

VW AG (Hrsg.) 2000/1
Umwelterklärung – Fahrzeugfertigung Zwickau/Mosel 1999, hrsg. v. VW AG, 2000.

VW AG (Hrsg.) 2000/2
Umwelterklärung – VW Kraftwerk GmbH 1999, Standort Wolfsburg, hrsg. v. VW AG, 2000.

VW AG (Hrsg.) 2000/3
Umwelterklärung – Motorenfertigung Chemnitz 1999, hrsg. v. VW AG, 2000.

VW AG (Hrsg.) 2000/4
Umwelterklärung – Werk Salzgitter 1999, hrsg. v. VW AG, 2000.

VW AG (Hrsg.) 2000/5
Umwelterklärung – Werk Salzgitter 1999, hrsg. v. VW AG, 2000.

VW AG (Hrsg.) 2000/6
Umweltbericht 1999/2000, hrsg. v. VW AG, 2000.

Wätzold, Bültmann 2000
Frank Wätzold, Alexandra Bültmann: The implementation of EMAS in Europe: a case of competition between standards for environmental management systems, UFZ-Umweltforschungszentrum Leipzig-Halle GmbH, Leipzig-Halle, 2000.

Wagner (Hrsg.) 1993
Gerd Rainer Wagner: Betriebswirtschaft und Umweltschutz, Schäffer-Poeschel Verlag, Stuttgart, 1993.

Wagner 1994
Hellmut Wagner: Effizienz des Ordnungsrechts für den Umweltschutz?, in: Fritz Nicklisch (Hrsg.), Umweltrisiken und Umweltprivatrecht im deutschen und europäischen Recht, C.F. Müller juristischer Verlag, Heidelberg, 1994.

Weber (Hrsg.) 1997
Jürgen Weber: Umweltmanagement – Aspekte einer umweltbezogenen Unternehmensführung, Schäffer-Poeschel Verlag, Stuttgart, 1997.

Welfens, Schiemann (Hrsg.) 1994
Maria J. Welfens, Nadja Schiemann: Umweltökonomie und zukunftsfähige Wirtschaft, Physica-Verlag, Heidelberg, 1994.

Weigand 1997
Matthias Weigand: EG-Öko-Audit-Verordnung und Deregulierung – Positionspapier des Bayerischen Staatsministeriums für Landesentwicklung und Umweltfragen, hrsg. v. Bayerischen Staatsministerium für Landesentwicklung und Umweltfragen, München, 1997.

Weimann 1987
Joachim Weimann: Normgesteuerte ökonomische Theorien – Ein Konzept nicht empirischer Forschungsstrategien und der Anwendungsfall der Umweltökonomie, Campus Verlag, Frankfurt am Main, 1987.

Weimann 1998
Joachim Weimann: Wettbewerbspolitische Aspekte von Zertifikaten, in: Umweltzertifikate – Der steinige Weg zur Marktwirtschaft, hrsg. v. Holger Bonus, Analytica Verlagsgesellschaft, Berlin, 1998.

Wicke et alt. 1992
Lutz Wicke et alt.: Betriebliche Umweltökonomie – Eine praxisorientierte Einführung, Verlag Franz Vahlen, München, 1992.

Wicke 1982
Lutz Wicke: Umweltökonomie – Eine praxisorientierte Einführung, Verlag Franz Vahlen, München, 1982.

Wicke 1991
Lutz Wicke: Umweltökonomie – Eine praxisorientierte Einführung, Verlag Franz Vahlen, München, 3. Auflage, 1991.

Wicke 1993
Lutz Wicke: Umweltökonomie – Eine praxisorientierte Einführung, Verlag Franz Vahlen, München, 4. Auflage, 1993.

Wicke 1992
Lutz Wicke: Betriebliche Umweltökonomie – Eine praxisorientierte Einführung, Verlag Franz Vahlen, München, 1992.

Williamson 1996
Oliver E. Williamson: Transaktionskostenökonomik, 2. Auflage, Lit Verlag, Hamburg, 1996.

Winner 1996
Martin Winner: Deregulierung im Wirtschaftsrecht, 1996.

Witt 1998
Mathias Witt: Umweltschutz-Controlling: Konzeptionelle Grundlagen eines betrieblichen Umweltschutz-Controllingsystems, Shaker, Aachen, 1998.

Wöhe 1986
Günter Wöhe: Einführung in die allgemeine Betriebswirtschaftslehre, Verlag Vahlen, München, 1986.

Würth 1993
Stephan Würth: Umweltauditing – Die Revision im ökologischen Bereich als wirksames Überwachungsinstrument für die ökologiebewußte Unternehmung, Dissertation Nr. 1474, Hochschule St. Gallen, Verlag Hans Schellenberg, Winterthur, 1993.

Zimmermann 1993
Horst Zimmermann: Umweltschutz durch ökonomische Anreizinstrumente oder allein durch Umweltabgaben?, in: Umweltpolitik vor neuen Herausforderungen, hrsg. v. Ludwig-Erhard-Stiftung e.V., Bonn, 1993.

Zimmermann, Hansjürgens 1998
Horst Zimmermann, Bernd Hansjürgens: Zertifikate im Instrumentenvergleich aus ordnungspolitischer Sicht, in: Umweltzertifikate – Der steinige Weg zur Marktwirtschaft, hrsg. v. Holger Bonus, Analytica Verlagsgesellschaft, Berlin, 1998.